suhrkamp taschenbuch 2835

W0094943

Wenn Narziß Athena küßt ist eine lesenswerte Untersuchung über das Phänomen der Verachtung. Anhand der Figuren Narziß – der der übergroßen Selbstliebe verfiel – und Athena – der Weisen, die glaubt, keine Schwäche kennen zu dürfen – schildert Dagmar Hoffmann-Axthelm zum einen, wie alt bestimmte »menschliche Schwächen« sind, die mehr oder minder geschickt hinter nach außen gekehrter Verachtung verborgen werden. Zum anderen führt sie aus, wie Verachtung – ob subtil oder offen angewandt – immer zu Überheblichkeits- oder Unterlegenheitsgefühlen und damit zu Deformationen der Persönlichkeit führt.

Wenn Narziß Athena küßt ist ein lebensbejahendes Buch, es macht auf menschliche Defizite aufmerksam und ist ein Plädoyer für den konstruktiven Umgang mit Gefühlen.

Dagmar Hoffmann-Axthelm, Musikwissenschaftlerin und Psychotherapeutin, lebt in Basel. Sie arbeitet als Dozentin und Wissenschaftliche Mitarbeiterin an der Schola Cantorum Basiliensis in Basel sowie als Psychotherapeutin in eigener Praxis. Sie ist Herausgeberin der Buchreihe *Körper & Seele*, Band 1-4, und publizierte diverse Veröffentlichungen zur körperorientierten Psychotherapie, zur Musikgeschichte sowie zu Zusammenhängen zwischen tiefenpsychologischen Prozessen und musikalischer Gestaltung. 1994 erschien ihr Buch *Robert Schumann – »Glücklichsein und tiefe Einsamkeit«*.

Dagmar Hoffmann-Axthelm
Wenn Narziß Athena küßt

Über die Verachtung

Suhrkamp

suhrkamp taschenbuch 2835
Originalausgabe
Erste Auflage 1998
© Suhrkamp Verlag Frankfurt am Main 1998
Alle Rechte vorbehalten, insbesondere das
des öffentlichen Vortrags, der Übertragung
durch Rundfunk und Fernsehen
sowie der Übersetzung, auch einzelner Teile.
Satz: Hümmer GmbH, Waldbüttelbrunn
Druck: Nomos Verlagsgesellschaft, Baden-Baden
Umschlag nach Entwürfen von
Willy Fleckhaus und Rolf Staudt

1 2 3 4 5 6 – 03 02 01 00 99 98

Inhalt

Verachtung als Lebensstil – ein Vorwort

»Das ist Dein Problem.« Im alltäglichen Nahkampf ums Bessersein und Besserwissen ist dieser Spruch eine der beliebtesten und wirkungsvollsten Waffen. Wer ihn von sich gibt, fühlt sich überlegen und psychologisch gewitzt, und derjenige, an den er gerichtet ist, kommt sich dumm und beschämt vor. Die Gewichte sind hierbei klar verteilt: Der eine ist groß und stark, der andere klein und schwach, und wenn beide ihre Rollen willig annehmen, wird die aktuelle Auseinandersetzung nicht weiter eskalieren. Allerdings wird sie auch zu keiner Annäherung führen, zu keinem Kontakt, der von Respekt für das Unterschiedlich-Sein des oder der anderen getragen ist. Die projektive Waffe der Problemzuschiebung durchschneidet alle emotionalen Verbindungsmöglichkeiten und bewirkt im schlimmsten Fall, daß beide Kontrahenten in ihrem eigenen Universum bleiben – der eine mit Überlegenheits-, der andere mit Selbstverachtungs-Phantasien beschäftigt.

Daß Streitigkeiten gelegentlich einen Verlauf dieser Art nehmen, gehört zum Repertoire von Normalverbraucherin und Normalverbraucher. Setzt sich ein solcher Ablauf aber fest, dann kann das zu einem Lebensstil ausarten, bei dem die Beteiligten ihr eigenes aggressives oder passives Potential gar nicht mehr spüren. Die einen erleben sich mit bestem Gewissen als »im Recht,« als stärker, intelligenter, potenter als ihre Umgebung, und folgerichtig empfinden sie eine Art natürlicher Überlegenheit. Und die anderen ziehen aus dem Habitus der Unterlegenheit gleichfalls ihre »Vorteile«, erlaubt diese Haltung ihnen doch, sich als bescheiden, altruistisch, großzügig zu empfinden und sich gleichzeitig vor der angstbesetzten Herausforderung zu schützen, eigenes Profil zu zeigen, zu kämpfen und zu streiten.

Populärster Anwendungsbereich eines solchen Lebensstils ist – allen emanzipatorischen Bewegungen und Beteuerungen zum Trotz – immer noch die »normale« Paarsituation, in der der Mann die Rolle des kompetenten Machers und Könners, die Frau diejenige der bewundernden Zulieferin von Güte und Mütterlichkeit übernimmt. Beide delegieren bei diesem Arrangement einen wichtigen, mit Angst, Scham und Verachtung besetzten Teil der eigenen Persönlichkeit an den Partner oder die Partnerin. Die Frau empfindet Rivalisieren und Konkurrieren als »unweiblich« und tritt derartige Regungen bereitwillig an ihren Mann ab; und der schämt sich seiner »weiblichen«, weichen Selbstanteile und überläßt sie mit Selbstverständlichkeit seiner Frau. Dieser Handel geht in der Regel eine Weile gut. Früher oder später aber rächen sich die solcherart verachteten und aus dem eigenen Selbst herauskatapultierten Persönlichkeitsanteile. Das Leben lebt sich – je länger, je mehr – leer, langweilig und routiniert. Einige Jahre, einige Belastungen, einige Enttäuschungen, und das partnerschaftliche Spiegelbild zeigt statt der früheren Bewunderung für den überlegenen Mann Verächtlichkeit seinem »typischem Macho-Gehabe« gegenüber und statt Dankbarkeit für die mütterliche Frau Herablassung angesichts ihrer »weiblichen Unlogik« oder »Nörgelei.« Die Harmonisierungsstrategien, die zu Lasten einer männliche *und* weibliche Anteile integrierenden Persönlichkeitsstruktur gehen, führen in der Beziehung zu genau dem, was das Paar hatte vermeiden wollen: zu Streit, Vorwürfen, Neid, Verachtung, zu Zerwürfnissen und oft genug zur Trennung.

Der Wunsch, sich mit einer Sieger-Haltung die Schmerzen des Verlierens zu ersparen, indem man die »anderen« zu Verlierern macht, ist natürlich nicht auf den Geschlechterkampf beschränkt. Er entsteht überall dort, wo die Angst vor Demütigung größer ist als der Mut, eigenen Schwächen ins Gesicht zu sehen. Im übrigen ist dieser Wunsch ein alter, wenn auch letztlich unerfüllbarer Menschheitstraum. Das zeigen etwa die Mythen vom unbesiegbaren Achilleus, dem seine Ferse, und vom »hürnenen« Siegfried, dem ein winziges Lindenblatt zum Verhängnis wurde. Beide Helden schienen unverwundbar zu sein, aber sie mußten sich gleichwohl der düsteren Seite des Lebens beugen. Im Falle von Siegfried war es der harte, listige Hagen, dem es gelang, die schwache Stelle des strahlenden Kriegers auszukundschaften und in eben diese Stelle seinen Speer zu bohren. Und für Achilleus wurde der göttliche Apollo tätig, den siegreichen Helden mittels eines Schusses in die »Achillesferse« von seiner Sterblichkeit zu überzeugen.

Beiden Heroen war der Zugang zu ihrer dunkel getönten Schattenwelt so gänzlich aus dem Blickfeld geraten, daß es starker Kräfte bedurfte, ihn wiederzufinden. Diese Desorientierung ist im Mythos beispielhaft vorgezeichnet, aber sie ist nicht auf ihn beschränkt. Ganz im Gegenteil sind solcherlei blinde Flecken wesentliche Requisiten des herrschenden Lebensstils. Wie die alten Kämpfer, so ist man und frau auch in unserer Kultur viel eher geneigt, sich mit der Sonnenseite des Lebens zu verbinden, als daß sie oder er sich den wenig lustmachenden Aspekten der eigenen Endlichkeit widmen wollten. Zwar, die Empfindungsfähigkeit für Leid, Tod und Trauer steckt ebenso in ihnen wie weiland in Achilleus und Siegfried, aber wie jene haben auch sie den Zugang zu diesen Gefühlen verloren. Statt mit ihnen Umgang zu pflegen, haben sie sie in früher Zeit im tiefsten Keller ihres Persönlichkeitshauses deponiert und dort vergessen. Nun lagert jene Empfindungsfähigkeit – Angst, Unsicherheit, Verwirrung, Schmerz – da unten und bleibt ungenutzt vielleicht ein Leben lang.

Das ist ebenso verständlich wie bedenklich. Denn obgleich fast niemand mit jenen ungeliebten Kellerbeständen zu tun haben will, sind diese verschrotteten Gefühle doch lebensnotwendig. Ohne das Wissen um eigene Schatten und eigenes Scheitern gäbe es im Menschen kein Mitgefühl, keine Selbstachtung und keinen wirklichen Respekt den Mitmenschen gegenüber. Angst und Schmerz sind ja keine Kategorien »an sich«. Im menschlichen Gefühlsspektrum sind sie vielmehr diejenigen Kräfte, die jemandem zur Einsicht verhelfen können, daß in seinem Leben etwas nicht stimmt und daß er im eigenen Innern oder in seinen Beziehungen nachfragen und nachforschen sollte. Wer diese hilfreichen Regungen zur Kenntnis nimmt, wird daran wachsen und reifen. Wer sie hingegen zwischen Betonwänden isoliert und im Keller vergißt, beraubt sich ihrer auf Lebendigkeit und Ausgewogenheit zielenden Heilkraft.

Die menschliche Seele ist ein auf Ganzheit und Ausgleich bedachtes Geschöpf. Sie kennt kein Vergessen. Sie steht für mitfühlende Menschlichkeit ein, und dementsprechend versucht sie dafür zu sorgen, daß der von ihr beseelte Mensch gleichermaßen seine hellen wie auch seine dunklen Seiten kennt und immer wieder neu *er*kennt. Lagert jemand seine Verletzlichkeit im Seelen-Keller ab, dann versucht die Seele Wege zu finden, daß Angst und Schmerz als Sendboten jener mitfühlenden Menschlichkeit trotz aller Barrieren doch noch ihren Adressaten oder ihre Adressatin erreichen – und so läßt sie die beiden Gefühle dort unten rumoren. Meist kommt dieses Rumoren in den oberen Stockwerken allen Betonwänden zum Trotz irgendwie an – vielleicht als Schuldgefühl, vielleicht als Langeweile, als Treuebruch, als Sinnleere oder als belastender Alptraum; vielleicht auch als Krankheit, als berufliches Versagen oder als Migräne. Der Besitzer oder die Besitzerin eines solchen Seelenhauses hat jetzt die Wahl, diesem Fingerzeig zu folgen oder ihn einmal mehr als unangenehme Beeinträchtigung seiner oder ihrer reibungslosen Lebenshaltung zu mißachten. Folgt er oder sie der zweiten Möglichkeit, empfinden sie den Lärm nur als lästig, dann werden sie weiteren Beton aufschütten. Dadurch wird sich die Lärmbelästigung vielleicht zwar reduzieren lassen, aber die Mauern werden dicker, die Persönlichkeit einsamer und lebloser werden. Die Seele kann sich immer weniger bemerkbar machen, die Gefühle erstarren unter der Last des aufgehäuften Materials, und im schlimmsten Fall mögen Hausbesitzerin und Hausbesitzer – wie einst Citizen Kane – für den Rest ihres Lebens scheintot in ihrem schalldicht isolierten Heim sitzen als Opfer ihrer eigenen Lebens-Verächtlichkeit.

Verachtung ist erstarrte, versachlichte, intellektualisierte Negativität eines Erwachsenen, der in sich alte Kinderwunden trägt. Diese Kinderwunden entstanden durch Beschämung ursprünglich vertrauensvoll gezeigter Bedürfnisse, und sie haben sich, da sie nie behandelt wurden und heilen konnten, als ebenso unerforschter wie unheimlicher und zu meidender Ort in der Persönlichkeit festgesetzt. Von dort aus verunsichern sie den betroffenen Menschen durch ihre ungreifbare, allenfalls als diffuses Unbehagen spürbare Existenz.

Die Verachtung ist also eine auf versteckter Unsicherheit und nicht mehr wahrgenommenem Schmerz basierende Anpassungsstregie an die Erfordernisse einer Erwachsenen-Welt, die Unsicherheit und Leid nicht brauchen kann und die ihrerseits unsichere und leidende Menschen schnell zu verachten geneigt ist. Der verächtliche Mensch hat gelernt, die eigene Angst und Unsicherheit dadurch zu lähmen, daß er sie im anderen sieht, ob dieser andere nun der Partner oder die Partnerin, das eigene Kind, der Bruder, die Schwester, der Untergebene, der Chef, »die Politiker« oder »die Ausländer« sind. Je virtuoser jemand diesen Lebensstil im Laufe seines Lebens zu beherrschen lernt, desto erfolgreicher wird er in »der Gesellschaft« sein, denn als getreuer Spiegel des Individuums funktioniert die gesellschaftliche Kommunikation weitgehend nach diesem Prinzip. Als unsicher sollte man sich heute den eigenen Zeitgenossen besser nicht präsentieren. In Zeiten drohender oder tatsächlicher Arbeitslosigkeit werden »Durchblick« sowie die Fähigkeit belohnt, »sich durchsetzen zu können,« »cool« zu sein und »das Leben im Griff« zu haben. Ratlosigkeit, Unglück, Schwäche sind »out«, und geht trotzdem etwas schief, dann sind eben – beispielsweise – die Ossis oder die Wessis schuld daran. Natürlich können es, die entsprechenden Verhältnisse vorausgesetzt, auch die »Männer« oder die »Frauen«, die »Mütter« oder die »Väter«, der »Partner« oder die »Partnerin« sein. Jede Entwertung von Andersartigkeit dient dazu, die eigene Angst vor Zerbrechlichkeit und Beschämung zu betäuben und die Illusion von Unverletzlichkeit und Kontrolle über die unvorhersehbaren Dinge des Lebens aufrechtzuerhalten.

Solches Kontrollverhalten tötet die Lebendigkeit ebenso in der Gemeinschaft wie im einzelnen Menschen. In beiden Bereichen markiert der Lebensstil der Verachtung eine Station im Erleben und Verhalten, an der die Betroffenen nicht mehr zwischen den gesunden, lebendigen, gefühlten Empfindungspolen von Lebenskraft und Verletzlichkeit pendeln, sondern zwischen den kranken, erstarrten, seelenlosen Eckpfeilern von Verachtung und – meist heimlicher – Furcht vor Beschämung. Das läßt beide, die Gesellschaft und das Individuum, kontrollierend, steif und langweilig, vielleicht auch hart, im schlimmsten Fall sogar »böse« werden; »böse« im Sinne einer bis zur Taubheit verkommenen Mißachtung aller mahnenden Schattengefühle und einer Restbefindlichkeit, die für sich einzig die Sonnenseite der Omnipotenz in Anspruch nimmt und rachsüchtig diejenigen verfolgt, die Raum auch für die dunklen Seiten des Lebens beanspruchen. Solche Menschen gehen im Zweifelsfall »über Leichen«. Weil sie ihre eigene Verletzlichkeit nicht mehr spüren, wissen sie nicht, was Schmerz, was Trauer ist, und so verletzen und erniedrigen sie seelen- und bedenkenlos die als »schwach« erlebten anderen im Dienste ihrer eigenen Überlegenheits-Strategien.

Ich denke hier vor allem an jenen Aspekt der Gegenwart,

der mit brennenden Asylantenheimen, mit mißhandelten Alten, Gebrechlichen und Kindern, mit geschändeten Moscheen, Kirchen und Synagogen, mit verwüsteten Friedhöfen die Abendnachrichten zu einer Qual macht. Ich denke an Taten gegen als schwach oder verächtlich erlebte Menschen und Einrichtungen, die in ihrer Grausamkeit, aber auch in ihrer Sinnlosigkeit der Spiegel einer Empfindungswelt sind, die kein Mitgefühl mehr kennt.

Bei allem Entsetzen gilt es dennoch immer wieder zu verstehen, daß die meist jungen Täter mit ihren sinn- und seelenleeren Handlungen der Negativ-Spiegel eines Gemeinwesens sind, dem trotz unbestreitbarer Dignität die Seele, die Phantasie und die Freundlichkeit abhanden gekommen zu sein scheinen. Dieses Gemeinwesen belohnt diejenigen mit Erfolg und Anerkennung, die sich der herrschenden Konjunkturlage anzupassen verstehen und ihre Vorteile zu nutzen wissen. Dagegen wäre im Prinzip nichts einzuwenden, wenn es eine spürbare Gegenposition gäbe, eine Haltung, die auch die Verletzten und Zu-kurz-Gekommenen nicht nur als lästige Konsumenten des vom Steuerzahler finanzierten Sozialkuchens, sondern mit Achtung und Anteilnahme wahrnähme.

Wie der einzelne Mensch, so neigt auch das westlich orientierte Gesellschaftskollektiv dazu, seine Identität vom Pol der Macht und des Erfolges, nicht aber von demjenigen menschlicher Verletzlichkeit und Endlichkeit her zu definieren. Der herrschende Lebensstil verleugnet das Faktum, daß wir uns mit unserer Besserwisserei den Boden, aus dem Lebensfreude und Lebenssinn wachsen und gedeihen könnten, selbst unter den Füßen wegziehen. Denn wie der einzelne Mensch, so verliert auch eine Gesellschaft, die das Wissen um ihre Verletzlichkeit lähmt und leugnet, damit die eine Hälfte ihrer Ganzheit: ihre Menschlichkeit und ihr Mitgefühl, ihre Seele, ihre Spiritualität.

Das ist schlimm vor allem für diejenigen Menschen, die

sich in den vom Kollektiv verachteten Schattenzonen bewegen; für Menschen, denen die Voraussetzungen fehlen, sich aktiv auf die Suche nach Identität und Lebenssinn zu machen, und die der etablierten Gesellschaft als Reaktion auf die erfahrene Verachtung den Zerr-Spiegel der Zerstörung vor die Nase halten. Diese Menschen wollen sich mit dem Ort des perspektivelosen Dahindämmerns, der ihnen vom herrschenden Zeitgeist zugewiesen wird, nicht abfinden. Sie haben erfahren: Aufmerksamkeit und damit eine pervertierte Art von Achtung erleben sie nicht auf Grund dessen, wer und was sie sind, sondern nur dann, wenn sie »einen draufmachen«, wenn sie sich Hakenkreuze auf den kahlen Schädel malen, wenn sie »Heil Hitler« grölen, wenn sie »Türken abfackeln«. Die Inhalte sind dabei weniger wichtig als die Wirkung. Wohl kaum einer von diesen Leuten hat mehr als eine verschwommene Ahnung davon, wer Hitler war und was er bewirkt hat; und unter Ausländern und Asylanten haben sie wahrscheinlich gleichfalls nicht zu leiden. Wichtig ist, daß sie wahrnehmen, wie »die Gesellschaft« sich unter der schmerzhaften Berührung ihrer Nervpunkte windet und wie sie sich ebenso hilflos wie »betroffen« zeigt, wenn einmal mehr ein Asylantenheim brennt, einmal mehr ein jüdischer Friedhof verwüstet ist.

Das Wechselspiel zwischen Bedürftigkeit, Beschämung, Idealisierung und Entwertung erschafft sowohl am Aktiv- wie am Passiv-Pol einsame, gekränkte – und demgemäß kränkbare –, zu Zerstörung oder Selbstzerstörung neigende Menschen, und dieses (selbst-)zerstörerische Kränkungspotential hinterläßt seine Spuren in der Welt. Es kann sich schleichend und subtil oder direkt und offen zeigen, und es kann sich im weiten Spektrum zwischen einer diffusen, schwer greifbaren Negativität und dem offenkundig »Bösen« bewegen. Dem Nachspüren solcher Prozesse ist dieses Buch gewidmet. Dabei interessieren mich vor allem die raffinierten, subtilen Schleichwege, auf denen die Verächtlichkeit zu ihrem Ziel gelangt. Diese Schleichwege ermöglichen einen vordergründig »korrekten«, häufig erfolgreichen Lebensstil, der geschickt mit den Waffen von Verführung und Entwertung operiert und der erst bei näherem Zusehen seine destruktive Wirkung spüren läßt. Ich folge einigen dieser Schleichwege und gelange zu unterschiedlichen Schauplätzen der Verachtung: Zum Entwertungs-Gefälle zwischen Männern und Frauen, zur Verleugnung den eigenen Lebensaufgaben gegenüber, zur Überheblichkeit angesichts einer als erniedrigend erlebten familiären Vergangenheit, zur Guru-Verächtlichkeit, die sich als Psychotherapie maskiert, und schließlich zur Verdrängung des Todes als des mit Sicherheit wirkungskräftigsten aller denkbaren »Psychotherapeuten«.

Allerdings gilt es, der Verachtung nicht nur in der Phase ihrer »verdeckten Ermittlungen« und Verführungen zu folgen. Vielmehr ist es wichtig, die verächtlichen Schleichwege immer wieder auch als diejenigen Kanäle zu erkennen, durch die sich die vergiftete Brühe der Demütigungen in ein Meer kollektiver Menschenverachtung entladen kann. Solche Überflutungen führen letztlich zu Hitler und zu Auschwitz. Deswegen ist es lebensnotwendig, sich von schleichender Manipulation nicht täuschen zu lassen, sondern ihren vordergründig verführerischen, am Ende aber immer herabwürdigenden und zerstörerischen Charakter zu erkennen und sie aus einer Haltung der Authentizität und Eigenverantwortlichkeit heraus zu bekämpfen. Geschieht dies nicht, dann kann ein destruktiv-privater zu einem destruktiv-kollektiven Lebensstil mutieren. Und der wird, wenn es die Umstände zulassen, alle verfügbaren Auto-, Flug- und Denkbahnen besetzen und die Gehirne und Gemüter mit seinen polarisierenden Oben-Unten- bzw. Gut-Böse-Strategien vergiften. Und so versuche ich hier *auch* darzustellen, wie schleichende Verachtung, wenn sich ihr niemand entgegenstellt, zum handgreiflich Bösen werden kann: zu politischem Machtmißbrauch, der sich als Religion oder Heilslehre tarnt und der sich unter diesem Schutzschild das Recht herausnimmt, Menschen von ihrem eigenen Weg abzubringen, sie zu quälen, sie sich selbst zu entfremden, sie auszubeuten, sie umzubringen.

Subtil oder brutal, der verächtliche Lebensstil bewirkt immer, daß der eine oben und der andere unten steht; daß der eine sich auf Kosten des anderen als Sieger und der andere sich zu Gunsten des einen als Verlierer fühlt; daß dieses Gefälle auch in unseren nicht-totalitären, angenehm-demokratischen Verhältnissen psychische Umweltverschmutzung bewirkt und daß es ein Klima von Langeweile, versteckter oder offener Negativität und Lieblosigkeit entstehen läßt.

In den folgenden Kapiteln möchte ich versuchen, diesen auf Überheblichkeit basierenden Lebensstil mitsamt seinen destruktiven Konsequenzen auszuloten, und dies an Hand von Geschichten – von »wirklichen« und literarischen Begebenheiten. Ich schreibe zwar aus der Perspektive meines Berufes als tiefenpsychologisch und körpertherapeutisch orientierte Psychotherapeutin; meine Geschichten stammen aber nicht nur aus der klinischen Praxis, sondern auch aus alten Mythen und aus dichterischen und historischen Zusammenhängen. Aber: Erdacht oder erlebt, immer stoße ich auf den *einen* Mechanismus: auf die Verächtlichkeit und auf ihr Spiegelbild, die Selbstverachtung. Diese beiden verwandeln im gekonnten Zusammenspiel nach dem Muster »Das ist dein Problem« ursprüngliche Lebendigkeit und Freundlichkeit in Anpassung, Langeweile, Vereisung, Rachsucht; und die zusammengeballte Wirkungskraft beider verschüttet den Zugang zum Kostbarsten, was ein Mensch in sich hat – zur eigenen Seele als dem Ort, der »es« tatsächlich besser weiß als alle äußeren Verführer und Besserwisser.

Dementsprechend beschreiben meine Geschichten zwar Wege, die die Verachtung nimmt, sie bieten aber keine »besseren« Lösungen an. Denn die Lösung des Verachtungsproblems kann nur ein Ablassen vom Überheblichkeits- oder Unterlegenheits-Muster und eine Rückschau ins eigene Innere sein. Sie liegt nicht in äußerlichen Nutzanwendungen, sondern in jedem einzelnen Menschen, der es nicht verlernt oder der es wieder gelernt hat, seine Seele als Kompaß zu handhaben; als einen Wegweiser, der ihn immer wieder durch alle Lebens-Irrungen und -Wirrungen zurückbringt zu sich selbst; zum Wissen, wer er ist, und damit zu seiner eigenen, inneren, natürlichen Moral. In diesem Sinne möchte dieses Buch ein Plädoyer sein für das Wahrnehmen, Erkennen und Ernstnehmen der eigenen Gefühlswelt und der eigenen Begabungen; für den Mut, Enttäuschungen und Schmerzen, die das Leben mit sich bringt, zu fühlen, auszuhalten und zu integrieren; für Selbstachtung und Respekt vor der Andersartigkeit der anderen; für das Bestreben, Verantwortung für das eigene Leben zu tragen; und vor allem möchte es ein Plädoyer sein für eine gewisse, stets von neuem sich aus diesen Quellen nährende Heiterkeit.

Beim Schreiben habe ich viel freundschaftliche Ermutigung, aufbauende Kritik und Unterstützung gefunden. Das kann nicht mit einem pauschalen »Dankeschön« abgetan werden. Ich möchte mich sehr herzlich bedanken bei Ute Althaus, Aron und Sylvia Bodenheimer, Gerald und Verena Bennett, Joachim Braun, Holle Burger, Roger Dreyfus, Philipp und Roswitha Eichenwald-Schmalenbach, Birger Goos, Carmela Dragotto Rupp, Horst von Gizycki, Roland Heinzel, Günter und Petra Heisterkamp, Irmtraut und Walter Hoffmann-Axthelm, Martin und Ursula Howald, Markus und Sally Jans, Thomas Kessler, Gisela von Krogh, Edith und Radovan Lorković, Tilmann Moser, Konrad Oelmann, Christine und Hans Peter, Regula Rapp, Erich und Gisela Röper, Niko Roth, Ulrich Sandmeier, Peter Schindler, Anne Schubert, Bernd Stappert, Hugo Steinmann, Mario Venzago, Louis Waldispühl, Robert Ware, Kurt und Mechthild Weiss-Raichle und meinem Lektor Wolfgang Schneider.

Wenn Narziß Athena küßt

oder: Wie Liebe zu Verachtung wird

I

Wenn Narziß Athena küßt – oder besser, wenn er Athena geküßt *hätte* –, dann wäre das für die beiden anfänglich wohl sehr schön gewesen. Zu einem *happy end* wäre es aber kaum gekommen. Vielleicht war das der Grund, warum die alten Griechen als Schöpfer der Mythen von Narziß und Athena davon absahen, diese zwei Gestalten in eine Beziehung zueinander zu bringen. Denn der Mythos zeichnet die beiden als Einzelgänger mit eher flüchtigen Kontakten zur Mitwelt. Athena, die jungfräuliche Tochter des Zeus, läßt keinen Mann an sich herankommen, und mit Frauen hat sie erst recht nichts im Sinn. Und Narziß, der lieblichste unter den boiotischen Jünglingen, hat zwar ein schönes Gesicht, aber ein kaltes, verschlossenes Herz, das er weder Männern noch Frauen öffnet. Er kann nur sich selbst lieben. Warum sollte er sich also für Athena interessieren oder warum sie sich für ihn?

Vielleicht entstand der Einfall, die beiden einander gleichwohl in der Phantasie begegnen zu lassen, weil diese mythischen Wesen eine stolze Einsamkeit spüren lassen, die sie verwandt macht mit dem Menschentypus, der die heutige Zeit und die westliche Kultur prägt. Nach Narziß, dem antiken Jüngling, der sich in sein eigenes Spiegelbild verliebte, heißt jene neurotische Störung, die heute am weitesten verbreitet ist. Diese Störung scheint die derzeit gelebten Beziehungsmuster in einem solchen Maße zu bestimmen, daß vom narzißtischen Lebensstil, ja, von einem narzißtischen Zeitalter die Rede ist.

Eine »Störung« ist, so scheint es, zum »Stil« geworden.

Was ist passiert? Hat die Selbstliebe die Konflikte um die Geschlechter entschärft? Hat der Stil die Störung aufgehoben? Auf der Schwelle zum »Wassermann«-Zeitalter nähern sich Weiblichkeit und Männlichkeit in der Tat mehr und mehr einander an, und man spricht vom androgynen Menschentypus. Das »dritte« – das bisexuelle – Geschlecht macht von sich reden, und es gilt als chic, daß alle mit allen können. Trotzdem sind Männer und Frauen immer noch ohne größere Mühe voneinander unterscheidbar, und es ist offensichtlich, daß sie sich bei aller äußeren Annäherung keineswegs besser miteinander vertragen. Ist der Stil also doch eine Störung? Oder ist es eher so, daß die heute wie ehedem so verbreitete Zwietracht zwischen Mann und Frau gleichsam gottgegeben, ein Aspekt des Schöpfungsgedankens ist, der in unserer narzißtischen Zeit nur seine passende stilistische Ausformung findet?

Wie auch immer, der Mythos vom Jüngling Narziß fand seinen Weg von der klassischen Antike über die Psychoanalyse,[1] wo er ein komplexes psychopathologisches Syndrom umschreibt, bis in die Alltagssprache. Hier kann sich jeder etwas darunter vorstellen: Ein Narziß, das ist der Typ von nebenan, der seiner Umgebung entweder durch sein blasiertes, desinteressiertes Gehabe auf die Nerven geht oder sie mit endlosen Ausführungen über Gott und die Welt langweilt. Beide, der stille wie der redselige Typ, lieben nur sich selbst auf der Welt, und beide brauchen die anderen als Kulisse, vor der sie das Schauspiel ihrer eigenen Persönlichkeit entfalten.

In der Tat, der moderne Narziß hat viel mit seinem antiken Namensgeber gemeinsam. Der griechische Jüngling sei, so heißt es, der Sohn des Flusses Kephissos und der Nymphe

---

1 Zur Verwendung des Begriffes im Werk Sigmund Freuds vgl. »Zur Einführung des Narzißmus, editorische Vorbemerkung«, in: *Psychologie des Unbewußten*, Frankfurt a. M. 1975, 39 f. (Studienausgabe, Bd. 3)

Leiriope gewesen. In ihn, den Schönen, habe sich die Nymphe Echo verliebt.[2] Er aber, kalt gegen alle Liebe, wies sie zurück, so daß sie aus Gram darüber dahinschwand und nur ihre Stimme – das Echo – zurückblieb. Später mußte Narziß seine Kälte und Verschlossenheit teuer bezahlen. Einst beugte er sich über eine klare Quelle, um aus ihr zu trinken, und plötzlich sah er – ganz unverhofft – sein Antlitz, das sich im Wasser spiegelte. Gebannt vom Anblick der eigenen Schönheit blieb er, wo er war und konnte sich nicht trennen. Eine unstillbare Sehnsucht nach Verschmelzung mit seinem Ebenbild dort unten im Wasser packte ihn und ließ ihn nicht mehr los, so daß er schließlich aus Erschöpfung und Trauer über die Unerfüllbarkeit seines Verlangens starb.

Wenn es statthaft ist, mit mythischen Gestalten dergestalt umzuspringen, daß man sie durch die Brille der modernen Psychodynamik betrachtet, dann kann man dem jungen Mann sein kaltherziges Verhalten der Nymphe Echo gegenüber im Grunde nicht übelnehmen. Denn Narziß stammte aus extrem unstrukturierten Familienverhältnissen: Sein Vater war ein Fluß, also ein Element, das nicht spricht, das kühl und stets im Vorüberfließen begriffen ist, das nicht Stellung bezieht, keine Grenzen setzt, das ungreifbar ist. Und seine Mutter war eine Nymphe, ein junges, heiteres, leichtfüßiges und leichtlebiges Geschöpf, eher eine Lolita als eine erwachsene Frau. Mit dieser Ausstattung konnte Leiriope dem kleinen Narziß gewiß nicht das geben, was ein Kind an wärmender, Schutz bietender Mütterlichkeit braucht. Denn eine Nymphenmutter wird ihr Kind vielleicht als willkommene Abwechslung, als liebenswertes Spielzeug erleben und es zärtlich und strahlend anlächeln,

---

2 Das Folgende nach Herbert J. Rose, *Griechische Mythologie*, München 1961, 165.

wenn ihr danach ist. Aber oft wird ihr der Kleine auch zu viel sein. Selbst noch ein halbes Kind, wird sie ihre eigenen Sehnsüchte haben, wird vielleicht, weil sie sich vom zurückgezogenen Gatten vernachlässigt und nicht ausreichend umsorgt fühlt, immer wieder Phasen haben, in denen sie in dunkle Löcher taucht und ihr Kind als Belastung erlebt.

Der kleine Narziß wird also schon früh Wechselbädern der Seele ausgesetzt gewesen sein – liebevoller Zuwendung einerseits und Übergriffen, Desinteresse oder gar Depression andererseits. Leiriope mochte es, wenn er zutraulich auf sie zulief, wenn er auf ihrem Schoß saß und wenn sie zusammen schmusten. Sie mochte es, wenn er seinen Teller leeraß und ohne größeres Theater seinen Mittagsschlaf machte. Aber sie vertrug es nicht, wenn er wütend war und mit seinen kleinen Fäusten auf sie einschlug oder so laut aufstampfte, wie er nur konnte. Dann kam es vor, daß sie ihm drohte, am Abend alles dem Kephissos zu erzählen – der würde dann schon wissen, was man mit so einem kleinen Lausebengel macht. Oder sie fing an zu weinen und sagte ihm, daß er seiner Mami nur Kummer mache, obwohl die sich doch für ihn aufopfere.

Bei Narziß hinterläßt das Spuren. Die Drohung eines väterlichen Donnerwetters ist schlimm, sie macht ihm Angst und beschämt ihn. Schlimmer aber ist das Weinen – es entsetzt ihn und macht ihn fassungslos. Schließlich wollte er mit seinem Protest seiner geliebten Mama ja nicht weh tun, er wollte ihr nur zu verstehen geben, daß er anders fühlt als sie. Mutters Tränen aber zeigen ihm, daß er ein böses Kind ist. Wie soll er sich gegen diesen Vorwurf wehren? Er hat zwar das Recht auf einen eigenen Standpunkt, und dieses Recht mag er unklar fühlen; aber er ist zu klein, um sich wirksam dafür einzusetzen. So fühlt er sich von höchster Instanz, von seiner großen, schönen Mutter, schuldig gesprochen für Impulse, die authentisch aus seinem Innern kommen, und das verwirrt und verletzt ihn. Etwas, was für ihn gut und wichtig ist, ist in den Augen der Erwachsenen falsch und schlecht. Schlecht will er aber nicht sein, und so beschließt er, ein lieber Junge zu werden und so zu fühlen, wie Mama es mag. Dabei spürt er unklar, daß er mit seinen Abgrenzungsenergien nicht willkommen ist, und auf Kosten seiner eigenen Sensibilität beginnt er, nach Wegen der Anpassung an die Bedürfnisse seiner schwierigen Mutter zu suchen. So kommt es, daß er allmählich seine lebendige, nicht immer »liebe«, sondern häufig auch aggressive Wahrheit selbst als lästig erlebt, und er lernt, seine Spontaneität als unreif und kindisch zu verachten. Gleichzeitig fühlt er sich – er weiß nicht warum – oft gelähmt, schwer, grau, und im Seelenkeller beginnt sich dumpf und brütend seine ungenutzte Angriffslust abzulagern.

Er hat keine andere Wahl. Denn der einzige, der ihm beistehen könnte, aus dieser Situation heraus und doch noch zu sich selber zu kommen, hält sich abseits. Sehnlich wünschte sich Narziß, daß Kephissos ihn wahrnähme, daß er sich für ihn interessierte, daß er mit ihm Fußball oder Eisenbahn spielte. Aber der denkt nicht daran, Narziß aus dem weiblichen Sog herauszuhelfen und ihm Mut zu seiner männlichen Identität zu machen. Kephissos unterstützt den Sohn nicht in seinen Feldzügen gegen die Welt der Mütter, sondern er beläßt es beim längst eingependelten magnetischen Kräftefeld, und das heißt: entweder bleibt er zurückgezogen und unspürbar, oder er solidarisiert sich mit Leiriope und beschimpft, beschämt und bestraft Narziß für dessen Versuche, dem Mutter-Magnetismus zu entkommen.

Damit lebt Kephissos dem Narziß eine Haltung vor, die diesem lebenslang als Modell für männliche Selbstbehauptung vor Augen stehen und seinen Charakter entsprechend prägen wird. Natürlich zahlt auch Kephissos mit seinem Verhalten einen Preis für altes Unrecht. Denn er wird nur deswegen zu einer so schweigsamen grauen Eminenz geworden sein, weil auch er seine eigene mütterlich-väterliche Demütigungs-Geschichte hatte. Mit der will er jetzt, als gestandener Mann und Vater, freilich nichts mehr zu tun haben, und ganz bestimmt hat er seinen Sohn nicht mit dem Ziel gezeugt, daß Narziß ihm mit seiner Rebellion gegen die Mutter und seinen Appellen an ihn, den Kephissos, jene ungemütlichen alten Empfindungen ins Gedächtnis zurückruft; Empfindungen, die um mütterliche Bedürftigkeit und väterliche Leistungsansprüche kreisen. *Eine* Regel hat ihn das Leben gelehrt: Die Welt ist nicht daran interessiert, daß man ihr die eigenen Schwächen präsentiert, wohl aber belohnt sie es, wenn ein Mann sich als wichtig und bedeutend darstellt. Und so gilt er jetzt als zwar unnahbarer, aber verantwortungsvoll die Bürde seiner Ämter tragender Mann, und je gewichtiger er aus der Kulisse schaut, desto mehr Respekt haben die Leute vor ihm. Natürlich, auch in seinem Leben hat es ein paar Schwachpunkte gegeben. Ungern denkt er an jenen Frühling zurück, in dem sich Leiriope in diesen jungen amerikanischen Saxophonisten verliebte und die verrückte Idee hatte, mit Klein-Narziß in dessen Wohngemeinschaft zu ziehen. Er weiß noch genau, wie er damals aus der Rolle fiel, wie er tobte und die Kompottschüssel an die Wand schmiß. Aber weiter ließ er es nicht kommen. Er arrangierte ein Gespräch zwischen Leiriope und seinem guten Freund, dem Anwalt X., der ihr kurz und klar die Rechtslage mitsamt ihrer materiellen Abhängigkeit vor Augen führte. Und so blieb dann alles beim alten: Kephissos verwaltete weiter seine Ämter, Leiriope versank erneut in trauriger Bitterkeit und machte ihre Rechte auf Narziß geltend, und der hatte keine andere Wahl, als – halb verächtlich, halb stolz – denjenigen Ort zu besetzen, an den er nicht gehörte, zu dem es ihn im Grunde auch nicht zog und von dem er je nach Kephissos' Laune jederzeit und auf erniedrigende Weise wieder vertrieben werden konnte: den Ort an Mutters Seite als Vaters Stellvertreter.

So wird sich dem Narziß eine wichtige Facette des Menschseins nicht mit ausreichender Klarheit eingeprägt haben: Er hat nicht erleben dürfen, was es bedeutet, ein um seiner selbst willen geliebtes Kind zu sein. Er ist nicht in ausreichendem Maße mit seinem eigenen Wesen und seiner eigenen Wahrheit gesehen und gewürdigt worden, und als Folge weiß er letztlich nicht, welche Gefühle mit den Worten »Ich bin Ich« verbunden sind. Statt dessen wurde er um das Innewerden seines Wesenskerns betrogen, zu früh wurde zu viel fremder dunkler Saft in das Gefäß seines Selbst eingemischt. Narziß hatte keine Chance, zwischen »mir« und »dir« unterscheiden zu lernen, und für den Rest seines Lebens wird er alle Kraft aufbieten, um die Wunde dieses an ihm begangenen Betruges zu betäuben.

Die modernen Nachfahren des Narziß haben mit ihrem antiken Namensvetter einen fernen, abwesenden Vater gemein. Aber nicht alle haben eine Nymphe zur Mutter, eine Kindfrau, die selbst zu bedürftig ist, als daß sie den Bedürfnissen ihres kleinen Kindes angemessen begegnen könnte. Der vordergründig umgänglichere Zwillingsbruder des abweisenden Narziß lernte sein Herz zu verschließen, nicht, weil er zu wenig, sondern weil er zu viel mütterliche Aufmerksamkeit bekam. Er war – der Vater war emotional oder real nicht vorhanden – der Kronprinz seiner Mutter und damit zunächst Gegenstand mütterlicher Freude.

Diese Leiriope hatte einen Kephissos geheiratet, der gleichfalls unter der Angst litt, durch zu viel Nähe seine männliche Identität zu verlieren. Zwar hatte dieser Mann seine Frau vielleicht gerade darum gewählt, weil sie so weiblich, so mütterlich und so warmherzig auf ihn wirkte und weil sie ihm so bewundernd zuhörte. Mit all dem erinnerte sie ihn an die Geborgenheit, die er damals als Kind fühlte, als *seine* Mutter ihn mit Fürsorge und Liebe umhegte. Diese schöne, sorgenfreie, helle Seite der Kindheit wollte er in der

Ehe wiedererleben, und er war bereit, viel dafür zu tun: Er wird sich angestrengt und seiner Frau seine Erfolge zu Füßen gelegt haben. Denn er wollte, daß sie stolz auf ihn sei, genauso stolz, wie einst seine Mutter auf ihn gewesen war.

Und doch wird Kephissos wahrscheinlich nicht bekommen haben, was er so sehr ersehnte. Denn eher als er sich dies hat vorstellen können, ist er Vater, und jedermann erwartet von ihm Reife und Freude daran, daß er nun das Familienoberhaupt ist. Nur fühlt er sich weder besonders reif noch empfindet er echte Freude. Natürlich, er ist nicht ohne Gefühl. Da gibt es jetzt diesen kleinen Knirps oder diese kleine Knirpsin, und er findet seinen Nachwuchs süß, wenn der ihn anstrahlt oder wenigstens friedlich ist. Aber oft quengelt das Baby, weint, schreit. Außerdem spürt er, wie sich Leiriope verändert. Das Kind ist ihr ein und alles, sie läßt sich von ihm tyrannisieren, sie erfüllt dem kleinen Schreihals jeden Wunsch, ist rund um die Uhr für ihn da. Kephissos aber, der früher doch viel Schönes mit ihr hat erleben und teilen können, findet sich nun im Abseits wieder – eigentlich nur noch dazu bestimmt, den finanziellen Familienkarren zu ziehen.

Dabei hatten Kephissos und Leiriope sich früher alles so schön erträumt. Sie hatten eine bessere Ehe führen wollen als damals ihre Eltern, und auch ihre Kinder sollten es einmal besser haben als sie selbst. Bei ihnen sollte Einvernehmen und Arbeitsteilung herrschen: Beide würden sich um den Haushalt und die Kinder kümmern, beide auch würden ihren Beruf ausüben. Nun, *er* ist der Meinung, er habe sich an diesen Vertrag gehalten. War *er* nicht an jedem seiner freien Mittwoch-Nachmittage für das Kind da, damit *sie* sich selbst verwirklichen und endlich ihr Studium abschließen konnte? Hat *er* nicht oft genug eingekauft und den Kleinen ins Bett gebracht, während *sie* an ihrer Seminararbeit bastelte? Ist es vielleicht *seine* Schuld, daß sie es am

Schluß nicht geschafft hat, daß *er* die bessere Ausbildung und dementsprechend den besser bezahlten Job hat? Daß er beruflich weiterkommen will? Er tut es schließlich für die Familie! Und doch muß er sich ständig Klagen anhören, daß sie ihn als Pascha und sich selbst als Putzfrau erlebe, daß er sich in seine blitzsaubere Arbeitswelt zurückzöge und ihr den Ärger mit der Spielgruppenleiterin überließe, die findet, daß Klein-Narziß sich den anderen Kindern gegenüber ein bißchen unsozial verhält.

Langsam begreift Kephissos, daß seine Frau ihn im Grunde weder bemuttern noch bewundern will, sondern daß sie ebendieses von *ihm* erhofft. Eigentlich – so dämmert es ihm – wollte sie gar nicht *ihn* zum Mittelpunkt ihres Lebens machen, sondern sie wünschte sich, daß er *sie* als das Zentrum, *sie* als Persönlichkeit, als Geliebte, als geistige Partnerin sieht und anerkennt. Jetzt wird ihm schlecht. »Nein danke«, denkt er, »nur *das* nicht.« Denn *ihr* Anmahnen von Nähe und Zuwendung ruft in *ihm* alte, unangenehme Gefühle wach, Gefühle, die ihm dunkel aus frühen Zeiten bekannt sind und die er seither erfolgreich in den tiefsten Kellerraum seines Unbewußten verbannt hat. Hatte ihn seine Mutter damals nicht mit genau derselben Strategie traktiert? Hatte sie nicht Schuldgefühle in ihm geweckt, wenn er lieber mit seinen Freunden ins Kino wollte, als sich ihre Sorgen anzuhören? Um des lieben Friedens willen hatte er sich damals angepaßt, hatte innerlich grollend getan, was Mama von ihm erwartete; hatte ihr gegenüber den lieben Jungen gespielt. Jetzt aber fängt Leiriope genauso an, und dem wird er sich entziehen. Was solls auch? Schließlich ist *er* das Familienoberhaupt, *er* hat dafür zu sorgen, daß genug Geld im Hause ist. Er beginnt, sich zu verschließen. Er fühlt, daß das, was er geben kann und will, nicht ausreicht. Er empfindet seine Frau in ihren Ansprüchen zunehmend als ein Faß ohne Boden, stürzt sich mehr und mehr in die Arbeit und überläßt Mutter und Kind zu Hause sich selbst.

Dort aber nimmt das Drama zwischen Mutter und Sohn den traditionellen Verlauf: Die innerlich oder auch äußerlich verlassene Ehefrau wird der eigenen Enttäuschung und Wut ihrem Mann gegenüber dadurch begegnen, daß sie sich mit noch mehr Energie, mit noch größerer Aufmerksamkeit ihrem Kronprinzen zuwendet. Viele der Gefühle, die sie eigentlich mit ihrem Partner würde teilen wollen, wird sie dem kleinen Jungen zuwenden. Der wird diese liebevolle Aufmerksamkeit zunächst herrlich finden. Er wird es genießen, das Zentrum der häuslichen Welt zu sein, und es wird ihn glücklich machen zu spüren, wie wichtig er für seine Mutter ist. Er wird schwören, daß er sie, die schönste aller Frauen, heiraten wird, wenn er einmal groß ist, und er wird für sie den Drachen töten wollen. Für eine Weile finden beide das wunderbar. Narziß fühlt sich im Mittelpunkt, und Leiriope empfindet sich als rund und ausgefüllt.

Doch auch Narziß wird die dunkle Kehrseite dieser Mutterbeziehung, die keine wirkliche Ablösung zuläßt, nicht erspart bleiben. Denn was passiert, wenn ihm die mütterliche Zuneigung zu viel wird? Wird er sich wehren können? Was, wenn er spürt, daß Leiriope ihn verzweifelt braucht, weil sie sich sonst allein und unglücklich fühlt – vom Vater verlassen und zurückgestutzt auf den Haushalt und die paar Nachhilfestunden, die sie gibt – den traurigen Rest ihrer frühen Blütenträume, einmal als Lehrerin, Romanschriftstellerin oder Universitätsdozentin zu glänzen?

Leiriopes versteckte Unsicherheit wird für Klein-Narziß immer spürbarer: Er fühlt, wie seine Mutter ihre Lebensangst hinter Mütterlichkeit und häuslicher Kompetenz verbirgt. Aber ihn, der eine wirklich intime Beziehung zu ihr hat, ihn kann sie nicht täuschen. Mit der unbestechlichen Gefühlsklarheit eines Kindes spürt Narziß genau, wenn Mutters echte Herzlichkeit umschlägt in mütterliches Getue. Immer dann, wenn sie anfängt, ihm mit falschem Zungenschlag Anweisungen zu geben, wie »man« sich zu benehmen oder dies und jenes zu beurteilen habe, fühlt Narziß hinter diesen Floskeln Leiriopes Unsicherheit. Er würde ihren Lebensmaximen ja gern Glauben schenken und sie, seine geliebte Mutter, für ihre Weisheit bewundern. Ihr falscher Tonfall aber ist quälend. Er zeigt ihm, daß sie mit ihm »Mutter-und-Sohn-Theater« spielt. Beim Mittag- oder Abendessen hat er zudem Kephissos vor Augen, der blindlings abschaltet, wenn Leiriope anhebt, sich zum Tagesgeschehen, zu einem neuen Film oder zur Lage der Nation zu äußern. Und so lernt Narziß früh, Leiriope nicht ernst zu nehmen und das, was er an ihr als unecht erlebt, als typisch weibliches Trara zu verachten. Auf der anderen Seite ist er abhängig von ihr und ihrem Wohlwollen. Sie zerstreut seine latente Lebensangst, nicht zu wissen, wer er ist, und so wird er sich zweiteilen: Ein Teil wird für Leiriope *der* Sohn sein, den sie sich wünscht, und ein anderer wird im Verborgenen einsam einen Lebensstil entwickeln, der ohne alle Väter und ohne alle Mütter auskommt. Einen Lebensstil, der es besser weiß.

So jedenfalls wurden die meisten meiner Patienten mit diesem Konflikt fertig. Sie paßten sich an und gaben ihren Müttern vordergründig, was diese brauchten: Nähe, Zuhören, Verständnis. Ihre Wut über das Angebundensein und die Lust am Revoltieren versteckten sie hinter Arroganz oder Stillschweigen und befriedigten sie nach Möglichkeit hinter Mutters Rücken. Sie kraxelten auf gefährlichen Bergen herum, frisierten Motorräder, schliefen vierzehnjährig mit ihren Cousinen und handelten sich mit all dem schlimme Schuldgefühle ein. Psychologisch übernahmen sie mit dem angepaßten Teil ihrer Persönlichkeit Partnerfunktionen; sie sprangen ein für den nicht vorhandenen oder zurückgezogenen Vater und bezogen aus dieser Konstellation für ihr späteres Leben neben manchen Schwierigkeiten auch etwas sehr Schönes: das Gefühl, ein liebens- und begehrenswerter Mann zu sein.

Wahrscheinlich also wird Narziß – entgegen all jenen Gefühlen, die auf Selbständigkeit drängen – vordergründig bei der Mutter bleiben und ihr nach Maßgabe seiner Fähigkeiten ein kleiner Ersatz-Ehemann werden. Diese Hingabe kann weit gehen. Die Mutter eines meiner Klienten hatte unter akuten Angstzuständen immer dann gelitten, wenn der Ehemann nachts bei seiner Freundin oder sonst außer Haus war. Dann weckte sie den Sohn, und er mußte sich zu ihr ins Ehebett legen, sie beruhigen und trösten. Ganz steif habe er dagelegen, gleichsam tiefgefroren in seiner Panik vor einem inzestuösen Übergriff. Gleichwohl habe er sich wichtig und seinem Vater überlegen gefühlt, sei *er* es doch gewesen, dem die Mutter in der Not vertraut habe. Später merkte er dann, wie hoch der Preis für diese Sonderstellung war: Er bezahlte mit einer tief sitzenden Ambivalenz den Frauen gegenüber, einem Gemisch aus Angst, Haß und Idealisierung, das ihm für lange Zeit einen freundlichen, entspannten Umgang mit Frauen unmöglich machte.

Zwar ist der Mißbrauch nicht immer so gravierend. Aber auch weniger sexuell gefärbte Varianten der Verführung hinterlassen ihre Wunden. Kein Sohn will auf die Rolle des lieben Jungen festgenagelt werden; alle wollen sich der Obhut der Mutter entziehen und eigene Wege ausprobieren. Obwohl dies ein legitimes Bedürfnis ist, muß Narziß dann sehen, wie sie ihre Macht ausspielt; wie der Stolz und die Freude in ihren Augen dem Ausdruck von Ärger, Depression oder Verachtung weichen; er muß erleben, wie schlecht sie seine Autonomie erträgt, wie sie sich verlassen fühlt, und wie sie ihn das spüren läßt. Und da ist kein Vater, der ihm hilft, die eigene Linie *trotzdem* zu verfolgen. Dieser kleine Kronprinz muß früh eine falsche Lektion lernen: Daß es Liebe sei, wenn er sich anstrengt, Mutters Augen wieder zum Leuchten zu bringen. Hin- und hergerissen zwischen kindlicher Loyalität und dem Wunsch nach Selbstausdruck wird er entweder rebellieren oder sich anpassen. In jedem

Fall aber erfährt er, daß sich Hingabe an die Mutter und das Bedürfnis, in seiner erwachenden männlichen Energie von eben dieser Mutter respektiert zu werden, nicht miteinander vereinbaren lassen.

Narziß sitzt zwischen allen Stühlen. Er sehnt sich nach Mutters Liebe, hat aber Angst davor, von ihr vereinnahmt zu werden. Und er sehnt sich nach Vaters freundlicher, zugewandter Aufmerksamkeit, fürchtet sich aber vor Mißachtung, Beschämung und Demütigung. So schaut er in die Quelle, und für eine Weile mag ihm die Idee gefallen, ganz aus sich und seinen Begabungen heraus zu leben, unabhängig, autonom, ohne tiefere Bindungen. Stolz schwört er, sich niemals mehr von irgend jemandem klein und verletzlich machen zu lassen, und dafür wird er kämpfen. Mit feinem, an Leiriopes Launen geschultem Gespür wird er jede Schwingung fühlen, die eine Spur von Demütigung enthalten könnte, und schneidend wird er sie bekämpfen. Seine Waffe in diesem Kampf ist kein Holzhammer, sondern ein virtuos gehandhabtes Florett, dessen Stiche sitzen. Narziß pariert exakt, und je besser er seine Treffer landet, desto deutlicher neigt sich seine innere Waagschale vom Pol der Scham zu dem der Verachtung. So richtig wohl ist ihm immer erst dann, wenn er den Feind ebenso elegant wie demütigend außer Gefecht gesetzt hat.

Allerdings – diesen Kampf führt er im Dienste seiner Selbstbetrugs-Strategie, und mit seinen ehrgeizigen Duellen kämpft er letztlich gegen sich selbst: Er betäubt den Schmerz um den erlittenen Selbstverlust und um die unerfüllte Sehnsucht, wahrhaftig geliebt und geachtet zu werden wie auch, wahrhaftig zu lieben und zu achten, mit ätzenden Treffern auf diejenigen, deren Bahnen außerhalb seines Kontrollsystems verlaufen. Denn ließe er seinen Schmerz zu, dann wäre sein mühsam aufgebauter Selbstschutz gefährdet, der besagt, daß der einzige Mensch, auf den er sich wirklich verlassen kann, er selbst ist. Er müßte spüren, daß er nicht der einzige traurige Einsame auf dieser Welt ist, sondern daß – ganz im Gegenteil – Einsamkeit der Preis des Erwachsenseins ist, und er müßte – oder dürfte – damit leben, daß viele Menschen ihm an gelebter Weisheit ebenbürtig oder gar voraus sind. So aber hat er nur seinen Stolz auf seine mühsam eroberte Autonomie, und sein Kampf dient der Aufrechterhaltung eben dieses Stolzes, ein so besonderer Mensch, ein so kostbarer Solitär zu sein.

Im Hinblick auf seine Liebes-Beziehungen entwickelt er einen Lebensstil etwa nach dem Motto: »Paß dich im Rahmen des Notwendigen an, aber laß dich auf nichts ein. Und wehre dich, wenn sie oder er dir zu nahe kommt.« Er wird innige, tiefe Beziehungen vermeiden. Wenn er sich trotzdem auf eine Begegnung einläßt, so wird er befürchten, daß seine Partnerin ihn zum Spielball ihrer Launen macht und ihn für ihre eigenen Zwecke mißbraucht, wie er dies bei Leiriope erlebte. Oder in seiner Freundin ersteht ihm unbewußt Kephissos, von dem er sich nun Genugtuung erhofft: In diesem Fall wird er von der Freundin ein Maß an Aufmerksamkeit und Zuwendung erwarten, unter dem sie früher oder später zusammenbrechen muß. Die Freundin will ihm vielleicht gerade das geben, was er zuinnerst ersehnt: Zärtlichkeit, Echtheit, Wärme. Er aber, verstrickt in seine alten Ambivalenzen von Stolz und Sehnsucht, kann ihr nicht glauben, daß sie ihm ihre Liebe in Freiheit schenken möchte, und so wird er sein, Liebesbedürfnis entweder mit schnellen Affären stillen oder die Beziehung auf kleiner Flamme kochen lassen, bis sie schal und vertrocknet ist.

Dieses Muster ist nicht auf Liebesbeziehungen beschränkt. Die Kämpfe, die Narziß gegen sich selber führt, betreffen alle Bereiche seines Lebens. So unterschiedlich die angewandten Mittel sein können – eines weiß Narziß inzwischen: Das wichtigste ist, daß *er* obsiegt. Wenn er ein Schauspieler ist, dann wird er alle seine Partner »an die Wand spielen.« Ist er ein Denker, dann wird er stets »das letzte

Wort haben.« Als Sportler wird er selbstverständlich »der Größte« sein, und als Don Juan sorgt er dafür, daß ihm die Frauen zu Füßen liegen. In jedem Fall wird er sich und der Welt beweisen, daß *er* der Bessere ist.

Er tut das allerdings weder freiwillig noch mit Freude. Er steht vielmehr unter dem Zwang eines üblen Dämons, der vor langer Zeit in seinem Kopf Wohnung genommen hat. Dieser Dämon redet ihm beständig ein, er, Narziß, sei nicht gut genug im Vergleich zum Rest der Welt, er sei ein Versager, ein Dummkopf, die anderen seien besser als er, er mache sich lächerlich. Narziß kann – dies ist ein Teil seiner früh und notfallmäßig eingeübten Verleugnungs-Strategie – nicht wissen, daß dieser Dämon nicht die Stimme einer objektiven Wahrheit, sondern ein Abkömmling aus Kindertagen ist: die Verachtung seines Vaters, der ihm immer mal wieder zeigte, wer im Hause der Stärkere war; oder ein ins eigene Innere übersiedelter und nun fest eingenisteter Überrest jenes mütterlichen Herumnörgelns, mit dem er damals zu mehr Zuwendung erpreßt werden sollte. In seinen Kindertagen haben ihn diese Stimmen erst gelähmt und später heimlich oder offen zur Raserei gebracht, aber damals war er der Schwächere. Damals hatte er sich nicht wehren können und letztlich alle Demütigungen einstecken müssen. Jetzt will er mit diesen alten Geschichten nichts mehr zu tun haben, und vor allem will er nicht mehr jenes alteingesessene Unbehagen spüren, das ihn denken läßt, es könne etwas dran sein an diesen Einflüsterungen. Er wird also dafür sorgen, daß ihn niemand mehr von oben herab behandelt oder zu Liebesbezeugungen erpreßt, zu denen er nicht bereit ist.

Narziß' Mißtrauen wandelt sich allmählich zu einer milderen Variante des Wahns. Er meint, alle Menschen in seiner Umgebung seien potentielle Verächter, und zwecks Gegenwehr verwendet er viel Kraft darauf, sie eines Besseren zu belehren. Als überlegen und unabhängig sollen ihn die Leute anerkennen und seinem hämischen Dämon ein positives, bewunderndes Bild seiner Persönlichkeit spiegeln. So kämpft er seinen aussichtslosen Kampf gegen die Feinde von außen, ohne zu merken, daß sein Hauptverächter im eigenen Kopf sitzt. *Weil* aber dieser Kampf so aussichtslos ist – der Dämon läßt sich auch durch nachweislich erbrachte Höchstleistungen nicht den Mund stopfen –, kämpft Narziß immer verbissener und verbitterter. Sein gekränkter, hungriger, seit langem von der ursprünglichen Suche nach Liebe und Anerkennung abgekoppelter Ehrgeiz findet keinen lebendigen, achtungsvollen Kontakt mehr zu seiner Umwelt, sondern er funktioniert nur noch auf Kosten derjenigen Menschen, mit denen er zu tun hat.

Narziß empfindet diese Menschen zunehmend als Störfaktoren. Wer ihn nicht bewundert, wer ihm widerspricht oder ihn kritisiert, den beginnt er als seiner unwürdig zu verachten, ohne ihm übrigens je die erlittene Unbill zu verzeihen. Die Meinungen, die Einwände und Eigenwilligkeiten der anderen erscheinen ihm als eigens gegen ihn und seinen Seelenfrieden gerichtetes Ärgernis. Je länger, je öfter reagiert er gereizt auf etwelche Zwischenrufe, denn das, was seine Mitwelt als *ihren* Beitrag zu einer in Offenheit geführten Diskussion über dieses oder jenes versteht, empfindet Narziß als Bedrohung *seiner* Existenz. Eine wie auch immer geartete Opposition streut ihm aus schierer Bosheit, so sieht er es immer öfter und dringlicher, Sand in sein doch so gut geöltes Räderwerk. Das aber rührt an die Urgründe seiner Ängste, nicht er selbst, sondern fremdbestimmt zu sein und letztlich nicht zu wissen, was *er* eigentlich will; und so sträubt sich sein kindlich kränkbar gebliebener Stolz heftig gegen derartige Einmischungen. Er wird seiner Umgebung gegenüber immer spröder, abweisender und verächtlicher – ein einsamer Gefangener im eigenen Selbstschutz-Bunker.

Dort, in seinem Bunker, ist er zwar sicher vor fremder Einmischung, aber er hat sich isoliert, und seine Lebendigkeit stirbt den Tod an der Quelle. Denn inzwischen haben auch die Gutwilligeren in seiner Umgebung es aufgegeben, Kontakt zu ihm zu suchen. Sie, diese verachteten »anderen«, fühlen sich seit langem von Narziß nicht mehr gesehen und nicht mehr in ihrer Eigenheit respektiert, sondern nur noch benutzt als Munition gegen seinen Selbstverachtungs-Dämon. Dafür werden sie ihn ihrerseits verachten, und wenn nicht, so werden sie doch die Schultern zucken und mit ihm nicht mehr viel anfangen können. Narziß wird es vielleicht gar nicht merken. Für ihn sind, ergreift er keine Gegenmaßnahmen, die Zeiten empfundenen Schmerzes über empfundene Einsamkeit vorbei, und mit seiner jetzt tief eingeschliffenen Arroganz wird er sich über die mangelnde Anteilnahme seiner Umwelt allenfalls mokieren.

Vielleicht aber spürt Narziß die zunehmende Kälte gleichwohl durch seine Bunkermauern, und vielleicht führt ihn diese quälende Wahrnehmung zurück ins Leben. Möglich, daß ihm diese Rückkehr durch ein heftiges emotionales Erlebnis – eine wirklich »große« Liebe zum Beispiel, oder eine wirklich schwere Krankheit – erleichtert wird. Möglich deshalb auch, daß er mit einer Psychotherapie beginnt. Dort kann er lernen, seine Gefühlsbetäubung, auf die er mit einem Teil seiner Persönlichkeit so stolz ist, zu entfrosten. Er kann daran arbeiten, durchlässig zu werden für die Schmerzen, die in seinen spürbar werdenden Herzens- und Seelenwinkeln auf ihre Beachtung warten. Er kann lernen, den neu erwachten Schmerz und die mehr und mehr fühlbare Wut als Wegweiser zu erfahren, die ihn zum Ort seiner inneren Wahrheit geleiten. Trauer über viele falsch investierte Handlungen und Haltungen mag sich dem allmählich beimischen und Versöhnung in der Freude finden, daß Narziß sich als ein Mensch erlebt, der sich mehr und mehr auf sich selber, und nicht auf die für die eigene Meinung gehaltenen Dämonen mit ihrem »Du sollst«, »Du mußt«, »Du darfst nicht« verlassen kann.

Folgt Narziß aber der alten, der vorgegebenen Bahn, so wird er das bekannte Phänomen praktizieren – Verachtung als Lebensstil. Ein Lebensstil, der – grob gesagt – durch die Betäubung des Schmerzes darüber entstanden ist, daß Eltern mit Kindern mißbräuchlich und ausbeuterisch umgehen, und der diese schlimmen Erfahrungen dadurch bewältigt, daß er die Identifikation mit ihm praktiziert. Weil Narziß keine Übung hat im Umgang mit Schmerz- und Schwäche-Erleben, weil die Erfahrung früh erlebter Verfälschung und Erniedrigung ihn vergiftet hat, versucht er ein Leben lang, sich auf die Seite der Überlegenen zu schlagen und sich dort zu behaupten. Einmal an diesem Ort etabliert, so suggeriert ihm sein Dämon, wäre er endlich im sicheren Hafen und alle Menschen würden ihn lieben und bewundern.

Ein solcher Lebensstil ist anstrengend. Das Leben der meisten Menschen währt heutzutage lange, und Schönheit, Geist, Charme, Vitalität – all das, worauf Narziß seine Überlegenheitsstrategien aufbaut – halten nicht ewig. Mit den Jahren wird er sich immer mehr verpanzern. Je länger, desto weniger wird er die Welt in ihrer Vielfalt und Widersprüchlichkeit, ihrer Liebenswürdigkeit und Grausamkeit an sich herankommen lassen, und eines Tages wird sein Schutzpanzer so undurchlässig sein, daß Leben und Liebe gestorben sind. Im schlimmen Fall besteht ein solcher Mann dann nur noch aus Steifheit, aus Langeweile, aus mechanischen Funktionen und kreisenden Gedanken. Das ist traurig, denn die längst zum Lebensstil geronnene Überheblichkeit war ja ursprünglich der verdrehte Versuch, Nähe und Liebe zu geben und zu bekommen.

2

Einer der Gründe, warum unsere Zeit so narzißtisch geprägt ist, liegt im unzureichend emanzipierten Narzißmus der Frauen. De jure gleichberechtigt, fehlt uns Frauen de facto nach Tausenden patriarchalisch geprägter Jahre immer noch die innere Berechtigung, uns mit den eigenen geistigen Fähigkeiten zu zeigen und uns der männlichen Konkurrenz zu stellen. Immer noch ist die Bereitschaft der Mehrzahl der Frauen größer, mit dem männlichen Narzißmus zu verschmelzen, als mit ihm zu rivalisieren. Immer noch erliegen wir der Verführung, uns mit dem herkömmlichen Angebot zu begnügen, für Haushalt und Kinder zu sorgen und damit die Frage nach dem Sinn unseres Lebens zu lösen. Oder wir polemisieren frauenbewegt gegen die Macho-Gesellschaft und schicken die Männer in den Orkus unserer Verächtlichkeit.

Daß unser Problem sich gleichwohl nicht unterdrücken läßt, merken wir dann spätestens, wenn die Kinder aus dem Gröbsten heraus sind. Wir sehen, wie sich unser Ehemann im Glanz seiner beruflichen Karriere sonnt oder zu sonnen scheint, und wie unsere Kinder dem häuslichen Herd und der mütterlichen Präsenz ungefähr mit *dem* Respekt begegnen, mit dem sie einen Discountladen besuchen. Wir sind gekränkt, und wir laden diese Kränkung natürlich an unseren Nächsten ab. Aber weder Mann noch Kinder wollen davon etwas hören. Statt sich einfühlend unsere Klagen anzuhören, meinen sie, wir seien doch selber für unser Leben verantwortlich.

Wer hat nicht eine Kollegin oder Freundin, intelligent, begabt, beruflich erfolgreich, die ihr anspruchsvolles Leben vielleicht auch noch mit einer eigenen Familie teilt, Kinder großzieht und die zu allem anderen noch eine fulminante Köchin ist – eine Frau also, die scheinbar alles hat und alles kann; und die trotzdem in die Psychotherapie kommt, weil sie sich leer fühlt, weil sie ihr Leben als sinnlos empfindet oder weil sie fassungslos feststellt, daß ihr Ehemann seit zwei Jahren eine Freundin hat, obwohl sie doch alles ihr nur Mögliche für die Beziehung getan hat?

Das Vorbild für diesen Frauentypus in der Sagenwelt der klassischen Antike und das weibliche Gegenbild zum Narziß ist Athena, die stolze und schöne Tochter des Zeus, die jungfräuliche Schutzgöttin Athens, die Göttin der Weisheit und der klugen Kriegsführung.[3] Dieses wundersame Geschöpf kam dem Mythos entsprechend auf sehr besondere Art zur Welt. Athena war eine männliche Kopfgeburt – entsprungen aus dem Haupte des Zeus. Der war in erster Ehe mit der Göttin Metis verheiratet, deren Name so viel wie »Weisheit« oder »guter Rat« bedeutet. Nach einer Prophezeiung sollte Metis zunächst Athena, dann aber einen Sohn gebären, der seinem Vater Zeus an Weisheit überlegen sein und alle Götter beherrschen würde. Da Zeus zwar die Tochter, nicht aber *diesen* Sohn haben wollte, verschlang er kurzerhand seine Frau Metis, als sie schwanger war. Daraufhin befahl er dem Hephaistos, ihm den Kopf mit einer Axt zu spalten, und aus dieser Spalte entstieg – wie ein göttlicher Gedanke – strahlend und in voller Rüstung Athena.

Mutterlos wie es war, wurde das Kind zunächst beim Meergott Triton in Pflege gegeben und zusammen mit Tritons Tochter Pallas aufgezogen. Pallas wurde die Nähe der Zeus-Tochter allerdings zum Verhängnis. Denn eines Tages veranstalteten die beiden Mädchen ein Kampfspiel, bei dem Pallas Athena zu besiegen drohte. Da mischte sich Zeus ein, lenkte die Aufmerksamkeit der Pallas ab, und in diesem Moment tötete Athena die Freundin. Später bereute sie diesen

3 Ausführlicher ist der »Athena-Typus« dargestellt in Dagmar Hoffmann-Axthelm, »Der Stein auf der Brust *oder*: Athena aus dem Haupte des Zeus«, in: *Verführung in Kindheit und Psychotherapie*, Basel ²1996, 137-156 (Körper & Seele 3).

unbedachten Totschlag, und zum Zeichen ihrer Trauer nannte sie sich seither Pallas Athena.[4]

In der Sprache der Psychoanalyse kann man sich Zeus als eine narzißtische Persönlichkeit vorstellen, die auf die Phase der Omnipotenz fixiert und entsprechend unfähig ist, andere Meinungen zuzulassen und eigene Machtbegrenzungen zu akzeptieren. Eine derart strukturierte Persönlichkeit ist – soweit es sich nicht um einen Gott, sondern um einen Menschen handelt – in dem Konflikt gefangen, die Menschen, die ihm nahestehen oder nahekommen, entweder zu vereinnahmen oder zu vernichten. Athena wächst seit ihrer Geburt einsam und mutterlos auf. Ihre Möglichkeiten, sich an weiblichen Vorbildern zu orientieren, sind minimal. Alles was sie hat, ist ihr Vater, und mit dessen männlichen Prinzipien lernt sie sich zu identifizieren. Der einzige Versuch, eine geschwisterliche Beziehung mit einer Spielkameradin aufzubauen, in der sie sich als werdende Frau wiedererkennen könnte, endet auf Grund der omnipotenten und vereinnahmenden Haltung ihres Vaters und ihres entsprechend männlich ausgerichteten Verhaltens tödlich. Weil sie als Zeus' Lieblingstochter nicht gelernt hat zu teilen und auf spielerische Art zu wetteifern, tötet sie ihre Freundin, als diese ihren Status der Einzigartigkeit zu bedrohen scheint. In ihrer Mutterlosigkeit hat Athena naturgemäß auch keine Chance, im Dreieck von Vater, Mutter und Tochter durch das wechselnde Spiel von Identifikation und Abgrenzung zu sich selbst im Sinne einer reifen Weiblichkeit zu kommen. Sie gehört mit Haut und Haaren dem Vater. Hier macht sie, so kriegerisch sie sonst ist, keinerlei Versuche, sich abzugrenzen, sich zu messen oder den Vater für einen anderen Mann zu verlassen. Der Vertrag zwischen den beiden sieht vor, daß sie jungfräulich, und das heißt: durch ewige Treue an ihn gebunden bleibt. Athena ist weise und mächtig, aber

4 Rose, op. cit., 109.

nicht weiser und nicht mächtiger als Zeus. In stolzer Hingabe bleibt sie des Vaters Lieblingstochter bis ans Ende aller Göttertage.

Die Göttermythen der Antike sind charakterologische Momentaufnahmen: Athena bleibt dort oben im Olymp, was sie ist – eine stolze, kluge, unnahbare Gestalt. Sie verstrickt sich nicht in Beziehungen, und sie leidet nicht unter ihrer Einsamkeit. In den menschlichen Niederungen begegnen wir zwar auch dem Gespann von machtvollem Vater und stolzer Lieblingstochter; nur sind die Konsequenzen einer solchen Bindung hier menschlicher – und das heißt schmerzlicher – Natur. Hier führt die Hingabe an einen vereinnahmenden Vater oft zwar zu enormen Leistungen. Aber diese Leistungen stehen für eine unstillbare Sehnsucht nach Nähe und Anerkennung, denn sie sind eine unbewußt erfolgende Liebesgabe an einen verinnerlichten Vater. Dieser Vater mag das kleine Mädchen damals durch ein Lächeln, durch ein Streicheln oder durch freundliche Worte dazu bewegt haben, ihm Genehmes zu tun, und durch Gleichgültigkeit, Ärger oder Verächtlichkeit dafür gesorgt haben, daß es Dinge unterließ, die ihm nicht paßten.

Wie aber kam es zu dieser exklusiven Vater-Tochter-Beziehung? So wie bei Narziß, verbirgt sich auch bei Athena dahinter eine gestörte Elternbeziehung. Metis sei – so der Mythos – von Zeus »verschlungen« worden. Übersetzt in die Real-Sprache ihrer irdischen Schwestern kann das Verschiedenes heißen: Vielleicht starb sie bei der Geburt; vielleicht ließ sie sich von Zeus scheiden – oder er sich von ihr; vielleicht – und dies ist wahrscheinlich der »Normalfall« – resignierte sie angesichts der männlichen Übermacht des Hausherrn und schrumpfte zu einem Schatten ihrer selbst.

Natürlich fragt man sich, warum Metis ihre eigenen Pläne und Berufswünsche aufgegeben und ausgerechnet diesen Frauenfresser geheiratet hat. Hierüber hören wir in der antiken Sage nichts, um so eindrücklicher aber sind die Rekonstruktionen, die Metis' Nachfahrinnen in ihren Psychotherapien leisten. Die Frau, die es zu einem omnipotent sich gebärdenden Mann zieht, will damit einen unbewußt gespürten inneren Makel überspielen, und dieser Makel betrifft ihre weibliche Identität. Metis mag in eine Familie hineingeboren worden sein, in der das männliche Element überwog: vielleicht hatte sie es mit einer Horde von Brüdern zu tun; vielleicht galten Männer im Vergleich zu Frauen im familiären Wertesystem mehr; vielleicht hätte sie selbst ein Junge werden sollen, und ihre enttäuschten Eltern behandelten sie so, als wäre sie einer; vielleicht auch traf das Zeus-Modell zu – ein übermächtiger Vater betrachtete und behandelte sie als Bestandteil seiner selbst. Metis jedenfalls gelang es nicht, sich in ihrer weiblichen Haut stolz, sicher und geborgen zu fühlen. Ihre Mutter war selbst mit der Männerwelt identifiziert und hauptsächlich damit beschäftigt, deren Ansprüche zu erfüllen. Sie war zu wenig stolz auf sich als Frau, als daß sie ihrer kleinen Tochter einen Rahmen weiblichen Gedeihens hätte schaffen können – eine Art symbolischen »Frauenzimmers«, zu dem Männer keinen Zugang haben, in dem weibliche Wertschätzung herrscht und in dem gütige Mütterlichkeit neidlos und freundlich auf die Jugend, die Schönheit und die Fähigkeiten des heranwachsenden Mädchens hätte blicken können. In diesem »Frauenzimmer« hätte ein Mädchen dann, wenn es Zeit wäre, die richtigen, wichtigen Fragen an eine Mutter oder an eine mütterliche Freundin stellen können – beispielsweise: »Wie war deine erste Begegnung mit einem Mann? Hast du Angst gehabt? Hast du dich geschminkt? Hast du ihn verführt? Wie war er? War er ein Draufgänger? *Wie ist das mit dem Sex?* Ist Sex wunderbar? Oder ekelhaft? Oder heilig? Oder ordinär? Bitte hilf mir!«

Die kleine Tochter, die, wie Metis, zu wenig mütterliche Geborgenheit und damit zu wenig weiblichen Stolz bekommen hat, wird dieses Defizit als ein unheimliches, beängstigendes Gefühl in sich tragen, dessen Herkunft sie nicht kennt und das sie deswegen für unbegründet hält. Sie spürt, daß auch ihr Vorbild, ihre Mutter, diese heimliche Angst hat. Sie erlebt, wie aus der großen, erwachsenen Frau immer dann ein unsicheres kleines Mädchen wird, wenn sie mit dem eigenen Ehemann zusammen ist. Sie sieht, wie der Vater den Überlegenen spielt, wie gönnerhaft oder auch herablassend und gereizt er sich ihrer Mutter gegenüber oft verhält. Sie registriert, mit welcher zwar nicht ganz echten, aber doch gut gespielten Aufmerksamkeit sie seinen Ausführungen über die wahre Kunst des Autofahrens, des Rasenmähens oder des Versicherungswesens folgt – und all das, obgleich er ohne Mutters Management völlig aufgeschmissen wäre. Denn Metis weiß, daß ihre Mutter den Vater nicht nur vor der lästigen Hausarbeit und dem Ärger mit den Handwerkern verschont, sondern daß sie ihm auch seinen Terminkalender, seinen Diätfahrplan, seine Tennis-Termine und die gemeinsamen Ferienreisen organisiert. Mama erinnert ihn sogar – Metis registriert es mit Staunen – an das jeden Sonntag fällige Telefonat mit seiner Mutter und an die Geburtstage seiner beiden Kinder aus erster Ehe. Metis versteht so viel Unterwürfigkeit nicht so ganz, aber schließlich denkt sie, daß Männer offenbar wichtiger sind als Frauen, und je mehr sie die Welt kennenlernt, desto zutreffender erscheint ihr diese Annahme.

Das alles schafft keine weibliche Sicherheit, und so sehen im Heranwachsen Metis und ihre vaterorientierten Schwestern ihren Männerbeziehungen auf Grund ihres brüchigen weiblichen Selbstbewußtseins mit Unruhe und Angst entgegen. Niemand soll merken, daß sie sich in ihrer Weiblichkeit nicht geborgen fühlen, und so geben sie sich selbstbewußt und sicher. Dann trifft Metis Zeus, und dem gefällt diese untergründig spürbare Bedürftigkeit. Hier ist er am rechten Ort, und als geborener Verführer erobert er Metis im Sturm.

Er fegt alle Bedenken weg, und Metis ist glücklich. In *seinem* Glanze fühlt sie sich erblühen, und für eine Weile vergißt sie ihre Angst, nicht aus eigener weiblicher Kraft leben zu können. Zusammen mit Zeus erlebt sie sich als geborgen, sicher, aufgewertet. Sie meint, sie habe ihr Lebensziel erreicht und alles sei nun gut.

In der Tat, am Anfang denken Zeus und Metis, sie seien füreinander geschaffen. Beide träumen von einer gemeinsamen Zukunft, von einer Familie, und dem Traum folgt die Realität. Die beiden werden Eltern. Das allerdings ist für Zeus ein unfrohes Erwachen aus seinen Träumen. Er liebt es, als strahlender Eroberer dazustehen, nicht aber, in der Nacht Kinder zu trösten und Fläschchen zu wärmen. Er schaut auf Metis, und er sieht, wie sie seine Blicke traurig und zweifelnd erwidert – er findet keine Spur mehr von der früheren Verliebtheit in ihren Augen. Das kränkt und ärgert ihn, und er beginnt, sich zurückzuziehen.

Es ist wahr, Metis ist enttäuscht. Hatten sie nicht beide von einem Nest geträumt, von einer Familie, in der es freundlich und gerecht zugehen sollte? Jetzt sieht sie ihren Zeus immer seltener, und sie fühlt ihn auch nicht mehr. Im glücklichsten Fall ist er manchmal noch »da«, hütet das Kind oder kocht ein Abendessen. Auf *ihr* aber lastet die Hauptverantwortung, und *sie* fühlt sich zunehmend ausgelaugt und bitter. Die kleine Athena hat durch ihr bloßes Vorhandensein an die Wunden ihrer eigenen alten Sehnsüchte und Defizite gerührt. Wie soll sie, die als Kind selbst zu wenig weibliche Nestwärme hatte, einem frierenden Säugling Geborgenheit geben? Sie beklagt sich bei Zeus, daß er sie allein ließe, ihr nicht mehr zuhöre, auch nichts mehr von sich selber erzähle, und sie muß feststellen, daß er darauf mit Trotz und weiterem Rückzug reagiert. Das läßt sie ihre alte Lebensangst spüren, und im Bemühen, Zeus nicht zu verlieren, verliert sie mehr und mehr sich selbst.

Auch Metis hat ihren Dämon, und der trichtert ihr mit

grausamer Konsequenz ein, sie müsse Zeus' Dominanz aushalten, irgendwann werde er sie für ihre Liebe durch seine Gegenliebe belohnen. Aber mitten in diese sehnsuchtsvollen Gedanken hinein hört sie die kleine Athena schreien, und in so einem Moment möchte sie das Kind am liebsten los sein. Obwohl sie das Baby liebt, gibt sie ihm die Schuld für die Entfremdung in ihrer Ehe. Langsam wächst in ihr ein Gestrüpp von Schuldgefühlen, ungestillter Bedürftigkeit und Schuldzuweisungen – sie empfindet sich als überfordert, als ausgenutzt, und sie hat bei all dem ein schlechtes Gewissen, keine gute Ehefrau und Mutter zu sein, es »nicht geschafft zu haben«. Möglicherweise versinkt sie in einer Depression. Vielleicht aber beginnt sie in einem Anflug von Selbstachtung auch, etwas für *sich* zu tun. Sie fängt einen Volkshochschulkurs an, oder sie beginnt mit einer Selbsterfahrungsgruppe.

Zeus sieht dem mit Sarkasmus zu. Seit langem, so sagt er sich, zeigt sie ihm die kalte Schulter, jetzt aber hat sie plötzlich Zeit und Energie für diesen Psycho-Kram. Sie will ihn sogar in eine Paar-Therapie oder in ihre Selbsterfahrungsgruppe mitschleppen. Ohne ihn, kann er dazu nur sagen. Aber natürlich, auch er ist enttäuscht, fühlt sich ungeliebt und ausgebeutet. Er spürt sein Liebesvakuum, und er merkt plötzlich, daß es seiner kleinen Tochter ebenso geht. Denn Athena erlebt, wie ihre Mutter in Schweigen oder Klagen erstarrt, wie sie mehr und mehr um die eigene Achse kreist und kaum noch ein fröhliches Lächeln für sie hat. Sie spürt, je älter sie wird, desto deutlicher Mutters Unsicherheit und die unbeholfenen Versuche, mit denen Metis diese Unsicherheit zu überspielen versucht, und die kleine Athena findet das peinlich und läppisch. Sie verschließt ihr Herz, läßt die Hoffnung auf mütterliche Liebe und Souveränität fahren und wendet sich an den Vater – vielleicht kann der ihr ja geben, was sie so notwendig braucht: Liebe, Halt, Aufmerksamkeit, Schutz.

Zeus bemerkt diesen Appell. Selbst hungrig nach weiblicher Aufmerksamkeit und wütend auf Metis wegen ihrer Selbsterfahrungs-Fremdgänge, fängt er an, die Gefühle der kleinen Tochter mit neuer Aufmerksamkeit wahrzunehmen, wichtig zu finden und schließlich zu erwidern. Wenn das Mädchen dieses Interesse, diese Resonanz erlebt, dann wird es die Mutter innerlich vollends aufgeben, sie nicht mehr nötig haben, sie heimlich oder offen verachten und mit dem Vater eine innige, tiefe Beziehung leben. Und zwar *nicht* im Dreieck – nicht zwischen Vater und Mutter, sondern an der Mutter vorbei. Athena wird sich als Vaters Liebling fühlen und stolz und erfüllt sein von dieser Sonderstellung.

Was ich hier beschreibe, klingt einfach, aber es ist kompliziert und kann zu großem Unglück führen. Denn dadurch, daß die Mutter ausgeschlossen ist, erhält die Vater-Tochter-Beziehung etwas Exklusives, Besonderes, Symbiotisches, was ihr auf die Länge der gelebten Jahre nicht gut tun wird. Denn natürlich werden sich die Gefühsschwingungen zwischen Vater und Tochter von denen unterscheiden, die sich in einer normalen, liebevollen Beziehung zwischen *Mutter* und Tochter einstellen. Mutter und Tochter sind einander bei aller persönlichen und altersbedingten Verschiedenheit physisch und psychisch ähnlich, und eine solche Beziehung schafft neben einer gewissen Spannungslosigkeit und Langweiligkeit doch eine elementare Sicherheit – eben jene »Frauenzimmer«-Gefühle.

Einer Zeustochter fehlt diese Sicherheit – sie hat sich ungeschützt in ihrer verletzlichen Liebesbedürftigkeit dem Vater zugewandt. In dieser Vater-Tochter-Symbiose passiert es dann nahezu zwangsläufig, daß sich diejenigen Spannungen einmischen, die aus der unterschiedlichen Sexualität der beiden herrühren. Daran wäre nichts bedenklich – denn ich spreche im Moment nicht von sexuellen Übergriffen, von Inzest –, wenn der Tochter der Weg zur

Mutter nicht versperrt wäre; wenn sie immer dann, wenn sie diese Spannungen nicht nur faszinieren, sondern zu sehr aufregen oder gar ängstigen, zur Mutter zurückkehren und aus diesem sicheren weiblichen Raum heraus ihre Bedürfnisse nach Nähe und Distanz dem Vater gegenüber erneut überprüfen könnte.

Athena aber hat im Spiegel von Metis mütterliche Schutzgefühle zu verachten gelernt. So kann jenes Hin und Her zwischen Vater und Mutter, das das Kind lehren würde, die unterschiedlichen geschlechtlichen Spannungen zu empfinden, auszuhalten und zu genießen, nicht stattfinden. Für Athena ist der Vater (es kann auch der Bruder oder der Onkel sein) der Einzige, und seine Liebe darf sie um keinen Preis verlieren. Deswegen wird sie sich anpassen. Sie wird die beängstigenden Aspekte der Beziehung nach Kräften ausblenden, und die faszinierenden Facetten wird sie genießen und sich in guten Momenten herrlich fühlen – als Vaters kleiner Star, als die wichtigste Person im Leben dieses großen, bedeutenden Menschen.

Es ist die prägende Erfahrung einer Zeus-Tochter, daß die Wünsche nach Eigenständigkeit einerseits und nach Angenommensein andererseits einander ausschließen. Früher hatte das kleine Mädchen seinem Vater alle seine Gefühle gezeigt – die liebevollen ebenso wie die auf Abgrenzungen bedachten. Zeus aber genoß zwar die Anhänglichkeit der Tochter, war jedoch gekränkt, wenn sie sich ängstlich oder wütend zurückzog, weil er ihr zu laut, zu dick, zu groß oder zu derb war; vielleicht auch, weil sie ihr – das kam manchmal vor, wenn sie auf seinem Schoß saß – irgendwie ekelhaft wurde. Erschreckt bemerkte Athena dann, wie Zeus sich mißmutig von ihr abwandte und plötzlich viel Spaß mit ihrer kleinen Schwester hatte. Ihren großen, starken, heiß geliebten Vater zu kränken und zu verlieren, das war das letzte, was sie wollte, und so beschloß sie, ihn zurückzuerobern. Sie fing an, ihre Ängste als Klein-Mädchen-Gefühle zu verurteilen, sich ihrer zu schämen und alle Energie aufzuwenden, dem Zeus zu geben, was der offenkundig brauchte: hingebungsvolle Bewunderung, Aufmerksamkeit und *keine* Kritik. Zeus merkt es, und alsbald benutzt er ihre Bereitschaft: Vielleicht verführte er sie mit Witzen, mit Worten, mit sensueller Ausstrahlung oder im schlimmsten Fall sogar handgreiflich sexuell. Athena weiß inzwischen, daß sie ihre Scham, ihre Angst oder gar Panik nicht zeigen darf, denn der Vater – als Verführer selbst eine infantile, abhängige, hungrige Persönlichkeit – würde ihr die Schuld in die Schuhe schieben, er würde sie strafen und bloßstellen. So wird Athena, die den geliebten, bewunderten Erwachsenen ja nicht verlieren will, ihre Panik, ihre Wut und ihren Ekel weiterhin verstecken und es für ihr weiteres Leben als unerfüllbar ansehen, daß Männer sie lieben und dabei ihre Würde achten.

In ihrer Sehnsucht nach Nähe und Spiegelung wird die Tochter die Bedürfnisse des Vaters um den Preis ihres eigenen Selbst aufnehmen und zu dem werden, was er in ihr sehen will: Zu einer bewunderten Frau, einer kompetenten Wissenschaftlerin, einer erfolgreichen Künstlerin. All das wird sie freilich oft genug ins Leere führen, es sei denn, sie sucht sich therapeutische Hilfe. Eine Klientin hörte als Kind ihren Vater öfter sagen, daß er, wenn er Zeit dazu hätte, gern zeichnen und malen würde. Sie besuchte daraufhin später scheinbar aus eigenem Entschluß die Kunsthochschule, schloß das Studium erfolgreich ab, mußte aber bald spüren, wie wenig sie die künstlerische Tätigkeit ausfüllte, so daß sie das Ganze schließlich ratlos abbrach. Den Grund erkannte sie in der Therapie: Mit der Berufswahl hatte sie ihrem Vater eine Liebesgabe darbringen wollen und ihre Begabung benutzt, ihm eine Freude zu machen. Der sehnsüchtig erhoffte Effekt – liebevolle Anerkennung von außen, durch die Welt der Väter – blieb aus, und so mußte sie fürs erste scheitern. Später lernte sie, ihre Sehnsucht nach väterlicher Anerkennung von dem zu trennen, was sie aus ihrer eigenen inneren Wahrheit heraus leben wollte und konnte. Sie begann mit einer anderen Berufsausbildung und fand in diesem neuen Rahmen passendere Möglichkeiten, ihre künstlerische Begabung in neuer, unabhängiger Weise zu nutzen.

Eine andere Klientin wurde als Kind – Mutter und Geschwister schauten weg und schwiegen – von ihrem Vater sexuell mißbraucht. Der Vater war ein zutiefst unzufriedener, unglücklicher, in seiner Kindheit seinerseits von seiner Mutter mißbrauchter Mann. Er griff sich, verletzt durch die sexuellen Zurückweisungen durch seine Ehefrau, die kleine Tochter, die wie er von der Mutter vernachlässigt worden war und die nun ihren Zeus-Vater zutiefst liebte. Für beide wurde der Inzest zu einem dunklen, schlimmen, faszinierenden Geheimnis, das in seiner ganzen entsetzlichen Tragweite erst in der Therapie aufbrach. Hier erlebte die Klientin das Ereignis in seiner schneidenden Ambivalenz: Sie mußte sehen, daß der Vater ihre Liebe, ihre Hingabe, ihr Vertrauen gebrochen und ihr damit die Seele geraubt hatte; und sie mußte erkennen, daß dies derselbe Mensch war, den sie heiß liebte und von dem sie sich ebenso geliebt fühlte. Würde sie ihn als den kleinen, bedürftigen, unabgegrenzten Wicht entlarven, der er *auch* war, dann bräche ihr Selbstwert zusammen. Denn ihre Identität maß sich an dem kindlich verklärten, großen und herrlichen Vaterbild, einem Bild, das sie mit Absolutheit und Intensität liebte und dessen Verlust gleichbedeutend war mit dem Verlust der eigenen Lebensberechtigung. Diese Klientin lernte dann schließlich langsam und durch schwere suizidale Krisen hindurch, sich von ihrem Zeus zu lösen, ihr eigenes Licht zu entdecken und *dieses* Licht – nicht das des Zeus – zum Maßstab des eigenen Fühlens und Handelns zu machen.

Die Schattenseite einer Prägung als Vater-Tochter liegt zum einen also in einer heimlichen Angst, von den Männern »verschlungen« zu werden, und zum anderen in der tiefen

Gewißheit, kein Recht auf eine eigene weibliche Identität zu haben. Aber es gibt auch eine Sonnenseite: Das Gefühl, eine faszinierende, begehrenswerte Frau zu sein, die bereit ist, einen Mann hingebungsvoll zu lieben und zu unterstützen.

Was machen diese beiden Seiten mit der Zeus-Tochter auf die Länge der Zeit? Wahrscheinlich wird Athena sich, so lange es möglich ist, an ihrer Identität als »Sonnenschein« festhalten und sich vordergründig gut und glücklich fühlen. Bei aller Ambivalenz weiß sie, daß sie Vaters Liebling ist, und aus diesem Wissen tankt sie Kraft und Selbstbewußtsein, wann immer sie das braucht. Untergründig aber spürt sie, daß sie aus zweiter Hand lebt, daß ihre Selbstachtung nicht aus ihr geboren, sondern gleichsam ausgeliehen ist. Irgendwo in ihr ist ein nicht in Worte und Gedanken zu fassendes Wissen über das Unrecht gespeichert, das Zeus und Metis an ihr begangen haben, indem sie ihr eine Einstellung liebevoller Achtung vorenthielten, die dem Kind das Innewerden seiner eigenen Würde und des Wertes seiner Persönlichkeit vermittelt hätte. Diese liebevolle Achtung würde es später der erwachsenen Frau erlauben, ihre weibliche Identität in der für sie passenden Mischung aus Selbstachtung, Hingabefähigkeit und Stolz zu leben. Zeus' Tochter aber hat Angst, irgendwelche Gedanken in Richtung auf das begangene Unrecht zu denken, denn sie hat eine Lebensstrategie der Abhängigkeit, nicht aber der Autonomie erlernt. Woher also soll sie das Wissen nehmen, wie sie anders als in Abhängigkeit und Anpassung leben kann? Metis konnte ihr kein weibliches »Urvertrauen« in sich selbst geben, und Zeus mißbrauchte sie für sein eigenes Wohlbefinden. Weil dies ihre erlebte Lebens-Erfahrung ist, wird immer dann, wenn sie das dunkle Unbehagen spürt, etwas stimme nicht mit ihr, in ihrem Kopf eine Art Fernseh-Seifenoper ablaufen, ein Harmonisierungs-Film, bei dem trotz mancher Unstimmigkeiten das Gute siegt und sie Vaters Liebste und

Beste bleibt. Wie bei Narziß, so gerinnt auch bei Athena dieses Gefühl irgendwann zum Lebensstil: Die irdische Athena ist damit ausgelastet, sich stets aufs neue dessen zu versichern, daß sie »everybody's darling« ist, daß jeder Mensch, vor allem aber jeder Mann, sie für eine besondere, für eine jeder Lebenslage gewachsene Person hält, liebenswert, begabt, einfühlsam. Zu diesem Zweck macht sie sich immer wieder ihre Erfahrungen aus der Kindheit zunutze.

Eines Tages wird sie ihren Narziß treffen – ihn, den Herrlichsten von allen. Sie wird ihn küssen und ihm »zufliegen«. Sie wird mit ihm verschmelzen und sich dessen gar nicht bewußt sein, wird ihm eine herrliche, hingebungsvolle Zuhörerin werden, wird ihn bewundern, verehren, idealisieren, sie wird versuchen, alle seine Erwartungen zu erspüren und zu erfüllen. Sie wird ihn heiraten und den ehrlichen Wunsch haben, mit ihm ins Nirvana ewiger Seligkeit einzugehen – und darüber wird sie vergessen, erwachsen zu werden. Denn Erwachsenwerden im Sinne eines reifen Umgangs nicht nur mit ihrer Hingabefähigkeit, sondern auch mit ihren aggressiven, auf Abgrenzung zielenden Energien – das hat sie bei Zeus nicht gelernt.

So wird sie ihren Narziß zunächst faszinieren, weil sie genau spürt, was dieser braucht, und weil sie sich so gut in ihn einfühlen kann – Fähigkeiten, die sie bei ihrem Vater erprobt hat. Sie wird sich selbstbewußt und dabei verständnisvoll zeigen, interessiert an seinen Sorgen, wird die Erwartungen spüren, die er in sie setzt, und diesen nach Kräften entsprechen. Weil in ihrem Wertesystem die Männer etwas Besonderes sind, etwas Besseres als die Frauen, wird sie Narziß – und damit ihre Beziehung – auf ein Podest erheben. Sie wird viel Kraft investieren, vor sich, vor ihm und vor dem Rest der Welt eine wunderbare Partnerschaft zu leben. Ist Narziß wütend, weil ihm die Leute nicht die ihm zustehende Bewunderung zollen, dann ist auch sie es. Versinkt er in schweigsame Abgründe, dann mobilisiert sie all ihre Kraft, um ihn aus seinem Stimmungstief herauszuholen. Hat er einen beruflichen Erfolg, dann jubiliert sie und erzählt es überall herum. Und jedem, der etwelche Zweifel an der Besonderheit ihrer Beziehung äußert, begegnet sie mit ebenso eiskalter wie glasklarer Verächtlichkeit. Bei all dem wird das Eis, auf dem sie ihre Narziß-bezogenen Pirouetten dreht, immer dünner, und sie wird immer abhängiger von ihm und seinen Launen. Immer weiter entfernt sie sich von ihrer eigenen Vitalität, ihrer eigenen Wahrheit, und statt in ihrer Beziehung zu wachsen und zu reifen, schrumpft sie wie einst Metis. Ihr Selbstbetrug ist es, daß sie sich als Lebensziel einredet, mit diesem einmaligen Menschen auf diese wunderbare Art zusammenzuleben, ohne auf sich selbst und auf den Groll zu hören, der sich in ihrem Innern meldet. Dieser Groll würde ihr, falls sie ihm zuzuhören wagte, verraten, daß sie Narziß manchmal als elend langweiligen, auf Selbstdarstellung versessenen Ausbeuter ihrer Gutwilligkeit empfindet.

Solche negativen Gedanken kann sie sich aber nicht leisten, denn dann würde sie – so denkt sie sicher nicht zu Unrecht – Narziß verlieren. Also übertüncht sie sie schnell mit der alten Kinderhoffnung, irgendwann von ihrem »Zeus« wirklich wahrgenommen und für ihre Hingabe belohnt zu werden. Athena hat Metis' Dämon geerbt, und der flüstert ihr in Krisenzeiten verführerisch zu: »Wenn du dir nur genug Mühe gibst, dann wird ER dir eines Tages *die* Liebe, Geborgenheit, Achtung und *Be*achtung geben, nach der du dich so sehnst.« Der Wunsch nach einem Kind kann in einer solchen Situation dadurch motiviert sein, daß die alten Sehnsuchtslöcher gestopft werden sollen – daß in symbiotischer Verschmelzung endlich die heimliche Angst vor Kälte, Einsamkeit und Ausbeutung verschwinden möge. Aber irgendwann werden diese Defizite gleichwohl an die Oberfläche geraten. Das Kind wird geboren, und nach einer vielleicht glücklichen Zeit der Symbiose angesichts dieses kleinen Wunders streben die Kräfte wieder auseinander. Narziß wird spüren, daß er dem Anspruch seiner Frau nach gütigem Verständnis je länger je weniger gewachsen ist. Statt dessen wird er sich zunehmend hinter seinem Computer verschanzen und dort wahrscheinlich von einer *wirklich* selbständigen Partnerin träumen, und Athena sieht sich alleingelassen mit ihren Ängsten und Frustrationen.

Irgendwann schaut sie in den Spiegel und sieht, daß ihre immer noch sehnsuchtsvollen Kinderaugen aus einem inzwischen von Falten durchzogenen Gesicht schauen. Entsetzt entdeckt sie das erste graue Haar, und sie fühlt sich müde, leer und ausgebeutet. Sie kann ihren Groll über die jahrelang erfahrene Ungerechtigkeit nicht mehr zurückhalten, und der Adressat ihrer Wut wird selbstverständlich ihr Narziß sein. Hat sie nicht alles für ihn aufgegeben? Ist er nicht nur deswegen Universitätsprofessor oder Wirtschaftsboss geworden, weil sie ihm und seiner Karriere ihre eigenen Bedürfnisse geopfert hat? Wer hat denn gekocht und die Kinder aufgezogen? Wer war für ihn da, wenn er nachts nach Hause kam und offene Ohren und ein empfängliches Gemüt brauchte, um von seinen Heldentaten zu erzählen? Wer hat denn damals beruflich zurückgesteckt und ihm damit die Möglichkeit gegeben, weiterzukommen? Narziß wird erstaunt kontern, daß das doch ihr eigener Wille gewesen sei, daß sie beide es doch so besprochen und beschlossen hätten; daß er doch immer ihren Wunsch unterstützt habe, sich einen Halbtagsjob zu suchen; daß das mit der Familie und den Kindern damals schließlich *ihre* Idee gewesen sei.

Athena wird sich sagen müssen, daß er ja irgendwie recht hat. Das aus alten Kindertagen gespeicherte Sehnsuchts- und Aggressionspotential wird sich dadurch freilich nicht abbauen, sondern mit archaischer Wucht an die Oberfläche drängen. Ist ihre Selbstschutz-Schicht einmal dünn geworden, dann wird sie Narziß demütigen, verhöhnen, verachten, und er wird es ihr mit gleicher Münze heimzahlen. Die beiden werden mörderische Schlachten ausfechten, und nichts wird sich dadurch bessern. Was wird Athena tun? Vielleicht gibt sie auf, vergräbt ihren Zorn unter einer dikken Schicht der Resignation und wird nun wirklich alt und bitter; vielleicht trennt sie sich und versucht es mit einem neuen Mann. Vielleicht sucht sie eine Psychotherapie auf und beginnt, ihr eigenes, durch ungestillte Kindersehnsucht und die Anforderungen einer erwachsenen Geschlechtsidentität verursachtes Chaos zu sichten und zu ordnen. Und vielleicht wagt sie danach einen neuen Anfang, der dadurch bestimmt ist, daß sie jetzt *sich* ernst nimmt und *ihre* Fähigkeiten und Grenzen zum Maßstab dessen macht, was sie in ihrem eigenen Leben bewirken will und welche Rolle sie in demjenigen anderer Menschen spielen möchte.

Dabei wird sie schmerzlich entdecken müssen, daß ihre mit Stolz gefühlte Sicherheit, Zeus' Liebling gewesen zu sein, ihr tiefster Schatten ist. In der Therapie wird sie sich bewußt machen müssen, wie lähmend, wie bewußtseinshemmend und wie demütigend dieser Schatten ist. Wenn sie aber die Kraft fühlt, erwachsen zu werden, wird sie das Wagnis eingehen, sich aus diesem Schatten zu lösen und sich dem hellen Tageslicht und den oft kritischen, aber unverstellten Einschätzungen ihrer Mitmenschen auszusetzen.

3

Was also passiert, wenn Narziß und Athena einander begegnen, wenn sie sich wichtig werden? Wenn sie im anderen das eigene Spiegelbild erkennen? Beide prägt der komplementäre Identitätsverlust. Die Athena-Frauen wurden ebenso um ihre tief empfundene und bejahte Weiblichkeit betrogen wie die Narziß-Männer um die innere Gewißheit ihrer Männlichkeit. Beide lernten diesen Teil zu verachten. In beiden ist statt dessen der gegengeschlechtliche Selbstanteil in besonderer Weise ausgeprägt. Was Narziß und Athena im Grunde aus der eigenen Persönlichkeit heraus an Doppelgeschlechtlichkeit leben wollen, übertragen sie bei ihrer Begegnung zunächst auf den Partner, die Partnerin. Wenn sie einander in die Augen schauen, dann vermeinen beide im anderen zu erkennen, wonach sie sich ein Leben lang gesehnt haben. Narziß sieht in der klugen, lobenden, aufmerksamen Athena nicht nur die Frau, sondern auch den gütigen, unterstützenden Vater. Und Athena meint im weichen, sensiblen Narziß nicht nur den Mann, sondern auch die liebevolle, gewährende Mutter zu erkennnen. So erhoffen sich beide aus der Vereinigung eine Vervollständigung der eigenen Persönlichkeit.

Beide sind zunächst glücklich, einander die wortlose Sehnsucht zu erfüllen. Athena genießt es, Narziß in seinem Tun zu unterstützen, und liebt an ihm seine einfühlsame Anteilnahme. Narziß fühlt sich gut als mitfühlender, zugewandter Adressat von Athenas Sorgen, und er ist hocherfreut über ihre Bereitschaft, sich mit seinen Zielen zu solidarisieren. Diese Eintracht wird sich früher oder später allerdings zerschlagen. Das anfängliche große Gefühl von glückseliger Vollkommenheit wird sich als verführerisches Vexierspiel eigener Wünsche erweisen. Kein Lebenspartner ist imstande, die gestauten archaischen Empfindungen einer tiefen symbiotischen Sehnsucht über längere Zeit zu erzeugen oder zu erwidern. Irgendwann bekommen beide das Gefühl, den Boden nur für die Bedürfnisse des anderen zu bereiten und selber nicht genug zu bekommen. Die alten Beziehungsmuster drücken sich durch, die jeweils verachteten Selbstanteile prallen aufeinander und entfalten ein beidseitiges Demütigungs-Gemetzel.

Denn beide fühlen sich ausgebeutet. Athena meint zu entdecken, daß ihr Partner ein Schwächling ist, abhängig von ihrer Tatkraft; und Narziß empfindet Athena als unweiblichen, unerotischen Abklatsch seiner selbst. In diesem Stadium gehen beide dazu über, sich die im eigenen Unbewußten versteckten Defizite gegenseitig um die Ohren zu schlagen, und, statt Mitgefühl miteinander zu haben oder einander wenigstens in Ruhe zu lassen, bedrängen, beschämen und verletzen sie einander dort, wo die Wunden am tiefsten sind. Dabei gerät ihnen die Achtung vor der Partnerin, vor dem Partner immer mehr aus dem Blickfeld. Ohne daß beide es wahrnehmen, kämpft Athena ihre Kinderkämpfe mit Zeus und Metis, und Narziß die seinen mit Leiriope und Kephissos. Wütend zerhackt Athena Narziß' intellektuelles Gehabe als sinnentleerten Schein, und Narziß ächtet Athenas Ausbruchsversuche aus dem Haushaltsknast als lächerliche Opera buffa. Beide fühlen sich im Recht, und beide haben den verbissenen Wunsch, der andere solle das endlich verstehen und anerkennen.

Für diesen Kampf ist den beiden jeder Schauplatz recht. Ob es sich um die ungeleerte Mülltonne, um das schmutzige Geschirr, um den verpatzten Sex oder um die Frage dreht, wer Klein-Athena in den Kindergarten und Klein-Narziß in die Schule bringt, alle Verfehlungen werden von beiden säuberlich in die jeweils relevante Sparte des Ehesünden-Tagebuches eingetragen und als Material für die nächste Schlacht verwendet. Beide werden Schuldgefühle ausströmen, sich voreinander verschließen und je nachdem depressiv, aggressiv, in jedem Fall aber verächtlich werden. Beide schmerzen die Angriffe der Partnerin, des Partners. Aber sie können nicht mehr spontan und natürlich reagieren. Denn das wäre zu kränkend und röche nach einer Niederlage. So verschließen sie ihr Herz und werden kalt und gleichgültig.

Vielleicht fühlen Narziß und Athena in dieser Situation, daß zu viel kaputt gegangen ist, und sie trennen sich. Vielleicht aber bleiben sie zusammen – wegen der Kinder. Das wird freilich, suchen sie nicht Hilfe in einer Paartherapie, den Herzstillstand der Beziehung nicht ungeschehen machen können. Im Gegenteil, sie werden in ihrer gegenseitigen Demütigungs-Haltung erstarren. Athenas Vorwurf, Narziß sei ein Schwächling und Angeber, wird ihn dazu verführen, »es ihr zu zeigen«. Er wird sich männlich überlegen gebärden, darüber den Rest seiner Sensibilität verlieren und zu seinem eigenen Unglück ein zurückgezogener Hagestolz werden. Und Athena wird sich, um sich vor Narziß' Hohn über ihre mangelnde Weiblichkeit zu schützen, um »Mütterlichkeit« bemühen und darüber unecht, leer und langweilig werden. Genauso leer und langweilig, wie die Beziehung inzwischen geworden ist, die doch einstmals so strahlend schön und verheißungsvoll begann. Am Schluß wird ihr Umgangston im günstigsten Fall kühl und korrekt sein, und beide werden sich immer weiter von der eigenen Wahrheit ins Terrain des unechten Rollenverhaltens verirren.

Und was wird aus den Kindern? Die werden als Trost herhalten müssen, denn Narziß und Athena werden sich das, was ihnen der Partner, die Partnerin nicht geben konnte, von den Kindern zu holen versuchen. Damit schließt sich der Kreis: Narziß und Athena werden sich auf der Paarebene jetzt ebenso um ihre jeweilige Wahrheit betrügen, wie sie einstmals von Kephissos und Leiriope bzw. von Zeus und Metis um die ihre betrogen worden waren; und diesen ererbten Betrug werden sie an ihre Kinder weitergeben.

So ist für den Fall, daß Athena und Narziß einander begegnen und sich im gegenseitigen Spiegelbild erkennen, zunächst für Begeisterung und Verwirrung, später für Ernüchterung und Verachtung gesorgt. Die zu große Nähe entpuppt sich als gegenseitiger Akt der Verführung. Weil beide sich nicht ausreichend aus eigener Quelle nähren können, weil sie viel brauchen, aber wenig geben können, verdorren sie. Dies gilt für beide Geschlechter gleich, auch wenn es häufiger die Frau ist, die sich bei oberflächlicher

Betrachtung am Pol der Verletztheit wiederfindet, während der Mann meist denjenigen der scheinbaren Überlegenheit besetzt. Narziß hat die frühe Lebenserfahrung, der ebenso unabgegrenzte wie auch unbestrittene Mittelpunkt in der Welt seiner Mutter gewesen zu sein. So viel ihn diese Beziehung gekostet hat, so hat er doch gelernt zu nehmen, und nehmen will er jetzt auch von seiner Frau. Komplementär hat Athena ebenso unabgegrenzt gelernt, Bedürfnisse aufzuspüren. Sie wurde geliebt, wenn sie bescheiden im zweiten Glied blieb, den Vater oder den großen Bruder bewunderte und sich selbst als Hüterin des männlichen Glanzes verstand. Jetzt, als Erwachsene, steht sie vor einem Dilemma. Die Sehnsucht nach Selbstverwirklichung ist zwar unterdrückt, gleichwohl aber vorhanden. Größer freilich ist die Angst davor. Athena hat gelernt, auf *ihn* zu schauen, nicht aber, sich selber zu zeigen. Während *er* jede Unterstützung fand, sich zu exponieren, etwas zu riskieren, hat *sie* damit keine oder nur wenig Erfahrungen machen können. Und so wird sie aus barer, wenn auch gut getarnter Angst vor dem eigenen Experimentieren und Exponieren zur vertrauten Strategie greifen, wird Narziß unterstützen und sich einreden, diese Haltung sei ihr Lebensziel, derweil er sich immer größer, immer überlegener fühlt. Narziß und Athena mögen zusammenbleiben, aber Freude, Lebendigkeit und Anteilnahme sind für beide gestorben.

Zum Glück ist auch ein anderes, ein wünschenswerteres Schlußszenario denkbar. Vielleicht ist Narziß eines Tages gekränkt und ehemüde ausgezogen. Die Kinder, so hat er gemeint, brauchten ihn nicht mehr, und er wolle jetzt nachholen, was er in der Ehe verpaßt habe. Bei wechselnden Freundinnen hat er dann entdeckt, daß die Beziehungen mit ihnen immer wieder – und immer schneller – in die gleiche Langeweile mündeten. Das hat schließlich doch Selbstzweifel in ihm erweckt, so daß er sich von einem Freund dazu hat überreden lassen, in dessen Männergruppe einzusteigen. Dort lernte er zu seiner Überraschung und Freude viel über sich selber sowie über unerreichbare Väter und unsichere Mütter.

Athena, die sein Auszug zunächst sehr getroffen hatte, hat eines Tages ihre abgebrochene Ausbildung wiederaufgenommen. Inzwischen ist sie damit fertig, und jetzt hat sie eine Stelle gefunden, die sie geistig ausfüllt und in der sie sich zufrieden und gebraucht fühlt. Zwischendurch hatte sie mal eine heiße Affäre mit einem Arbeitskollegen, aber der wollte sich nicht scheiden lassen, und so hat sie eines Tages Schluß gemacht. Manchmal packt sie noch die alte Sehnsucht nach einem großen, starken Mann, aber im wesentlichen fühlt sie sich überraschend wohl in ihrer eigenen Gesellschaft.

Irgendwann treffen Narziß und Athena sich zufällig in der U-Bahn und verabreden sich auf ein Glas Wein. Und da entdecken sie, daß sie sich jenseits aller Enttäuschung über betrogene Hoffnungen und trotz vieler ausgestandener Zimmerschlachten immer noch sehr gern haben. Außerdem stellen sie bei weiteren Begegnungen erfreut fest, daß sie ihre alten Nervenpunkte nicht mehr als so ätzend empfinden. Zwar: Athena hat bei aller von Narziß als wohltuend empfundenen neu eroberten Selbständigkeit doch noch die Tendenz, sich manchmal kleiner zu machen, als sie ist. Und auch Narziß passiert es, daß er Athena immer mal wieder zeigt, daß er über den Dingen – will sagen: über ihr – steht. Aber: Jetzt gelingt es beiden immer besser, einander mit ihren jeweiligen Schwächen zu achten. Athena hat inzwischen genug Selbstbewußtsein, um sich von Narziß nicht mehr geistig auslöschen zu lassen. Hebt er zu einer seiner Predigten an, dann atmet sie tief durch und fährt fort, die Dinge zu tun, die *ihr* wichtig sind. Und Narziß hat sich seine Einfühlungsfähigkeit zurückerobert, ohne darüber sein Abgrenzungsbedürfnis zu verlieren. Wenn Athena rumjammert, daß sie nicht wisse, wie sie bei ihrem Macho-Chef ihr neues

Projekt durchsetzen soll, dann kann Narziß die Sache, statt wie früher auf Tauchstation zu gehen, gut gelaunt mit ihr erörtern. Beide entdecken, daß sie einander mehr und mehr in ihren Eigenarten respektieren. Beide nehmen sich selbst mehr Raum, und mehr Raum lassen sie einander. Und erstaunt und fröhlich stellen sie fest, daß auf diesem Boden etwas gedeiht, wovon sie ihr Leben lang geträumt haben: die Liebe.

4

Wagen Narziß und Athena hingegen keinen solchen Neuanfang, dann werden sie im Blick auf ihre alten Sehnsüchte leer ausgehen. Dennoch steckt das beschriebene Beziehungsmuster – das sich ja über viele Jahre entfalten kann – auch voller Reichtum und Chancen. Im psychotherapeutischen Gewerbe besteht die etwas gnadenlose Tendenz, die als pathologisch erkannten Elemente menschlichen Verhaltens absolut zu setzen, sie als krankmachend zu interpretieren, sie negativ zu werten und darüber ihre jeweils positiven Kehrseiten und Auswirkungen zu übersehen. Es sollte dabei nicht vergessen werden, daß es die negativen wie auch die positiven Kräfte einer Prägung als Vatertochter oder Muttersohn sind, die unsere Welt wahrscheinlich zutiefst mitbestimmen. Diese Kräfte sind in ihrer Gegensätzlichkeit und Stärke ein Teil unseres Miteinanders, sie gehören zum Spektrum menschlicher Kontaktmöglichkeiten, und sie sind ganz gewiß ein farbenreicher und wirklichkeitsnaher Kontrapunkt zu einer harmonisierenden Ideal-Haltung, zu der der psychotherapeutische Blickwinkel verführen kann. Denn nimmt man die therapeutische Haltung absolut, so endet man in der Langeweile einer Lebenshaltung, die nicht viel mehr als neurosefreies Gesund- und Glücklichsein in einer heilen Beziehungs- und Familienwelt vertritt. Demgegenüber gilt, daß Psychotherapie zwar eine wesentliche, aber doch nur eine von vielen Möglichkeiten der Lebensorientierung ist. Stellt sie einen Alleinvertretungsanspruch, dann nimmt sie eben jenen Ort ein, für den sie nicht geschaffen ist: den Ort der Verachtung angesichts menschlicher Lebendigkeit und Widersprüchlichkeit.

In diesem Sinne möchte ich dieses Kapitel mit einer Skizze der – jungianisch ausgedrückt – »Animus« – »Anima«-Verschmelzungen und -Verwirrungen eines berühmten »Traumpaares« des letzten Jahrhunderts beschließen – einer Skizze der Beziehung von Robert Schumann und Clara Wieck.[5] Diese beiden Menschen litten auf Grund ihrer komplementären Struktur aneinander, aber sie verstanden sich auch zu beschenken – und sie beschenkten ihre Mit- und Nachwelt.

Wie Narziß, so war auch der große Komponist Robert Schumann in seiner Kindheit von seiner Mutter vereinnahmt und von seinem Vater in dieser Situation alleingelassen worden. Schumann hatte als Kind seiner Mutter gegenüber Ehepartner-Funktionen übernommen und kannte von daher die Licht- und Schattenseiten unabgegrenzter Mutterliebe. Er war ein von seiner Mutter heiß geliebtes Kind, der »lichte Punkt« in ihrem Leben, wie sie sagte. Gleichzeitig war diese Mutter aber durch die Lebendigkeit und Eigenwilligkeit ihres Jüngsten überfordert und reagierte mit Schuldzuweisungen und Liebesentzug, wenn der Sohn seine eigenen Wege ging. Das äußerte sich zum Beispiel in dem Konflikt um Schumanns Berufsfindung. Schumann wollte Musiker werden, und sein Vater hatte eine Musikerkarriere des Sohnes unterstützt. Doch der Vater starb, als Robert noch auf der Schulbank saß. Alleingelassen mit der Mutter mußte Schumann erkennen, daß diese seinen Berufswunsch nicht nur nicht respektierte, sondern ihn vehement be-

---

5 Ausführlicher dargestellt in: Dagmar Hoffmann-Axthelm, *Robert Schumann: »Glücklichsein und tiefe Einsamkeit«*, Stuttgart 1994.

kämpfte. Und sie setzte sich – unterstützt durch Roberts ältere Brüder – zunächst durch. Nach der Schule begann er lustlos und gelangweilt ein Jura-Studium, verfolgte seine musikalischen Interessen aber hinter dem Rücken seiner Mutter weiter.

Durch diesen zunächst offen, später verdeckt geführten Kampf zwischen Mutter und Sohn vertiefte sich in Schumanns Innern ein vorprogrammierter Konflikt: Er wollte und konnte die geliebte, helle Kronprinzen-Ebene, die er mit seiner Mutter teilte, nicht loslassen – er wollte die Familienbande nicht durchtrennen; und gleichzeitig plagte ihn die Angst, durch diese Gebundenheit das eigene Selbst zu verlieren, in symbiotischer Abhängigkeit und im Schatten einer überstarken Mutter-Persönlichkeit die eigene Identität – und das hieß für ihn: seine schöpferische Gestaltungsfähigkeit – einzubüßen. Ohnehin war er durch die häufige Abwesenheit und den frühen Tod des Vaters unsicher im Blick auf seine Männlichkeit, Durchsetzungsfähigkeit und Vitalität, wobei er es in seiner Jugend verstand, diese Unsicherheit durch Charme, durch sein faszinierendes und einnehmendes Wesen, durch sein gutes Aussehen und durch seine Begabung zu kompensieren. Im übrigen wird er als Mutters »lichter Punkt« sicherlich unbewußt oder bewußt Wut und Trauer gespürt haben, nicht nur Kind sein zu dürfen, sondern auch als Ersatz für den Ehemann herhalten zu müssen. Daneben aber wird diese Vorzugsstellung auch Gefühle von Leidenschaft und Hingabe sowie die Fähigkeit geweckt haben, Frauenbeziehungen zu einem Ideal zu erhöhen, das er später in seiner Ehe in die Wirklichkeit umzusetzen versuchte.

Andererseits war Clara Wieck eine »Athena«: Sie wuchs, nachdem sich ihre Eltern früh hatten scheiden lassen, seit ihrem sechsten Lebensjahr mutterlos als Mittelpunkt und Sinnstifterin im Leben ihres Vaters auf. An diesem Vater hing sie hingebungsvoll, und für viele Jahre wurde sie von ihm ausgenutzt. Friedrich Wieck war zu seiner Zeit ein renommierter Klavierpädagoge, der sein Geld damit verdiente, daß er junge Musiker zu Konzertpianisten heranbildete. Seine kleine Tochter erzog er systematisch zum Wunderkind mit dem Ziel, daß sie den Nachweis für die Überlegenheit seiner Klaviermethode erbringen sollte. Nach Auffassung Wiecks rührten Claras Erfolge weniger von einer naturgegebenen Begabung als von seiner kompetenten Förderung her. Clara dürfte daraus den Schluß gezogen haben, daß ihr Vater, wollte sie von ihm geliebt werden, zuallererst herausragende Leistungen von ihr erwartete. Denn diese Leistungen waren es, durch die er sich wichtig, erfolgreich und gut fühlen konnte – dafür brauchte er die Tochter. Von ihrer Mutter war Clara verlassen worden, der Vater liebte sie nur unter den genannten Bedingungen – und so lernte diese Vatertochter, ihr Leben ohne den Schutz und die Liebe einer Mutter ganz den Wünschen des Vaters zu widmen und diese Wünsche zu den ihren zu machen. Sie wird aus der vereinnahmenden Haltung Friedrich Wiecks die Botschaft entnommen haben, daß sie nicht um ihrer selbst willen geliebt wurde, sondern darum, weil sie sich dem mächtigen männlichen Erwachsenen liebend und leistend anpaßte und ihrem Vater dasjenige begabte und hingebungsvolle Geschöpf war, das jener offensichtlich brauchte.

Beide, Clara Wieck und Robert Schumann, waren also von ihrem gleichgeschlechtlichen Elternteil, der ihnen ein Spiegel für die eigene Geschlechts-Identität hätte sein sollen, zu früh verlassen worden. Und beide hatten kompensatorisch von ihren gegengeschlechtlichen Elternteilen einerseits zwar ein besonders hohes Maß an Aufmerksamkeit erhalten; beide waren aber andererseits von eben diesem Elternteil für eigene Bedürfnisse benutzt worden.

Clara Wieck hatte weibliche Hingabe zudem in einer besonderen, aktiven, leistungsorientierten – archetypisch

»männlichen« – Qualität zu leben gelernt. Liebe bedeutete von daher zwar für sie wie für andere Frauen, bewundernd für den Mann da zu sein. Sie bedeutete aber auch, *selbst* gut zu sein; selbst, wenn auch im Dienste des Mannes, Außerordentliches zu leisten. Das war die Botschaft des Vaters gewesen. In der Ehe mit Schumann waren die Konflikte hier allerdings vorgegeben. Denn Schumann brauchte zwar »Animus«-Anteile, die Clara ihm geben konnte und die weit über bloße mütterliche Hingabe hinausgingen: Er suchte ihr Urteil, ihre Anerkennung, ihre Unterstützung. Er brauchte seine Frau als einen Spiegel, in dem er seine schöpferische Kraft immer wieder neu erkennen und überprüfen konnte. Er benutzte Clara Wieck im Sinne einer archetypisch »väterlichen« Persönlichkeit, die selbst so gut und kompetent war, daß er ihrer Urteilsfähigkeit vertrauen und ihre Unterstützung annehmen konnte. Aber er wollte – das mütterliche Erbe – auch eine Ehefrau haben, die liebend um ihn – und nur um ihn – besorgt war und eigene Interessen hintan stellte.

Das aber war nicht Clara Wiecks Sache. Denn sie hatte gelernt, sich nur dann geliebt zu fühlen, wenn sie dem Gebot des verinnerlichten Vaters folgte und sich mit virtuosen künstlerischen Leistungen in der Öffentlichkeit zeigte. Schumann wollte in seiner Ehefrau eine Geliebte, eine »Mutter« und einen »Vater« vereint sehen, aber er wollte keine willensstarke, männlich identifizierte Konzertpianistin und Komponistin, die sein eigenes Licht zu verdunkeln drohte. Umgekehrt sah Clara Wieck zu Beginn der Beziehung in Robert Schumann neben dem Geliebten und einem guten väterlichen Leitbild eine liebe, freundliche, großzügige Mutter. Sie sagte ihm dies sogar ganz direkt in einem Brief, in dem sie ihm von ihrer frühen Einsamkeit erzählte: »Du wirst mir die Jugendjahre ersetzen; ich stand immer so fremd in der Welt, der Vater liebte mich sehr, ich ihn auch, doch was ja das Mädchen so sehr bedarf, Mutterliebe, die genoß ich nie, und so war ich nie ganz glücklich. Du hast mich erst die Liebe in ihrer ganzen Größe kennen gelehrt, erst wenn ich mit Dir vereint bin, werde ich ganz glücklich sein... »[6]

Schumann bestärkte sie in dieser Sehnsucht; er wollte und brauchte es, ihr »lichter Punkt« zu sein. Und ebenso war es für Clara Wieck existentiell wichtig, Geborgenheit in der Aura eines großen Geistes zu finden. So ließ sie es zunächst mit Selbstverständlichkeit geschehen, sich als ein Bestandteil von Schumanns Persönlichkeit benutzen und sich in sein Selbstideal einschmelzen zu lassen. Sie machte seine Suche nach Erfolg und Anerkennung in der Musikwelt zu ihrer eigenen Sache und half dadurch, die Schatten seiner Selbstzweifel zu bannen. Es gab eine Phase großer gegenseitiger Idealisierung. In einer Zeit langdauernder Trennung schrieb er ihr: »... nun ich Deinen Brief habe, fühle ich mich so glücklich – ein Auserwählter unter Millionen. – Wenn ich Dich zum erstenmal wieder sehe, da weine ich, da schrei ich, da laß ich Dich nicht wieder los. Dann darfst Du nicht mehr von mir. Zuviel hab' ich schon um Dich gelitten. Aber ich weiß es genau, es steht in den Sternen oben ›Clara und Robert‹.«[7] Vielleicht ahnte Schumann, daß Nähe und Verpflichtungen der Tod solcher Sternenträume sind. Denn die Intensität von Schumanns Liebesgefühlen wuchs mit dem Ausmaß der geographischen Entfernung, die zwischen den beiden Liebenden lag: »Je weiter Du von mir gehst, je mehr liebe ich Dich immer. Du weißt es, wie ich Dich jetzt liebe, Du allein. Es ist gar nicht aus zu sprechen.«

Solche nahezu überirdischen Gefühle wandelten sich dann naturgemäß allmählich unter dem Druck des Ehe- und Familienlebens und seiner Belastungen. Dies mag vielleicht nicht einmal in erster Linie dadurch geschehen sein, daß

6 Clara und Robert Schumann, *Briefwechsel, Kritische Gesamtausgabe*, Bd. 2, hg. von Eva Weissweiler, Frankfurt a. M. 1987, 575.
7 Weissweiler, op. cit., 391.

Clara Schumann kräftiger und wirklichkeitsnäher war als ihr Mann, daß sie sich um die Realitäten des Lebens, um den Haushalt, die Kinder, das Einkommen kümmerte. Schwieriger dürfte es für Schumann gewesen sein, daß der Ort des gemeinsamen Ideals – das Künstlertum – in den Augen der Welt ein anderer war als in denen des Paares. Clara Wieck war von Kindesbeinen an mit Selbstverständlichkeit in eine Künstlerlaufbahn hineingewachsen, und mit Selbstverständlichkeit fühlte sie sich als Musikerin, auch wenn sie Kinder wickelte oder Kartoffeln schälte. Schumann dagegen hatte sich sein Künstlertum mühsam erkämpft und war sich Zeit seines Lebens seiner Musiker-Karriere nicht ganz sicher. Das machte ihn anfällig für die Erfolge seiner Frau. Denn für die Gesellschaft war sie, die Pianistin, der musikalische Magnet. Man sah weniger Roberts Genie als Claras Virtuosität. Man sah Clara Schumann, die größte Pianistin ihrer Zeit, den gefeierten Mittelpunkt der Soiréen von Adels-, Königs- und Kaiserhöfen. Der Ehemann schien im Vergleich zur strahlenden Gattin eher ein schweigsamer, depressiver »Prinzgemahl«, der sich fragen lassen mußte, ob er wohl »auch musikalisch« sei.[8]

Das gemeinsame Ideal, beider Stern möge am Künstlerhimmel leuchten, bröckelte also, und dahinter kamen alte Ängste zum Vorschein: Claras Angst, von ihrer »Mutter« verlassen zu werden und zu vereinsamen; und Schumanns Angst, als Komponist den Ansprüchen der Künstlerwelt nicht zu genügen. Clara tat in diesem Konflikt alles, um die »Mutter« zu behalten, und Schumann unternahm manches, die »Rivalin« auf Distanz zu bringen und sich den fördernden »Vater« zu bewahren. Das Paar begegnete seinen Urängsten also mit einer aus heutiger Perspektive nicht unbe-

8 Eine Frage von Prinzgemahl Friedrich der Niederlande anläßlich einer von Clara Schumann gegebenen Soireé in Holland; Berthold Litzmann, *Clara Schumann. Ein Künstlerleben*, Bd. 2, Leipzig 1905, 286.

kannten Strategie: Clara Schumann identifizierte sich – ganz Vatertochter – mit den Zielen ihres Mannes und versuchte nach Kräften, das gemeinsame Ideal dadurch zu retten, daß sie sich kleiner machte als sie war und immer wieder Schumann und sein kompositorisches Werk ins Zentrum rückte. Schumann schätzte und bewunderte Claras Kunst und Kunstverstand, aber er begann auch, sie zu kritisieren und ihr Künstlertum abzuwerten; was so weit ging, daß die gefeierte Pianistin schrieb, sie wisse nicht mehr, wie sie spielen solle, um es ihrem Ehemann recht zu machen.

Schumann überließ es im wesentlichen seiner Frau, in vielen Belangen die archetypisch männliche Position zu leben, und nahm ihr dies gleichzeitig übel. Dafür lebte er mit seiner eigenen offen gezeigten Angst auch Claras Verletzlichkeit und Verlassenheitstrauma aus, also die archetypisch weibliche Position. Im Gegenzug löste Clara Wieck den Konflikt dadurch, daß sie sich zu Gunsten von Schumanns Selbstgefühl entwertete. Zwar ließ sie sich das Klavierspielen – und damit einen wesentlichen Teil ihrer Autonomie – nicht nehmen; aber langsam lernte sie, ihr eigenes Künstlertum vordergründig eher gering zu achten und sich scheinbar ganz mit demjenigen ihres Mannes zu solidarisieren. Wiederum mit anderen Worten gesagt: Sie spaltete sich in zwei Teile: mit dem einen versuchte sie, Schumann die gewünschte Unterwürfigkeit zu zeigen und sich ihm gegenüber als unterlegen darzustellen. Mit dem anderen war sie vital genug, ihre männliche Identität zu leben und weiterhin Konzerte zu geben; und nach seinem Tod ging sie entschlossen daran, ihr eigenes Künstlertum zu leben und sich erneut eine internationale, erfolgssprühende Karriere aufzubauen.

Beide Partner blieben mit ihrer Sehnsucht allein. Schumann wurde auch in der Ehe nicht der abgegrenzte, durchsetzungsfähige, respektable Mann, der er hatte sein wollen – er scheiterte daran, daß er eine so starke Frau wie Clara Wieck zwar brauchte, letztlich aber nicht neben sich ertrug.

Und Clara Wieck fand ihrerseits in der Ehe nicht die ersehnte mütterliche Fürsorge, sie wurde zurückgeworfen auf ihre männlichen Anteile. Aber sie war stark genug, auf Grund dieser Prägung ihr künstlerisches Leben neben dem kranken, schwierigen und passiven Gatten zu leben, ihn zu achten und bei all dem auch noch die vielköpfige Familie zu umsorgen.

Freilich hat in der Wertschätzung Clara Schumanns etwas Weiteres, mit psychologischen Kategorien nicht Meßbares, eine wesentliche Rolle gespielt, ein tiefes Wissen um Schumanns Künstlertum. Clara Schumann hat jenseits aller eigenen Begabung, aller Klugheit und Tatkraft Schumanns Genie erkannt und ihm gegenüber anerkannt – sie wußte, daß er einer der ganz Großen war, obwohl die Welt diese Tatsache zu seinen und zu ihren Lebzeiten noch nicht in ihrer ganzen Tiefe und Wahrheit erkannte. Im übrigen gilt: So, wie diese beiden verletzlichen, sensiblen, schwingungsfähigen Seelen einander begegneten, sich ineinander verliebten, aneinander litten, kam es zu Stimmungerlebnissen von Hingabe, Sehnsucht und Selbstvergessenheit als Lichtseite seligen Einsseins und zu Dunkelheit, Selbstauflösung, Verzweiflung als Schattenseite des Identitätsverlustes. Das liest man in ihren Briefen, und das hört man in der Musik Robert Schumanns. Und damit komme ich nochmals auf meinen Hauptpunkt: auf den Reichtum, der in einer Begegnung zwischen Narziß und Athena liegen kann und der durch den Preis, den die beiden zu zahlen haben, nicht vergessen werden darf. Kein anderer Komponist verstand es so wie Schumann, gerade diese Ebene mit ihrem Licht und ihrem Dunkel in Musik zu übersetzen. Wir dürfen über die Gründe zu solchem Können spekulieren. Es gelang ihm – so denke ich – zum einen durch sein musikalisches Ingenium, zum anderen auf Grund seiner Prägung und seines tiefen Wissens um die Herrlichkeit, aber auch die Abgründigkeit der selbstvergessenen, verschmelzenden Liebe. Einer Liebe, die er zuerst als Mutters »lichter Punkt« erfahren hatte und nach deren Lichtseite er sich sein Leben lang sehnte.

»Denn wo viel Weisheit ist, da ist viel Grämens; und wer viel lernt, der muß viel leiden.« Das sagt nicht Schumann, sondern der Prediger Salomo. Große Kunst – und große Menschlichkeit – entsteht nicht unbedingt aus einer geglückten Kindheit, sondern aus dem tiefen, aus eigener Erfahrung erworbenen und gestalteten Wissen um Glücklichsein und Leiden. Schumann hat sich diesen Erfahrungen ausgesetzt und er hat sie gestaltet – in einer Weise, die uns auch heute noch, anderthalb Jahrhunderte später, beschenkt, bewegt und berührt. Denn in ihr erkennen wir uns in unseren liebes- und leidensfähigen Selbstanteilen wieder. Und so ist es Schumanns Musik, die besser als alle Worte zu vermitteln vermag, was fühlbar wird, »wenn Narziß Athena küßt.«[9]

---

[9] Nachprüfen läßt sich das z. B. an Hand des Liederzyklus *Frauenliebe und -leben*, entstanden 1840, im Jahr von Clara und Robert Schumanns Eheschließung.

Eine »Krankheit zum Tode«:
Magda und Joseph Goebbels

Verachtung als Bedingung des Bösen

Clara und Robert Schumann waren Künstler. Fundament und Nahrung ihrer schöpferischen Überzeugungskraft war ihre Fähigkeit, zu fühlen und sich einzufühlen, Freude, Leid, Leere, Verzweiflung in sich selbst erleben und künstlerisch gestalten zu können. Robert Schumann empfand, wie er sagte, »jeden Hauch«, und sein Leben war geprägt von den Möglichkeiten und den Lasten, die ihm seine so besondere Sensibilität aufbürdete.

Von Schumann ist überliefert, daß er charmant und heiter sein konnte, daß er auf viele seiner Mitmenschen aber auch verletzlich, kränkbar und kränkend, schwierig, teils sogar schwer erträglich wirkte.[1] Schumann hatte und kannte seine dunkle Seite. Er fürchtete sie, und er verarbeitete sie teils destruktiv, teils konstruktiv. Einerseits gehörte es zu seinem Verhaltensrepertoire, daß er seine Selbstzweifel und Enttäuschungen dadurch loszuwerden suchte, daß er andere Menschen herabsetzte – zu allererst seine im Grunde verehrte Ehefrau. Andererseits verstand er es aber, seinen »Schatten« für die Musik zu nutzen. Schumann ist ein Meister der musikalischen Gestaltung schwieriger, düsterer, auch aussichtsloser menschlicher Lebenslagen. Diese musikalischen Formulierungen konnten ihm aber nur deswegen so glaubhaft gelingen, weil er die heimeligen wie auch unheimlichen Kellergewölbe seines Innern kannte und immer wieder *er*kannte. So konnte er die menschliche Gefühlswelt in ihrer Breite und Tiefe, in ihren facettenreichen Dunkel-

---

[1] Entsprechende Äußerungen sind u. a. von Hebbel, Wagner und Liszt bezeugt. Vgl. Dagmar Hoffmann-Axthelm, op cit., 115 und 155.

und Hell-Tönen aus eigenem Erleben mit den Mitteln der »Gefühlssprache« Musik erfassen und hörbar machen. Das griff zwar seine eigene Person an, und es ließ ihn am Ende zusammenbrechen. Aber seine Mit- und Nachwelt durfte und darf sich mit einer durch seine Empfindungsfähigkeit vermittelten Kunst beschenken lassen, die diesen Namen verdient: die bei den Hörern an eigene, im Alltag meist zugeschüttete Seelentiefen rührt.

Ich denke, daß Schumann seine schwere psychische Bürde überhaupt nur deswegen so lange tragen konnte, weil er sie in diesem Sinne eigentherapeutisch nutzte, sie in Kunst umwandeln und sie verschenken konnte. Er erkannte und anerkannte diese Bürde immer wieder im Spiegel seiner Musik und wurde darüber für seine Mitmenschen zu einem zwar schweigsamen, verschlossenen, in sich gekehrten, gleichwohl aber gebenden Zeitgenossen. Und Clara Schumann war zwar an vorderster Front diesem sensiblen Gleich- oder Ungleichgewicht und damit der zeitweiligen Verächtlichkeit ihres Mannes ausgesetzt, und sie reagierte darauf. Sie ließ es aber nicht so weit kommen, daß Schumanns Schatten ihr Licht gänzlich verdunkelt hätte. Auf einer Ebene wird sie unter seiner Anspruchshaltung gelitten und seine Herabwürdigungen gefühlt haben. Auf einer anderen war sie ihm die Gefährtin bis zu seinem Tode. Auf einer dritten Ebene aber blieb sie trotz des schwierigen Ehemannes und trotz ihrer vielen Kinder sie selbst, eine Künstlerin, die bald nach Schumanns Tod den Faden dort aufnahm, wo sie ihn aus den Händen gegeben hatte: Sie wurde wieder die große, charismatische Virtuosin, die sie einst gewesen war.

Warum ausgerechnet Magda und Joseph Goebbels als Kontrastpaar zu diesen beiden? Warum – wenn man so will – die Inkarnation des Bösen, des Beraubenden und Zerstörenden der Inkarnation des Schöpferischen, des Gebenden und Bereichernden gegenüberstellen? Mich beschäftigt daran, daß beide Paare in das skizzierte Schema von Narziß und Athena passen. Daraus ließen sich Reflexionen ableiten über Tauglichkeit, Sinn und Unsinn derartiger Schemata. Oder es läßt sich – und das möchte ich hier versuchen – darüber nachdenken, wie das Ineinanderspielen des männlichen und des weiblichen Narzißmus bei höchst unterschiedlicher Begabung, Lebenseinstellung, unterschiedlichem historisch-sozialem Umfeld und andersartiger Zielrichtung doch jeweils vom Pol der Verschmelzung zu dem der Verachtung führt. Das zerstörerische Potential dieser Verachtung ist dabei, je nachdem, ob ein Mensch fühlen und seine Gefühle benennen kann oder ob ihm dies nicht möglich ist, von unterschiedlicher Stärke und Wirkung. Beim fühlenden Menschen richtet es sich eher gegen die eigene Person, beim abwehrenden mehr nach außen. Im übrigen steckt in den Qualitäten des »Guten« und des »Bösen«, die diese Paare repräsentieren, vieles von dem, was auch dem Normalverbraucher-Paar in seinen mitmenschlichen Beziehungen begegnet und was in ihm und in ihr den unter dem Panzer alltäglichen Rollenverhaltens versteckten Teufel oder Engel herauszulocken vermag.

Das verbrecherische und zerstörerische Potential eines Joseph Goebbels reicht weit über die durchschnittliche Fassungskraft hinaus. Ausdruck dafür ist die von sprachloser Lähmung, Verleugnung und Selbstrechtfertigung geprägte nachkriegs-deutsche Stimmungslage, mit der die Zeitzeugen auf die Fragen nach dem »Warum« der Nachgeborenen reagierten und immer noch reagieren. Figuren wie Goebbels wurde und wird das Stigma des Außermenschlichen, Dämonischen, vielleicht sogar des biologisch Abartigen und damit von der eigenen Person weit Entfernten angehängt. So jemand wird als Monstrum, als Teufel, als wandelnde Pestbeule oder als »wahnsinnig« gehandelt, was freilich den Blick dafür verstellt, daß auch in diesem Menschen, um mit

Hannah Arendt zu sprechen, die »Banalität des Bösen« wirksam ist. Für den in einer Art Normal-Spektrum Fühlenden ist das Böse weniger in den dimensionsprengenden nationalsozialistischen Jahrtausend-Verbrechen nachvollziehbar als im eher banalen Rahmen der häuslichen »Beziehungskiste«. Deswegen soll hier nicht der von Goebbels mitverantwortete Völkermord im Vordergrund stehen, sondern der Privatmann im Umgang mit sich selbst und mit ihm nahestehenden Personen – mit seiner Frau, seinen Kindern, seinem »Führer«.

Und noch etwas scheint mir der Überlegung wert. Mich hat erstaunt, fasziniert und auch entsetzt, wie viele Parallelen die frühen Selbstzeugnisse von Schumann und Goebbels aufweisen, Parallelen, die sich teilweise bis in die Wortwahl verfolgen lassen. Entsetzt hat es mich, weil ich »meinen« Schumann nicht in einen Topf geworfen wissen wollte mit Goebbels, dem Menschheitsverächter und -verbrecher. Diese beiden trennt vieles. Dennoch: Wie kommt es, daß bei vergleichbarer Prägung der eine Mensch »gut«, der andere »böse« wird? Beide, Schumann sowohl wie Goebbels, waren unglückliche und einsame Kinder, beide hatten frühe Trennungen zu überstehen, beide waren Mutters Liebling, beide mit großer Sensibilität und Introspektionskraft versehen. Beide waren hochgradig ambivalent im Hinblick auf Nähe, tendierten aus ungestillter Sehnsucht zur Idealisierung und aus Angst vor Selbstverlust und Scham zur Verachtung der ihnen nahestehenden Menschen, beide verschmolzen mit ihnen und mußten ihr Selbstgefühl dann wieder durch verächtliches Verkleinern der oder des anderen herstellen. Beide waren »Muttersöhne,« die »Vatertöchter« heirateten, von denen sie sich tatkräftige Unterstützung des eigenen Seins und der eigenen Sache erhofften.

Beide hatten also eine ähnliche Charakterstruktur, und beide wurden von einer Vision getrieben, wenn diese Visionen inhaltlich auch grundverschieden waren: Schumann wollte *seine* Musiksprache finden, sich und seine tiefen und weitverzweigten Gefühle und Erfahrungen in Musik ausdrücken; Goebbels wollte – ursprünglich als Journalist – seine Stimme für die Armen und Gedemütigten erheben und für Wohlstand und Würde kämpfen. Beide fanden Anerkennung und hatten Erfolg, wobei dieser Erfolg sich freilich – und hier verlieren sich die Parallelen endgültig – auf Grund entgegengesetzter Haltungen einstellte. Schumann erfuhr, obwohl er seinen Weltruhm nicht mehr erlebte, zu Lebzeiten als Komponist hohe Achtung und Wertschätzung in der Folge eines Schaffensprozesses, der ihn seine Musiksprache kompromißlos, unangepaßt und authentisch aus seiner sensiblen Gefühlswelt kreieren ließ. Goebbels ging den umgekehrten Weg. Er fand in Hitler seinen »Gott«, an den er sich mit Haut und Haaren veräußerte, für den er jeden Kompromiß einging und um dessentwillen er seine Empfindsamkeit, seine Eigenständigkeit und Kritikfähigkeit bis zur Unspürbarkeit narkotisierte. Schumann lebte und arbeitete im Kontakt mit seiner Seele, Goebbels ließ diesen Kontakt vereisen und folgte den Macht und Glanz verheißenden Verführungen durch die Außenwelt.

Das ist natürlich nur *eine*, eine intrapsychische Antwort auf die Frage, aus welchen Gründen der eine bereichernd, der andere zerstörend auf die Welt gewirkt hat. Ausschlaggebend für die Wirkung zumal einer politischen »Größe« sind sicherlich vor allem die historischen und sozialen Verhältnisse der Außenwelt. Goebbels hätte kein Menschenverächter von so gewalttätiger Wirkungskraft werden können, hätte er nicht »seinen Führer« getroffen; und der wäre nicht an die Macht gekommen, hätten sich die Deutschen damals weniger verarmt, gedrückt und gedemütigt gefühlt. Trotzdem, das Leben dieser beiden zeigt eine Gesetzmäßigkeit auf, wie sie in kleinerer Münze tagtäglich in der psychotherapeutischen Praxis zu studieren ist: Eine Persönlichkeit, die wie Schumann aus ihren authentischen Gefühlen heraus lebt, die also Schmerz und Verletzung kennt und aushält, wird über eine natürliche, selbstgesteuerte Moral verfügen und anderen Menschen nur dann Schmerzen zufügen, wenn es unumgänglich ist. Ein Mensch wie Goebbels hingegen, der seinen kostbarsten Selbstanteil – seine Sensibilität, seine Seele – aus Angst vor einer inneren Katastrophe zu Eis hat gefrieren lassen, wird diesen Reichtum bei den anderen herausspüren, wird diese anderen unbewußt darum beneiden und sie mangels besserer eigener Lösungen verachten oder sogar als Feinde bekämpfen – seien diese anderen nun die eigene Ehefrau, die »Bolschewisten« oder die Juden.

I

»Biographien erst«, schreibt Joseph Goebbels 1924 in sein Tagebuch, »führen uns den Mann und sein Werk ganz nahe. Da schwindet das Heroische (ich meine natürlich Autobiographien), das Falsche, die Illusion, das Titanische, da steht der Mann in seiner bescheidenen menschlichen Größe vor uns, und wer zwischen den Zeilen liest, lernt alle seine Fehler und alle seine Tugenden kennen.«[2] Zwar hat Goebbels keine Autobiographie hinterlassen, wohl aber Tagebuchaufzeichnungen im Umfang einer »Großlexikon-Ausgabe«,[3] von denen Ralf Georg Reuth »etwa zwanzig Prozent«[4] auf 2200 Buchseiten ediert hat.

Mir kann es mit meiner psychoanalytisch orientierten Optik nicht darum gehen, ein umfassendes Charakter-Bild (um ein »historisches« geht es mir schon gar nicht) von Goebbels zu entwerfen. Aus besagter Optik betrachtet, haben und hatten viele Menschen, ebenso wie Goebbels, einen

2 Ralf Georg Reuth (Hg.), *Joseph Goebbels Tagebücher*, Bd. 1-5, München [2]1992. Hier *Tagebücher* 1, 112.
3 *Tagebücher* 1, 19.
4 *Tagebücher* 5, 2189

fernen Vater und eine nach Maßgabe des Möglichen verwöhnende Mutter, viele mußten und müssen sich durchkämpfen und lange auf den Erfolg warten, viele waren und sind überdurchschnittlich begabt und intelligent – im Zusammenhang mit Robert Schumann war davon schon die Rede; manche auch hatten und haben körperliche Mißbildungen, die sie zu Außenseitern machten oder machen, ohne daß sie dazu beitrugen oder beitragen, die Welt zu zerstören. Eine derart gigantische Destruktivität einzig mit psychoanalytischen Mitteln erklären zu wollen, das würde zu kurz greifen. Die geballte Zerstörungskraft von Joseph Goebbels konnte sich nur deswegen so verhängnisvoll entfalten, weil sie gebraucht und unterstützt wurde von einer Gruppe Gleichgesinnter, zuallererst von Adolf Hitler.

Aber trotzdem: Die an sich alltäglichen und gerade deswegen so schwer greifbaren Erscheinungen von Idealisierung und Verachtung lassen sich an einem Negativ-Genie wie Goebbels gut studieren; es läßt sich verstehen, wie dieser Mann sie zu seinem Lebensstil machte, wie er seinen »Führer« verklärte und mit welch anmaßender Arroganz er den Frauen – und besonders *seiner* Frau – begegnete. Das ist das Thema der folgenden Überlegungen.

Joseph Goebbels trug mit Kleinwuchs und Klumpfuß eine besondere Bürde, und er hatte dank seiner herausragenden intellektuellen Begabung besondere Qualitäten. Beides hätte ihn ohne das nationalsozialistische Verführungsangebot in eine andere, weniger destruktive Richtung führen können. Unter normaleren Umständen wäre aus ihm vielleicht ein charismatischer Missionar, ein Psychoguru oder ein erfolgreicher Krimiautor geworden. Denn eigentlich war er kein typischer Nazi; vom durchschnittlichen geschmack- und stillosen Parteigenossen hob er sich ab. André François-Poncet, zwischen 1931 und 1938 französischer Botschafter in Berlin, beschreibt Hitlers Propagandaminister so:

In der äußerlich schwächlichen Person dieses jungen Mannes, klein und mißgestaltet, mit einem Klumpfuß behaftet, mit unverhältnismäßig großem Kopf, in dem ein übergroßer Mund wie eine Wunde klafft, das Gesicht von schwarzen Augen belebt, die Intelligenz verraten, ist einer der gefährlichsten Hitleranhänger in die Regierung eingetreten. Er ist einer der gebildetsten, vielleicht der gebildetste unter ihnen. Man nennt ihn gewöhnlich »den Doktor«, denn er ist Dr. phil. Er hat eine auffallende rednerische und schriftstellerische Begabung. Er schreibt und spricht eine wohllautende Sprache, die der des Führers weit überlegen ist und die man in diesem Deutschland, das so wenig Sinn für Stil bewahrt hat, selten antrifft. Man kann ihn als den Typus eines vom Wege abgekommenen Intellektuellen ansehen, wie sie sich mitunter in die Arme des Sozialismus geworfen haben, um dem Nihilismus zu entgehen. Sein Geist, dem Mittel zur Verfügung stehen und der voller List und Sophismen ist, hat etwas Perverses und Teuflisches. Seine Phantasie ist romantischer Natur, von starker Vorstellungskraft, er liebt großartige Visionen und phantastische Schauspiele. Er ist ein geschickter Dialektiker, keiner kommt ihm gleich in der Kunst, sich zwischen Lüge und Wahrheit zu bewegen, den Tatsachen, denen er ein anderes Gesicht gibt, den Schein unbedingter Genauigkeit zu verleihen und die Geschehnisse in dem für ihn günstigsten Licht darzustellen. Keiner besitzt wie er die Gabe, in klarer und doch nicht platter Formulierung ein vielgestaltiges Problem einfachen Menschen darzustellen, treffende Vergleiche zu ziehen in Worten, die sich dem Gedächtnis einprägen. Er ist ein Meister der Polemik, der Ironie und der Schmährede.

Er ist wahrscheinlich zu intelligent, um sich Illusionen zu machen über den Wert der meisten seiner Genossen, über die Dummheiten, die sie vorbringen, die Fehler, die sie begehen. Aber er ist von fanatischer Begeisterung erfüllt, die ihn über alle Abneigungen hinwegsehen läßt, einer jener Menschen, die bis zum Äußersten gehen, ein revolutionärer Geist, der sich Hitler und seiner Sache mit Leib und Seele bis in den Tod verschrieben hat, getragen von einem angeborenen Mut, den er zu wiederholten Malen in den Jahren des Kampfes bewiesen hat, als es galt, Preußen und Brandenburg für den Nationalsozialismus zu erobern.[5]

Ein Intellektueller, der Nationalsozialist wird, um dem Nihilismus zu entgehen, ein fanatischer Revolutionär, der sich mit Leib und Seele seinem Führer bis in den Tod verschrieben hat – François-Poncet wie auch andere Biographen greifen zu religiöser Metaphorik, wenn sie ein Bild von Goebbels zeichnen wollen. Ein faszinierendes, Goebbels' eigene Aufzeichnungen und Aussagen »sine ira et studio« zugrunde legendes Portrait hat der Herausgeber der Tagebücher, Ralf Georg Reuth, geschaffen, zunächst als Skizze in der Einleitung seiner Edition, dann, gleichsam in Öl, in seiner umfangreichen Biographie; und auch er arbeitet an beiden Orten heraus, daß Goebbels' Persönlichkeit und Sendungsbewußtsein in erster Linie durch seinen »Glauben« zu verstehen ist.

In kleinbürgerlich-katholischen Verhältnissen aufgewachsen – sein Vater Fritz brachte es vom Laufburschen der Dochtfabrik Lennartz in Rheydt bis zum Buchhalter ebendort –, war Goebbels zunächst ein frommer Katholik. Als intellektuelles Aushängeschild der Familie wurde er von seinen Eltern zum Priester bestimmt und durfte deswegen das Gymnasium besuchen, während die kräftiger gewachsenen Brüder, der Familientradition folgend, in eine Lehre geschickt wurden. Aus dem Theologiestudium wurde dann

---

5 André François-Poncet, *Botschafter in Berlin 1931-1938*, Berlin und Mainz 1962, 136 f.

nichts, und schon als junger Mensch brach Goebbels mit dem Gott seiner Väter. Dieser nämlich erwies sich nicht als »lieber Gott« und »guter Vater«, als eine Elternfigur also, die es gut meinte mit den Gedemütigten und Geknechteten unter den Deutschen jener Tage, zu denen sich auch Joseph Goebbels zählte.

Denn der hungert sich durch ein Germanistik-Studium und findet auch nach dem Abschluß nicht die ersehnte Anstellung als Journalist bei einer Zeitung. »Mein Ideal: schreiben können und davon leben. Aber niemand bezahlt mir etwas für meinen Mist«, schreibt der 27-Jährige in sein Tagebuch, nachdem ihm seine Beiträge immer wieder von den mehrheitlich in jüdischem Besitz befindlichen großen Blättern – der *Vossischen Zeitung* beispielsweise und dem *Berliner Tageblatt* – abgelehnt werden.[6] Dafür wird er sich später rächen. Zunächst aber schiebt der junge Arbeitslose auf der Flucht vor der eigenen Verzweiflung die Schuld an dieser Misere auf die anderen, auf diejenigen, denen es besser geht oder zu gehen scheint, auf die Materialisten, die Presseleute, die Juden, die er für korrupt und elitär hält. Schon 1920, mit 23 Jahren, hatte er gefragt: »Kann man es verurteilen, wenn ein großer Teil der gebildeten Stürmerjugend dagegen angeht, daß die Bildung käuflich ist und nicht dem zuteil wird, der die Befähigung dazu hat? Ist es nicht ein Unding, daß Leute mit den glänzendsten geistigen Gaben verelenden und verkommen, weil die anderen das Geld, das ihnen helfen könnte, verprassen, verjubeln und vertun?«[7]

Weil weder Gott noch die Welt sich rühren, um dem brotlosen Doktor seine Sehnsucht, seinen Ehrgeiz und seinen Hunger zu stillen, beginnt der, an einem neuen Gottesbild herumzudenken, einem Gottesbild, zu dessen Verwirkli-

6 *Tagebücher 1*, 131.
7 *Tagebücher 1*, 26.

chung es allerdings auch eines neuen Menschen bedarf. Der Denkprozeß, der hinter dieser spirituellen Neuschöpfung steht, gestaltet sich nach und nach und läßt sich an Hand der Tagebuchaufzeichnungen mitvollziehen.

Das Tagebuch wird für Goebbels zum wichtigsten Partner, seitdem Else Janke, die Freundin seiner arbeitslosen Verzweiflungsjahre, ihn 1923 zum Schreiben ermuntert hatte: »Ich muß mir die Bitterkeit vom Herzen schreiben. Else schenkte mir ein Buch für den täglichen Gebrauch. Am 17. Oktober beginne ich also mein Tagebuch.«[8] Das Buch wird für Goebbels sein »lieber Gewissensarzt«,[9] sein »sorgsamer Beichtvater«, zu dem er eine persönliche, geradezu zärtliche Empfindung hegt: »Zu dir komm ich am liebsten«, oder »Dir sag ich Alles. Alles! Hier bin ich Mensch, hier darf ich's sein! Gute Nacht!«[10] Das Tagebuch ist dem Schreiber ein freundlich gesinntes, unkritisches Alter ego, zu dem er ungehemmt sprechen kann und das wie ein Beichtvater, der keine Schuld einklagt, geduldig alle Sünden anhört, ohne zu tadeln oder Buße zu fordern. »Früher wenn es Samstag war und der Nachmittag weiter ging«, erzählt er Else, »dann hatte ich keine Ruhe mehr. Dann lastete die ganze Woche mit ihrer kindlichen Qual auf meiner Seele. Ich half mir immer dann am besten dadurch, daß ich mein Gebetbuch nahm und zur Kirche ging. Ich dachte über alles nach, was die Woche mir Gutes und Böses gebracht hatte, und dann ging ich zu dem Priester und beichtete mir alles von der Seele herunter. Wenn ich jetzt schreibe, dann habe ich ein gleiches Gefühl. Es ist mir, als müßte ich beichten gehen. Ich will mir das letzte von meiner Seele herunterschreiben.«[11]

Entsprechend offen lesen sich zumindest diejenigen Eintragungen, die aus den Jahren der Verletzlichkeit, Verbitte-

8 *Tagebücher 1*, 5.
9 *Tagebücher 1*, 159.
10 *Tagebücher 1*, 168.
11 *Tagebücher 1*, 3.

rung und Erfolglosigkeit stammen, also aus der Zeit zwischen 1921 und etwa 1926, dem Jahr, in dem er von Hitler als Gauleiter nach Berlin beordert wurde. In den Verzweiflungsjahren davor hält er Zwiesprache mit sich selbst und ist, soweit es sich aus den Aufzeichnungen ablesen läßt, mit sich und seiner Gefühlswelt im Kontakt. Während die Eintragungen der folgenden Berliner Jahre in weiten Teilen ein Staccato aus Fakten – Rapporte seiner bis zum Rand mit Reden, Reisen und Rasen gefüllten Tage und Nächte – sind, wird in den frühen Jahren ein Mensch spürbar, der zwar chaotisch, aber offen wirkt, so daß es gar nicht nötig ist, »zwischen den Zeilen« zu lesen. Auffallendstes Merkmal dieses Menschen ist eine unglaubliche Bedürftigkeit, ein Heißhunger nach Zuwendung, Bestätigung, Bewunderung, eine nagende Erfolgs-, Glücks- und Gottes-Sehnsucht sowie das Gegenteil: Verzweiflung, Selbsterniedrigung, Mutlosigkeit, Depression, Ahnung eines frühen Todes. Außerdem ist auch jetzt schon ein hochgerüstetes Verteidigungsarsenal gegen diese teils zerbrechlichen, teils selbstzerstörerischen Gefühle vorhanden: Selbstbestätigung findet der junge Goebbels angesichts seiner trübseligen Lebenssituation – noch als Endzwanziger sitzt er seinen ärmlich lebenden Eltern ebenso im Haus wie auf der Tasche – im Neid, im Haß und immer wieder in der Verachtung gegenüber denen, die es besser haben – und gegenüber Gott, der all diese Ungerechtigkeiten zuläßt.

Goebbels, durch Elses Tagebuch-Geschenk offenbar auf den selbstreflektorischen Geschmack gekommen, füllt die Zeit erzwungenen Herumsitzens unter anderem mit dem Ausfüllen autobiographischer Lücken. Als 26-Jähriger, im Jahre 1924, eröffnet er sein Tagebuch mit einem im Telegrammstil gehaltenen Abriß seines Lebens bis zum Jahr 1923. Wie Schumann und viele andere begabte Menschen hat auch er als kleines Kind katastrophale Lebenssituationen bewältigen und damit Erfahrungen machen müssen oder dürfen, die eine dünne Haut hinterlassen, die sensibel machen und die den Blick schärfen für erfahrenes Leid sowie für das Ausbleiben einer »ausgleichenden Gerechtigkeit«.

Eindrücklich ist vor allem der Beginn dieser Lebensskizze. In der frühen Kindheit überlebt Goebbels zwei Katastrophen, eine Lungen- und eine Knochenmarkentzündung. Als Folge der letzteren stellt sich eine Wachstumslähmung des rechten Fußes ein, die schließlich zur Ausbildung eines Klumpfußes führt. In den *Erinnerungsblättern* schreibt er darüber mit einer psychologischen Klarheit, die keinen Kommentar benötigt:

Großeltern habe ich beide nicht gekannt. Großvater Schmied. Groß, breit, muskulös mit langem Bart. Er ist mir in der Phantasie immer der liebste meiner Vorfahren gewesen. Starb als Mutter noch Kind war in M. Gladbach im Alexianerkloster am Schlagfluß. Mutter erzählt heute noch gerne die Geschichte davon. Großmutter nach dem Bilde genau Mutter. So lieb und so mager. … In Erinnerung ist mir eine langwierige Krankheit (Lungenentzündung mit grausigen Fieberphantasien), aus der ich als schwächliches Kerlchen nur noch herauskam. Dann steht vor mir ein Sonntag, an dem wir mit der Familie einen großen Spaziergang nach Geistenbeck machten. Am anderen Tag auf dem Sofa bekam ich mein altes Fußleiden. Mutter dabei am Waschtrog. Schreien. Wahnsinniger Schmerz. Masseur Schiering. In Bonn in der Universitätsklinik untersucht. Achselzucken. Jugend von da ab ziemlich freudlos. Eins der richtunggebenden Ereignisse meiner Kinderzeit. Ich wurde auf mich angewiesen. Konnte mich nicht mehr bei den Spielen der anderen beteiligen. Wurde einsam und eigenbrödlerisch. Vielleicht deshalb auch der ausgemachte Liebling zu Hause. Meine Kameraden liebten mich nicht. Kameraden haben mich nie geliebt, außer [der früh verstorbene Studienfreund] Richard

Flisges. ... Damals [in der Volksschule] war ich eigensin-
nig und eigendenkend, genug, ein frühreifer Knabe, den
kein Lehrer leiden mochte. ... In mein letztes Volksschul-
jahr fällt meine Fußoperation im Krankenhaus. 3 Wochen im Krankenhaus. Sonntags großen Besuch. Als
Mutter wieder heimgehen wollte, habe ich schrecklich ge-
schrien. Sonst noch in grausamer Erinnerung die letzte
halbe Stunde vor der Narkose und daß Nachts am Krankenhaus die Züge vorbeiratterten. Tante Stina brachte
mir Märchenbücher von dem reichen Hermann Beines
[einem Schulkameraden] mit, die ich geradezu verschlang. Meine ersten Märchen. Zu Hause wurde wenig
erzählt. Diese Bücher erst weckten meine Freude am Lesen. Von da ab verschlang ich alles Gedruckte einschließ-
lich Zeitungen, auch die Politik, ohne das Mindeste
davon zu verstehen. ... Herbert Lennartz [Sohn des
Dochtfabrikanten] ... starb ... an einer Nasenoperation.
(1909) Auf mich von größtem Eindruck. Ich wollte nachmittags zu ihm, um mit ihm die Hausarbeiten zu machen,
da lag er schon tot. Mein erstes Gedicht: »Hier steh' ich
an der Totenbahre, / Schau deine kalten Glieder an, / Du
warst der Freund mir, ja, der wahre,/ Den ich im Leben
liebgewann. / Du mußtest jetzt schon von mir scheiden, /
Ließest das Leben, das dir winkt, / Ließest die Welt mit
ihren Freuden, / Ließest die Hoffnung, die hier blinkt.«
u.s.w. Eine typische Pennälerklage. ... Preisschießen.
Von dem Erlös kaufte ich mir eine Schreckschußpistole.
... Von 1912-1914 erste Liebe zu Marie Liffers (heute
Frau Reimann). Sentimentale Periode. Schwülstige
Briefe. Gedichte. Daneben Liebe zu reifen Frauen. ...
Kriegsausbruch. Mobilmachung. Alles zu den Fahnen.
Schmerz, daß ich nicht mitkann. ... Klasse fängt an leer
zu werden. 1915-1918 Liebe zu Lene Krage. ... Erster
Kuß auf der Gartenstraße. Stark sinnlich. ... Lene eigen-
sinnig. Mit ihr viel Qual ... 1917 Abitur. Abschiedsrede

[von Goebbels als Klassenprimus gehalten]. Kampf mit dem Geschlecht. Glaube krank zu sein. ... Abschied von Lene. Nachts im Kaiserpark eingeschlossen. Ich küsse zum ersten Male ihre Brust. Sie wird zum ersten Male zum liebenden Weib.[12]

Viele Themen klingen hier an. Die ersten Erinnerungen sind lebensbedrohlich, apokalyptisch, von den Menschen kommt keine Hilfe, er muß sich an sich selbst festhalten – die Mutter am Waschtrog, das Achselzucken der Ärzte, die Mutter, die ihn trotz seines Schreiens verläßt, die grauenhafte Einsamkeit im Krankenhaus. Später lebt er zwar in einer großen Familie, aber dort wird »wenig erzählt«. Wichtigste Helferin in diesem Elend ist die eigene Phantasie, mit deren Hilfe sich manches schöner und reicher ausmalen läßt, als es in Wirklichkeit ist, und die damit diese Wirklichkeit halbwegs erträglich macht. Der liebste Vorfahr ist ein toter Vorfahr, der sich von daher trefflich idealisieren läßt: der Schmied, groß, muskulös, mit langem Bart – ein Mann, ein Vater, ein gütiger Gott vielleicht sogar, der sich des unglücklichen Kindes annimmt.

Mit dem eigenen Vater ist vergleichsweise wenig Staat zu machen. Goebbels ziseliert in einer Tagebucheintragung von 1924 die bedrückende häusliche Kleinbürger-Atmosphäre in aller Schärfe.

Vater knottert im Haus herum. Dem kann, darf es nicht gut gehen, dann wird er unzufrieden. ¾ des Tages verschläft er, die andere Zeit liest er Zeitung, trinkt Bier, kannegießert, raucht und schimpft mit Mutter. Also ein Beispiel: er hat jetzt Ferien, Mutter ist heute um 6ʰ aufgestanden und hat seitdem ununterbrochen gearbeitet. Er kommt um 11ʰ herunter, hat übele Laune und fängt gleich an zu krakehlen, daß in der Küche nicht aufgeräumt sei. – Dabei hat Mutter vielleicht schon ¾ Mal

12 *Tagebücher* 1, 50 ff.

heute aufgeräumt. Mutter nimmt dieses Schimpfen hin, als wenn es so sein müßte. Sie empfindet gar nicht diese wahnsinnige Ungerechtigkeit. Ich kann nicht verstehen, wie ein Mensch ihr Tagewerk aushalten kann.

Dieses Ausmaß an Duldsamkeit imponiert ihm aber doch, denn er fährt geringschätzig fort, seine Freundin Else mache »viel eher schlapp. [Die Schwester] Maria ist faul und träge. Deshalb wird sie auch so stark.«[13]

Viel später – 1938 – beschreibt er bei einem Besuch in Linz das Milieu, in dem sein Führer Hitler aufgewachsen ist, als Spiegelbild der eigenen Herkunft. Jetzt aber übergießt er seine Darstellung mit dem Zuckerguß rührselig-verlogener Sentimentalität – ein Nazi-Heimatfilm in schwarz-weiß und gleichzeitig ein Maßstab dafür, wie weit Goebbels sich inzwischen von der zwar Qual bereitenden, aber wahrhaftigen Empfindungsfähigkeit seiner Jugend entfernt hat.

Gleich gegenüber dem Friedhof liegt das Haus, in dem der Führer gewohnt hat. Ganz klein und primitiv. Man führt mich in das Zimmer, das sein Reich war. Klein und niedrig. Hier hat er Pläne geschmiedet und von der Zukunft geträumt. Weiter die Küche, in der die gute Mutter kochte. Dahinter der Garten, in dem der kleine Adolf sich nachts Äpfel und Birnen pflückte. ... Die Mutter, sagen seine Jugendfreunde, war lieb und herzensgut, der Vater barsch, schweigsam und streng. Genau, wie der Führer mir seine Eltern oft schilderte. Ich bin ganz glücklich, in diesem Hause zu weilen. Ich gehe noch einmal durch alle Zimmer und sauge so tief die Luft dieses Hauses ein.«[14]

Als Kind ist Goebbels ein einsamer, von den Kameraden verfolgter und ausgelachter Krüppel, der von der Angst umgetrieben wird, in einem katastrophalen Nirgendwo zu enden, der aber nach und nach entdeckt, was ihm seine Qual er-

13 *Tagebücher 1*, 130.
14 *Tagebücher 3*, 1239.

träglich macht. Zunächst einmal hilft eine Schreckschußpistole, später der Geist, die Intelligenz, der neue, irdische Gott und die in seinen »Schatten« gezwungenen Juden – und es helfen die Frauen.

Geist, Gott und Teufel

In seinen jungen Jahren wußte Goebbels noch, daß er dazu neigte, sich in Phantasien zu verlieren und vor Nähe dadurch zu flüchten, daß er sie zerstörte. Das erschreckte ihn: »Beyer [ein Bekannter] sagte mir einmal: du verbrauchst viel Menschen. Ob das wahr ist? Er ist auch schnell verbraucht. Aber darin hat er recht: auf die Dauer haben mich nur wenige erst genügend befriedigt. ... Deine beste Gesellschaft bist du doch immer selbst. Ich bin zu wenig zäh und ausdauernd. Deshalb komme ich auch im Leben zu nichts. Dieses haltlose Phantasieren in die Zukunft hinein. Die Angst vor der Bindung.«[15] Die berührendste Nähe ist ihm die in der Phantasie oder in der Vergangenheit. In Erinnerung an seine Studienfreundin Anka Stalherm sinniert er: »Man liebt eben, wenn's gut geht, in seinem Leben nur einmal wie die Götter. Ich glaube, ein neues Aufeinanderstoßen mit Anka würde mich heute furchtbar enttäuschen. Man idealisiert immer die Vergangenheit. Nur die Gegenwart ist grau und trostlos.«[16]

In der Gegenwart passiert es ihm immer wieder, daß er von Nähe überschwemmt wird, daß er zu viel von anderen in sich aufnimmt, sich erdrückt und vergiftet fühlt und sich schließlich nur noch durch das Verspritzen von Gegengift wehren kann. Auch das erschreckt ihn: »Wie grauenhaft: bin ich drei Tage mit einem Menschen dauernd zusammen,

15 *Tagebücher 1*, 130.
16 *Tagebücher 1*, 108.

dann mag ich ihn nicht mehr, und gar eine ganze Woche, dann hasse ich ihn wie die Pest«[17]

Gegen sein Näheproblem entwickelt Goebbels verschiedene Strategien. Er narkotisiert seine Unruhe und seine Schuldgefühle durch Arbeit. Er verbietet sich negative Gedanken: »Man arbeitet um sich zu betäuben! Nachdenken über sich selbst bringt zur Verzweiflung. Und so geht man weiter! Im selben Schritt und Tritt. Bis an das Ende! Bis an das selige oder unselige Ende!«[18] Mit den Frauen beginnt er, austauschbare Beziehungen zu leben, die ihn nicht binden. Und seine leerlaufende Gottes- und Vater-Sehnsucht lernt er, wie Reuth gezeigt hat, mit seiner nationalsozialistischen Volksgemeinschafts-Religion und ihrem Führergott auszufüllen.

Als Kind ist Goebbels zwar, wie er schreibt, der »ausgemachte Liebling zu Hause«, besonders der seiner Mutter, aber dies – so meint er – nur auf Grund seiner demütigenden Verkrüppelung. Wie kann er glauben, daß die Mutter ihn wirklich liebt, daß sie ihn nicht nur bemitleidet und sich damit erst recht vor ihm verdächtig macht? Wie kann er überhaupt einer Frau, einem Menschen oder auch Gott glauben, daß der ihm wahrhaftig zugetan ist? In einem schriftstellerischen Versuch, dem Opus *Michael Voormann. Ein Menschenschicksal in Tagebuchblättern,* läßt der 22-Jährige sein Alter ego Michael zu diesem Punkt viel Bitterkeit gegen Gott, die Menschen und die Mutter fühlen: »... der Gedanke, daß die anderen ihn nicht bei ihren Spielen mochten, daß sein Alleinsein nicht sein eigener Wille nur sei, der machte ihn einsam. Und nicht nur einsam machte er ihn, er verbitterte ihn auch. Wenn er so sah, wie die anderen liefen und tollten und sprangen, dann murrte er gegen seinen Gott, der ihm ... das angetan hatte, dann haßte er die

17 *Tagebücher* 1, 190.
18 *Tagebücher* 1, 218.

anderen, daß sie nicht auch waren wie er, dann lachte er über seine Mutter, daß sie solch einen Krüppel noch gern haben mochte.«[19]

Mit Gott hadert der Verfasser des *Michael* über sein durch den Klumpfuß bedingtes Außenseitertum, wie ein Kind mit seinem Vater hadert, wenn es sich ungerecht und abwertend behandelt fühlt. »Warum hatte Gott ihn so gemacht, daß die Menschen ihn verlachten und verspotteten? ... Warum mußte er hassen, wo er lieben wollte und mußte?«[20] Und weil Gott nicht antwortet auf diese Kinderfrage, beginnt er daran zu zweifeln, daß es den gerechten katholischen Gott seiner Väter überhaupt gibt.

Die Kehrseite dieser Gottesverleugnung, die Gottessehnsucht, der Wunsch, ein »Erwählter«, ein »Prophet« zu sein, muß Goebbels während seines ganzen Lebens ebenso erfüllt und angetrieben haben wie Neid, Haß und Wut auf diejenigen, die es leichter hatten. Phantasiebegabte Kinder, die einsam und unglücklich heranwachsen, schaffen sich in ihren Köpfen eine bessere Ersatzwelt, in der nicht selten der »liebe Vater im Himmel« zu einer nah und persönlich empfundenen Ersatzvater-Gestalt wird. Tilmann Moser hat in seinem Buch *Gottesvergiftung* ebenso eindrücklich wie einfühlsam eine solche »Gottesübertragung« beschrieben, dabei aber auch die zerstörerische Kehrseite herausgearbeitet. Denn dieser »himmlische Vater« ist zu seinen Kindern nicht nur »lieb«, sondern er ist auch allmächtig kontrollierend. Er ist streng und kränkbar. Er sieht und hört alles. Dem Erwachsenen bleibt aus solcher Kindheitserfahrung eine üble Last. Zwar wird er den alten Herrn mit weißem Bart dort oben inzwischen vielleicht aus seinem Leben verbannt haben. Dessen kontrollierende, beschuldigende *Stimme* aber wird er sein Leben lang als Selbstbezichtigung und Selbstab-

19 Reuth, *Goebbels. Eine Biographie*, München [3]1995, 16.
20 *Tagebücher* 1, 21.

wertung im eigenen Kopf hören. »In der Kinderwelt«, läßt Moser den von seiner Gottessehnsucht in die Irre geleiteten kleinen Jungen gegen diesen Gott rebellieren,

> sieht das dann so aus, daß man sich elend fühlt, weil *du* einem lauernd und ohne Pausen des Erbarmens zusiehst und zuhörst und mit Gedankenlesen beschäftigt bist. Vorübergehend mag es gelingen, lauter Sachen zu denken oder zu tun, die dich erfreuen oder die dich zumindest milde stimmen. Ganz wahllos fallen mir ein paar Sachen ein, die dich traurig gemacht haben, und das war ja immer das Schlimmste: dich traurig machen – ja, die ganze Last der Sorge um dein Befinden lag beständig auf mir, du kränkbare, empfindliche Person, die schon depressiv zu werden drohte, wenn ich mir die Zähne nicht geputzt hatte. Also: Hosen zerreißen hat dir nicht gepaßt; im Kindergarten mit anderen Buben in hohem Bogen an die Wand pinkeln, hat dir nicht gepaßt...; die Mädchen an den Haaren ziehen hat dich verstimmt; an den Pimmel fassen hat dich vergrämt; die Mutter anschwindeln, was manchmal lebensnotwendig war, hat dir tagelang Kummer gemacht; den Brüdern ein Bein stellen brachte tiefe Sorgenfalten in dein sogenanntes Antlitz....Du hast dich sattgesehen an meiner Bewunderung und Verehrung. Doch was hast *du* dafür gegeben? Kein noch so freundliches Lachen einer Frau oder eines Freundes ist an deine Macht über mich herangekommen. ... Ich habe das Leuchten in ihren Augen zum Erlöschen gebracht, weil es aus deinem Augen nie geleuchtet hat. Ich hielt die Zuneigung von wirklichen Menschen für Blendwerk, weil ich deine Zustimmung nicht finden konnte. [21]

Auch Goebbels – das belegt sein *Michael Voormann* – suchte vergeblich nach Erlösung von seiner Verlorenheit und seinen Negativ-Stimmen, und vergeblich ersehnte er

21 Tilmann Moser, *Gottesvergiftung*, Frankfurt a. M., 13 und 35 f.

Gottes wohltätiges Geneigtsein. Auch er verhedderte sich in der ebenso verführerischen wie vernichtenden Konstruktion, ein ersehntes Phantasieprodukt zum realen Nennwert zu nehmen und zum Maßstab des eigenen Wertes – oder eben Unwertes – zu machen. Gott wird geschwiegen haben auf Goebbels' existentielle Fragen, wie er sie etwa seinem toten Freund Richard Flisges stellt: »Wo weilst Du, teurer Toter? Warum gibst Du mir nicht ein Zeichen, wohin wir gehen und was wir tuen müssen, um uns zu erlösen? Bist Du ins Nichts gegangen? Oder bereitest Du Dich auf ein höheres Dasein vor? Oder mußt Du wie wir leiden und überwinden? Sinn im Unsinn? Rätsels Lösung? Älteste, nie gelöste Frage.«[22]

Wahrscheinlich also hat Goebbels' innerer Vater-Gott auf diese Fragen geschwiegen, vielleicht auch sorgenvoll die Stirn gerunzelt, und im übrigen ließ er ihn auf seinem Haß, seinem Neid und seinen damit verbundenen Schuldgefühlen und Erlösungssehnsüchten sitzen. Es änderte sich nichts an Goebbels' Arbeits- und Erfolglosigkeit, und das brachte ihn zur Verzweiflung. Also ging er daran, den lieben Gott im Himmel zu vergessen und einen diesseitigen Messias zu suchen, einen, der lieb zu ihm war, der sich um ihn kümmerte, dessen Überlegenheit er anerkennen und von dem er sich blindlings führen lassen konnte. Die schlimme Kinder-Erfahrung, von Gott übersehen worden zu sein, konnte damit aber nicht ungeschehen gemacht werden – sie traf später mit aller Gewalt die Juden.

Zunächst aber identifizierte er sich mit einem von ihnen. Schon 1918, noch vor dem *Michael*, hatte er eine »Tragödie in fünf Akten« geschrieben, den *Judas Ischariot*, in dem er seinen eigenen Konflikt gestaltete. Judas folgt Christus, weil er meint, dieser kämpfe für ein von den römischen Demütigungen befreites jüdisches Reich von *dieser* Welt. Er verläßt

22 *Tagebücher* 1, 106.

und verrät seinen Herrn nicht aus Geldgier, nicht um der 30 Silberlinge willen, sondern aus Enttäuschung und Verachtung: weil er in Christus einen »kleinen Kopf und Geist« erkennen muß, außerstande, das bedrängte und getretene Volk der Juden mit anderem als mit frommen Sprüchen und Jenseitsprophezeiungen zu trösten. Judas will dieses Werk *jetzt* vollbringen. Er will an Christi Stelle treten und die Menschen von ihren diesseitigen Qualen befreien.[23]

Diese Haltung wird Goebbels in seiner Gottesenttäuschung zur Orientierung, der Nationalsozialismus mit seiner antimaterialistischen Ausrichtung zur Religion und Hitler zum strahlenden und liebenden Messias voller Güte, Weisheit und Gerechtigkeit[24], zur »Inkarnation unseres Glaubens und unserer Idee«. Zunächst freilich verehrt Goebbels den gerade wegen seines gescheiterten Putsches in der Festung Landsberg Inhaftierten aus der Ferne – und vielleicht gerade deswegen um so hymnischer:

Wie ein Meteor stiegen Sie vor unseren staunenden Blicken auf und taten Wunder der Klärung und des Glaubens in einer Welt der Skepsis und Verzweiflung. Über den Massen standen Sie, gläubig und zukunftsgewiß, mit dem Willen zur Freiheit dieser Masse, mit einer unermeßlichen Liebe zu den tiefsten Inbrünsten derer, die an das neue Reich glauben. Zum ersten Male sahen wir mit glänzenden Augen einen Mann, der den mittelmäßigen Kreaturen parlamentarischer Geschäftigkeit rücksichtslos die Maske von der in Gier nach Geld entstellten Fratze riß ... Vor dem Gericht in München wuchsen Sie vor uns in das letzte Format des Führers hinein. Was sie da sagten, ist das Größte, das nach Bismarck in Deutschland gesprochen wurde. ... Da nannten Sie die Not einer ganzen Generation, die in zerfahrener Sehnsucht nach Männern

23 *Tagebücher* 1, 24.
24 Vgl. die exzellente Interpretation von Reuth, *Tagebücher* 1, 26 ff.

und Aufgaben sucht. Da predigten Sie den Kampf statt feigen Erschlaffens, da forderten Sie Fanatismus statt pazifistischer Feigheit … Was Sie da sagten, das ist der Katechismus neuen politischen Glaubens in der Verzweiflung einer zusammenbrechenden, entgötterten Welt. … Sie verstummen nicht. Ihnen gab ein Gott zu sagen, was wir leiden … .«[25]

1924 ruft er dem eben aus der Haft entlassenen Hitler entgegen: »Deutschlands Jugend hat ihren Führer wieder. Wir warten auf seine Parole.« Und dann beginnt ein Kampf mit diesem seinem Gott, denn der macht ihm die Gefolgschaft zunächst nicht ganz leicht. Am Anfang sieht Goebbels in Hitler den befreienden Erlöser, dann verfällt er als braver Jünger den Anfechtungen, er wird irre an seinem Idol. Schließlich aber wird er doch nicht zum abtrünnigen Judas, sondern er findet zurück zum Glauben des Kindes an den geliebten, omnipotenten Vater, eines Kindes, das erkennt, daß es nur »die anderen« waren, die seinen Gott vorübergehend verdunkelten und das ihm nun um so leidenschaftlicher angehören darf:

14. 10. 1925: »Ich lese Hitlers Buch zu Ende. Mit reißender Spannung. Wer ist dieser Mann? Halb Plebejer, halb Gott! Tatsächlich der Christus, oder nur der Johannes?« 23. 11. 1925: »Hitler ist da. Meine Freude ist groß. Er begrüßt mich wie einen alten Freund. Und umhegt mich. Wie lieb ich ihn! So ein Kerl! … Eine kleine Versammlung. Ich muß auf seinen Wunsch zuerst sprechen. Und dann redet er. Wie klein ich bin! Er gibt mir sein Bild. Mit einem Gruß ans Rheinland. Heil Hitler!« 11. 2. 1926: »Wir können nicht untergehen. Ich will ein Apostel und Prediger sein. Ich beginne wieder zu glauben!« 15. 2. 26: »Bamberg. Sofort in eine Versammlung. … Ich muß re-

25 Erich Ebermayer/Hans Roos, *Gefährtin des Teufels. Leben und Werk der Magda Goebbels*, Hamburg 1952, 70.

den. Man lauscht wie in der Kirche. ... Hitler redet. 2 Stunden. Ich bin wie geschlagen. Welch ein Hitler? Ein Reaktionär? Fabelhaft ungeschickt und unsicher. ... Es tut mir in der Seele weh, wenn ich Dich in der Gesellschaft seh!!! ... Wohl eine der größten Enttäuschungen meines Lebens. Ich glaube nicht mehr restlos an Hitler. Das ist das Furchtbare: mir ist der innere Halt genommen. Ich bin nur noch halb.« 24. 7. 26: »Der Chef spricht über Rassenfragen. ... Er ist ein Genie. Das selbstverständlich schaffende Instrument eines göttlichen Schicksals. Ich stehe vor ihm erschüttert. So ist er: wie ein Kind, lieb, gut, barmherzig. Wie eine Katze listig, klug und gewandt, wie ein Löwe, brüllend-groß und gigantisch. Ein Kerl, ein Mann.«

Und gleich darauf die große, schicksalshafte Apotheose: »Nach dem Abendessen sitzen wir noch lange im Garten ... und er predigt den neuen Staat und wie wir ihn erkämpfen. Wie Prophetie klingt das. Droben am Himmel formt sich eine weiße Wolke zum Hakenkreuz. Ein flimmerndes Licht steht am Himmel, das kein Stern sein kann. Ein Zeichen des Schicksals?« Hier ist in Hitler Gott allgegenwärtig, und Joseph Goebbels ist sein Prophet. Von nun an wird es seine Aufgabe sein, dafür zu sorgen, daß kein Schatten den Strahlenglanz des Allerhöchsten trübt. Allerdings, daß so viel ins Diesseits projizierte göttliche Unfehlbarkeit untergründige Zusammenbruchs-Ängste belebt, spürt unklar auch Joseph Goebbels. Die Furcht, das auf Männlichkeitswahn, auf Verführung und Rhetorik erbaute nationalsozialistische Kartenhaus könnte leicht zusammenbrechen, bindet er mit in religiöse Diktion verpackter Inbrunst dadurch, daß er die Unfehlbarkeit des Führers beschwört: »Er allein hat sich niemals getäuscht«, deklamiert er, »er hat immer recht behalten. Er hat sich von der Gunst oder Ungunst des Augenblicks niemals blenden oder versuchen lassen. Er erfüllt wie ein Diener Gottes das Gesetz, das ihm aufgegeben war und wurde so im höchsten und besten Sinne seiner geschichtlichen Mission gerecht.«[26] Mit sorgender Ängstlichkeit sucht er stets von neuem die Zeichen ungebrochener Männlichkeit und Überlegenheit »im Antlitz seines Führers«, was 1937 so klingt: »Der Führer ist in Wahrheit ein Genie. Mit der Kraft eines Propheten gibt er der Zeit ihren Sinn und Inhalt. Ich bin ganz beglückt. Gott erhalte ihn uns noch viele Jahrzehnte.«[27] Bemerkungen wie diejenige vom 12. Dezember 1939: »Beim Führer. Er sieht großartig aus und ist in bester Laune« wiederholen sich, und die messianische oder prophetische Überlegenheit wird auch noch zum Zeitpunkt der besiegelten Katastrophe – am 8. April 1945 – beschworen: »Der Führer muß eine Nervenkraft ohnegleichen aufwenden, um in dieser überkritischen Situation die Haltung zu bewahren. Aber ich habe doch die Hoffnung, daß er diese Situation meistern wird. Er hat es ja immer verstanden, mit einer souveränen Ruhe seinen Augenblick abzuwarten. Ist der Augenblick aber gekommen, dann pflegt er auch immer mit beiden Händen zuzugreifen.« Je blinder und hingebungsvoller er seinem Führer folgt, je weniger er auf mahnende Stimmen aus dem eigenen Innern oder von anderen achtet, je heftiger er alle Warnungen wegfegt, desto größer wird seine Überzeugung, daß er den Tod seines Meisters, sollte der denn einmal eintreten, nicht überleben werde.[28] Aber auch dafür – mit seinem Führer zusammen zu sterben – hat er eine Hymne, das Lied von der Treue bis in den Tod. Er werde unverbrüchlich zu ihm stehen, ruft er seinem Führer schon 1926 zu, »auch wenn der Mob um Sie geifert und grölt und brüllt ›kreuziget ihn!‹ ...«[29]

Zwischen diesen Polen von Tod und Verklärung finden sich über all die Jahre Eintragungen in der Sprache eines

26 Joseph Goebbels, *Vom Kaiserhof zur Reichskanzlei*, 14.
27 *Tagebücher 3*, 1049.
28 Ebermayer/Roos, op. cit., 170f.
29 Reuth, *Goebbels*, 613.

kleinen, liebebedürftigen Kindes, das sich treuherzig an seinen »lieben Gott« wendet, immer nach dem Muster: Er ist lieb zu mir, also liebe ich ihn bedingungslos:

> »Chef ist fabelhaft zu mir. Er steht doch treu zu seinen Leuten. Mich hat er besonders gern.« (20. 11. 1930); »Er war außerordentlich gut zu mir. ... Wir saßen bis tief in die Nacht. Ich habe Hitler sehr, sehr gerne.« (3. 12. 1930). »Hitler philosophiert über Kunst und Architektur. Sehr klug. Zu mir ist er sehr nett. Er ist doch immer mein Freund.« (6. 1. 1931). »Und dann kommt [an Goebbels' 39. Geburtstag] der Führer. Er ist ganz gerührt. Wir gehen allein in mein Zimmer. Und dann redet er ganz lieb und vertraut mit mir. Von den alten Zeiten, wie wir zusammengehören, wie lieb er mich auch persönlich hat. Er ist so rührend zu mir. Schenkt mir sein Bild mit einer herrlichen Widmung.« (30. 11. 1936).

Während Goebbels in den frühen Jahren durchaus noch negative Seiten an Hitler wahrnimmt, verflüchtigt sich diese Fähigkeit später gänzlich. Er wird zum Idealisierungs- und Anpassungs-Virtuosen und offenbart damit unfreiwillig das Ausmaß seiner inneren Angst und Schutzlosigkeit. In seiner *Gottesvergiftung* hat Tilmann Moser den Finger auf die Wunde gelegt, die hinter solcherlei Idealisierungsbereitschaft steckt: Schmält jemand den Glanz eines Vater- oder Gottes-Bildes, dann sieht sich dieser Mensch seiner heimlichen Urangst ausgesetzt: von IHM verworfen zu sein, allein und verlassen ins Dunkel eines unverdauten Kinderchaos' gestürzt zu werden. Und weil diese Angst zwar tief, aber unbewußt ist – sie ist wort- und namenlos, stammt sie doch aus ganz früher, »sprachloser« Zeit –, ist es für den Betroffenen die natürlichste Lösung, sich nach Art eines kleinen Kindes einmal mehr der überragenden Gestalt anzuvertrauen, diese aufs neue mit dem Glanz des eigenen Kinderglaubens zu umgeben und an ihrer Überlegenheit teilzuhaben. Je größer die Angst ist, desto strahlender die

Idealisierung und damit der Realitätsverlust. Erwachsenen-
und Kinderanteile vermischen sich in diesem Arrangement
in einer so chaotischen, so kranken Weise, daß sie in der
Regel nutz- und gesundheitsfördernd nur in einer Psychotherapie geordnet werden können.

Es gibt keinen Kindergott ohne dessen schwarzes Gegenbild, ohne den Teufel, und den findet Goebbels in den
Juden. In den Tagebüchern des jungen Goebbels lassen sich
durchaus Spuren des eigenen Schattens, Spuren von Selbst-
kritik und Reste gesunden Menschenverstandes finden: »Es
gibt Menschen, die sind so verlogen, daß man schon in-
stinktiv bei ihrem Reden 90% als unwahr abzieht. Ein Teil
dieser Menschen sind pathologische Aufschneider [... vielleicht auch ich]«, – so am 11. 7. 24. Diese selbstreflektie-
rende Qualität weicht in den späteren Jahren der zwar
bekannten, aber immer wieder schwer zu fassenden überdi-
mensionalen Menschenverachtung, mit der Goebbels – abgesehen von Hitler und den eigenen Kindern – fast jeden
Menschen seiner Umgebung trifft. Die Spitze dieser Menschenverachtung ist ein bis ins Fanatische sich steigernder
Judenhaß, geboren aus der Polarisierung in gut-blond-
arisch und böse-dunkel-jüdisch.

In den Tagebüchern und in Reuths Goebbels-Biographie
läßt sich nachlesen, daß Goebbels von Hause aus nicht zum
Antisemiten erzogen worden war; daß er während seiner
Studienzeit achtungsvoll den Vorlesungen seines jüdischen
Lehrers Friedrich Gundolf folgte; daß er den Dichter Heinrich Heine hoch verehrte; daß er als junger Mann seiner
großen Liebe Anka Stalherm das *Buch der Lieder* zum Geschenk machte; daß er es 1919 für »unedel und menschen-
unwürdig« hielt, die Juden »durch Schimpfen, durch Polemisieren oder gar durch Pogrome« aus der Welt zu
schaffen;[30] daß er bei einem »halbjüdischen« Doktorvater,

30 Reuth, *Goebbels*, 73.

bei Max von Waldberg, promovierte; und daß er über längere Zeit mit einer »Halbjüdin« zusammenlebte.

Dann aber hatte der junge Goebbels in der Zeit seiner Arbeitslosigkeit während einer kurzen, ungeliebten Episode als Angestellter der Dresdener Bank in Köln durch Einsicht in einschlägige Konten erfahren, daß es tatsächlich manchen Juden materiell besser ging als vielen Christen und daß es Juden gab, die geschickt mit Geldgeschäften ihren Reichtum zu mehren verstanden. Einmal mehr hatte er in dieser Zeit seine Armut und materielle Abhängigkeit auf das Demütigendste empfunden. Nun glaubte er, endlich den richtigen Sündenbock gefunden zu haben, einen Sündenbock, auf dessen Kosten der armselige, hungernde, ausgefranste Arbeitslose seinen Stolz aufrechterhalten konnte, oder umgekehrt: der ihm half, sein Elend und seinen beißenden Neid weniger zu spüren. Langsam gewöhnte Goebbels sich an, die Schuld für sein Elend den materiell besser Gestellten, den Weltläufigen und Gebildeten zu geben, und allmählich fraß sich ein verdrehter, die Juden für jedes Unglück in der »arischen« Welt schuldig machender Antisemitismus in ihn hinein. Das hinderte ihn freilich nicht daran, zu eben dieser Zeit eine intensive Liebesbeziehung zu der jungen Rheydter Grundschullehrerin Else Janke zu unterhalten, der Tochter einer jüdischen Mutter. Goebbels empfand zwar zunächst »ernste Schwierigkeiten. Sie gesteht mir ihre Abstammung. Seitdem der erste Zauber zerstört. Ich bin skeptisch gegen sie.«[31] Trotz des gestörten Zaubers blieb er dann aber vier Jahre lang eng mit ihr verbunden. Erst im Berlin des Gauleiters war kein Platz mehr für sie.

Je mehr sich im Kopf des späteren Propagandaministers die Doktrin von der Rasse der »Herrenmenschen« festsetzt, von einem kindlich anbetenden, meinungslosen Kollektiv, das, aufgeladen von der Idee einer rein arisch-nordischen

31 *Tagebücher* 1, 83.

Kultur, dem Führer folgend »ins Helle strebt«, desto dringender bedarf es eines dunklen Antipoden – verantwortlich für alles, was schief geht in der hellen, reinen Arier-Welt. So geraten die Juden in die Rolle der »Teufel«, einer mit dem Kommunismus verbündeten internationalen Verschwörung, die gegen den nordischen Menschen gerichtet und mit Interessen ausgestattet ist, die einzig auf die Mehrung des Kapitals und die Ausbeutung des arischen Vaterlandes samt seiner kostbaren kulturellen Errungenschaften gerichtet sind. Der Oswald Spengler nachempfundene Untergang der geistigen Werte des Abendlandes wird, so stellen sich die Dinge Goebbels zunehmend dar, seinen Lauf durch die Einwirkung der Juden nehmen, die mit ihrer individualistischen, internationalen, »plutokratischen« Gesinnung die auf Idealismus und Altruismus basierende Revolution des blonden Kollektivs unterwandern.[32] Schon im *Michael* vereinnahmt Goebbels Christus in »bewährter« Tradition all derer, die den Juden ihr Selbstverständnis als auserwähltes Volk streitig machen wollten, als einen frühen »Antisemiten«:[33] »Christus ist der erste Judengegner von Format. ›Du sollst alle Völker fressen!‹ Dem hat er den Krieg angesagt. Deshalb mußte das Judentum ihn beseitigen. Denn er rüttelte an den Fundamenten seiner zukünftigen Weltmacht.«[34]

In grausamem Aktionismus gilt es zu verhindern, daß die Juden die abendländische, die arische Volksseele mit ihrem »internationalen Materialismus« vergiften und dem Untergang ausliefern. Es gilt Einsicht zu schaffen, daß zur Rettung und Reinhaltung der nordischen Herrenrasse die »Ausschaltung« dieser dunklen »Antichristen«[35] und

32 Vgl. hierzu Reuth, *Goebbels*, 128.
33 Hierzu lese man beispielsweise die Schrift Martin Luthers *Von den Jüden und ihren Lügen*.
34 Zit. nach Reuth, *Goebbels*, 74, Anm. 77.
35 Ein Ausdruck von Chamberlain; vgl. Reuth, *Goebbles*, 74.

»Vampire« unumgänglich ist. Berlin »judenfrei« zu machen, wird zum höchsten Ziel des Gauleiters. Dabei weiß Goebbels Gott – den »wahren«, den nichtjüdischen Gott – auf seiner Seite, und so kämpft er für die »einzig richtige Sache«: »Es ist kein Zufall«, schreibt er in seinen 1934 erschienenen, seinem Führer gewidmeten Erinnerungen an die »Kampfzeit« *Vom Kaiserhof zur Reichskanzlei*, »daß Millionen Menschen in Deutschland der heiligen Überzeugung sind, daß der Nationalsozialismus mehr als Politik ist, daß sich in ihm Gottes Wort und Gottes Wille verkündet, daß das Bollwerk, das er gegen den Bolschwismus aufrichtete, nach einer höheren Fügung gedacht ist als letzte Rettung der abendländischen Kulturwelt vor der Drohung der asiatischen Gottesfeindschaft.«[36]

Goebbels war es in seinen frühen Jahren nicht entgangen, wie viele hochgebildete und hochkarätige jüdische Zeitgenossen er hatte. Hin- und hergerissen zwischen Bewunderung, Neid und Haß listet er jüdische Qualitäten auf. Im Vergleich zu einer gewissen, von ihm eingeräumten deutschen Grobheit des Geistes empfindet er die Juden »als gerissener. Sie erzählen flüssiger, gebildeter, interessanter, vermeiden die Klippen der Kulturlosigkeit und reden mehr um die Sache herum. Die deutschen Arbeiter sind zu biderbehrlich, – gut für uns, wir verstehen sie darum eher und besser.«[37] Auf einen Kosmopoliten wie Maximilian Harden läßt er demgemäß zwar sein ganzes Gift los: »... so ein verlogener polnischer Judenlümmel. Wie gemein manchmal. ... Diese auf die Nerven fallende jüdische Rabulistik. Diese liebevolle semitische Selbstbeweihräucherung.« Aber eine gewisse Bewunderung kann er doch nicht verhehlen: »Harden ist ein Mann, der aufs Ganze geht, mit Schärfe, Lauge, Witz und Satire. Die typische jüdische Kampfesweise. Ob

36 Joseph Goebbels, *op. cit.*, 1934, 13.
37 *Tagebücher* 1, 96.

man die Juden anders schlagen kann als mit ihren eigenen Waffen?«[38]

Bei Goebbels zeigt sich gleichsam unter dem Vergrößerungsglas die Genese von Menschenhaß, Überheblichkeit und Verachtung als Folge der Verleugnung der eigenen Ängste und Sehnsüchte in einer Vermischung von zumindest drei Ebenen: Die Angst vor gottverlassener existentieller Verlorenheit und die Sehnsucht nach Geborgenheit auf spiritueller Ebene; die Angst vor demütigendem Nicht-dazu-Gehören und die Sehnsucht nach Liebe und Anerkennung auf der Kinderebene; schließlich die Angst vor menschlichem und beruflichem Scheitern und die Sehnsucht, geliebt, gebraucht und umworben zu sein auf der Erwachsenenebene. Als junger Mann hatte er darum gekämpft, »daß ich klarer werde im Geiste, einfacher im Denken, größer in der Liebe, vertrauender in der Hoffnung, glühender im Glauben und bescheidener im Reden!« Und er hatte helfen wollen, die Liebe unter den Menschen zu verbreiten; »so etwas von Franz von Assisi«, schwebte ihm vor, oder »dem Geiste des Urchristentums« zu folgen, denn das sei »ja nichts anderes als Ausfluß einer starken Sehnsucht nach dem Geiste Christi«.[39] Um dem Geiste Christi zu folgen, hätte er allerdings die Fähigkeit zu Demut und Respekt gegenüber der Vielfalt der Menschen gebraucht, ohne sich durch deren Anderssein gedemütigt oder in Frage gestellt zu fühlen. Das aber konnte der kleine, dunkle, hinkende Mann, den viele seiner Mitarbeiter heimlich den »Schrumpfgermanen« nannten, nicht.

Goebbels war nicht imstande, seine Ängste, die ihm als Führer zu einer solchen Demuts- und Respekthaltung hätten dienen können, auszuhalten. Aber er verstand es, diese Ängste so zu inszenieren, daß er sie selber nicht mehr spüren

38 *Tagebücher 1*, 91 und 90.
39 *Tagebücher 1*, 88.

mußte. Mit der Unterstützung von Hitler, der Partei und der zunehmend willigeren Mehrheit der Deutschen setzte er ein gewaltiges, parareligiöses Weltbild in Szene, in dem Angst, Schuld, Not und Tod an die anderen, Sieg, Glanz, Recht und Macht an die »Herrenmenschen« delegiert waren. Dennoch, im Dunkel seines Unbewußten müssen sie gleichwohl rumort haben, die Ängste, denn Goebbels wurde nicht nur von Panik umgetrieben, einem Attentat zu erliegen. Er war auch davon überzeugt, daß es ein Jude sei, der ihn erschießen werde.[40]

Die Frauen

Die Frauen wünscht Goebbels sich nach dem Modell der eigenen Mutter hingebungsvoll und klaglos um sich besorgt – er möchte ihr strahlender Auserwählter sein: »Sie kann ohne mich nicht mehr sein«, schreibt er zu Beginn der langjährigen Beziehung über seine Freundin Else. »Ich bin ihr Alles.« Und er fährt sinnierend fort: »Bin ich anders als die anderen alle? Ein Glückskind gar? Oder darf ich das Leben stärker kosten mit seinen Schätzen, weil ich einmal früh davon scheiden muß? Manchmal habe ich so eine Ahnung.«[41] Andererseits sind es aber *gleichfalls* die Frauen, die – wie jene Lene Krage seiner frühen Tagebuchnotizen[42] – »Qual« verursachen, wenn sie eigenwillig sind, und die – wie Marie Liffers aus dem gleichen Lebensabschnitt[43] – in der Erinnerung Peinlichkeit und Verächtlichkeit verursachen, wenn die Leidenschaft abgekühlt ist (»sentimentale Periode«). Der Kanon von Bedürftigkeit, Idealisierung, Eroberung und Entwertung ist das Muster,

40 Ebermayer/Roos, op. cit., 201.
41 *Tagebücher 1*, 93.
42 Vgl. oben, 82 f.
43 Vgl. oben, ebenda.

nach dem Goebbels auch in späteren Jahren seine Beziehung zu Frauen gestalten wird. Die einzige, die dabei ungescholten davon kommt, ist die Mutter. Zwar sieht er die Schwäche, mit der diese die »wahnsinnige Ungerechtigkeit« von seiten ihres despotischen Mannes erträgt, aber er wertet sie nicht. Denn auch er ist ja angewiesen auf ihre Mütterlichkeit, ihre uneigennützige, die eigene Persönlichkeit auslöschende Zustimmung. Ein Zitat für viele dieser Art: »Mutter ist gut zu mir. Ihr verdanke ich fast alles, was ich bin.«[44] Sonst findet er wenig Worte für die alte Frau aus einfachen Verhältnissen. Die Verachtung gegenüber ihrer passiven Seite jedenfalls behält er – sollte er sie gefühlt haben – für sich.

Auch bei der jeweiligen Geliebten sucht er diese Mütterlichkeit: »Else [Janke] ist meine junge Mutter und Geliebte. Ich denke manchmal an sie als Mutter.«[45] Diese Vermischung der weiblichen Generationen spricht für sich: Wohl sein ganzes Leben lang nagt an ihm der in früher Einsamkeit entstandene, nun nicht mehr zu stillende Heißhunger nach mütterlicher Zuwendung, vermischt mit sexuellem Begehren, eine Mischung, die die betroffene Frau früher oder später in die bekannte Zwickmühle führt: Geht sie auf das erotische Angebot ein, dann ist das zunächst verführerisch, endet aber bald in Leere und Herzlosigkeit. Gibt sie ihm Mütterlichkeit, dann fühlt er sich – wie »Narziß« – zwar geborgen, aber auch unterfordert, unausgefüllt und gelähmt.

Goebbels entzog sich in solchen Fällen mit einem einfachen, aber tödlichen Mittel. Irgendwann begann er, seiner Partnerin das Gefühl zu vermitteln, sie sei dumm. Mit unübertrefflicher Überheblichkeit kommentiert er einen Brief von Else, die ihm aus den Ferien geschrieben hatte: »Brief

44 *Tagebücher I*, 127.
45 *Tagebücher I*, 127

von Else. Typisch Else: Landschaft sehr reizend, wenn Du doch dabei wärst, Verpflegung 1a, bei dem Wirt eine gute Nummer, was machst Du noch? Gemeinplätze, die nicht so in die Augen fallen, wenn eine graziöse Frau spricht. Beim Lesen eines Briefes ist man skeptischer. Da sieht man durch das dünne Gewebe der Grazie hindurch. Sonst aber lieb.« Allerdings dient diese Überheblichkeit der demütigenden Schmerzbekämpfung, daß die junge, eigenständige Frau im Gegensatz zu ihm ihr Geld selbst verdient und ihre Ferien nicht mit dem arbeitslosen Freund zu Hause verbringt, sondern sich etwas Schönes leistet. Denn am selben Tag heißt es weiter unten: »Ungestümes Denken an Else. Wann kommt sie zurück? Ich habe Sehnsucht nach ihrem weißen Leib.« Während dieser Zeit spürte er wohl noch unklar, wie verletzend, wie lieblos und ausbeuterisch seine Haltung den Frauen gegenüber war: ihnen zunächst seine Bedürftigkeit zu zeigen, ihre mütterlichen Gefühle herauszulocken, mit ihnen in jener aus Bedürftigkeit und Begehren vermischten Sexualität – keine Mischung ist intensiver als gerade diese, keine aber auch kurzlebiger – zu verschmelzen, die Offenheit und Abhängigkeit dieses Zustandes zu spüren und sich durch Überheblichkeit zu »rächen«. Reichlich chaotisch schreibt er darüber: »Else ist lieb zu mir. Sie kommt gestern freudestrahlend in einem neuen Sommerkleid ... Wenn ich nicht begeistert bin, dann ist sie totunglücklich. Dann möchte sie am liebsten sterben. Gefährlich ist dieses Spielzeug. Nicht für den Starken! Für den ist die Frau ein köstliches Spielzeug. Ich bin oft bedrückt, habe über etwas Reue, und weiß doch nicht warum. Der Mensch ist zum Leiden in die Welt gesetzt. Wir haben immer Schmerzen und Reue – und Gefühl der Schuld. ... Jedenfalls gibt es eine geheimnisvolle Macht, die uns immer wieder treibt, etwas zu tuen, damit die Schuld gemildert wird.«[46]

46 *Tagebücher 1*, 128f. und 99.

Die Schuld ist unbestreitbar. Goebbels zerstört alle, die er liebt und die ihn lieben, und unentwegt zerstört er damit seine eigene Liebesfähigkeit, die ihm ein »gefährliches Spielzeug« ist, das ihm Schmerzen zufügt, ihn zu Untätigkeit, Grübelzwang, zu Selbstmordgedanken, im besten Falle zum Spießertum führen könnte. Seine Unfähigkeit, die Aufs und Abs einer nahen Beziehung mit Respekt vor dem anderen Menschen und Achtung vor sich selbst zu leben, münzt er um – mal ins Überhebliche und Ausbeuterische: »Ohne die Frau werde ich niemals fertig. Sie gibt mir nicht viel unmittelbar. Aber sie weckt Kräfte in mir, die sonst verschlummern würden.... «[47] – mal ins Heroische: Bevor er dem wenig attraktiven Ehe-Modell seiner kleinbürgerlichen Eltern folgt, will er lieber ein einsamer Solitär werden. In dieser Position kann er sich gegen seine Schuldgefühle wehren und sich die für ihn so typische Position des Opfers erhalten: des höher stehenden Menschen, der um einer besseren Welt willen gezwungen ist, auf bürgerliches Glück zu verzichten: »Wer der Welt ein Prophet sein will, muß auf Familie, Heimat und Glück verzichten können. Cher mon père, ein biertrinkender Pedant, etwas unsauber, klein in seinen Gedanken, besorgt um seine winzige bürgerliche Existenz, ohne jeglichen Charme, baar [sic] jedes Gedankenfluges. Ein Kleinbürger geringfügigsten Ausmaßes. Armer Mann! Armer unwissender Mann! Aber er kommt bestimmt in den Himmel. Ich kann nicht verstehen, aus welchem Grunde Mutter den alten Knicker geheiratet hat.«[48]

Nach privatem Glück sucht er trotzdem, zumal sein erotisches Angebot an potentielle »Mütter und Geliebte« und sein fundamentalistischer Anspruch auf Hingabe und Treue bei den Frauen zünden. Während seiner Studienzeit erobert er 1918 mit diesem Rezept die schöne, reiche, elegante Anka

47 *Tagebücher I*, 99.
48 *Tagebücher I*, 129.

Stalherm – zunächst mit stillen, einfühlsamen Mitteln, mit der Sprache der Zärtlichkeit. Er musiziert: »Ich spiele eigene Kompositionen. Anka ist begeistert«[49], und er liest ihr selbstverfaßte Opera vor: »Ich lese mein Epos von der Gefangenschaft vor. Anka ist still begeistert.«[50] Oder er schickt ihr »works in progress«: »Eine Idee ist mir aufgegangen. Krampfhaftes Arbeiten. ›Judas Ischariot‹ in 5 Akten ... Akt für Akt nach Recklinghausen [Ankas Heimatstadt]. Anka ist begeistert.«[51] Er hat köstliche und kostbare Empfindungen, die die Beziehung ins Überirdische erheben: »Mit Anka die Weihnachtsnacht auf ihrem Zimmer. Sie betet vorher auf den Knien. Eine süße, selige Nacht. Ich bin restlos glücklich.«[52] Und er hat viel »Qual«, weil Anka offenbar ihren eigenen Willen hat, sei es, daß sie ihm zeigt, daß er nicht standesgemäß ist – »Ihr Bruder Willy kommt. Sie lädt uns nicht ein. Das erste Zerwürfnis. Sozialer Unterschied. Ich bin ein armer Teufel. Geldsorgen« – oder daß sie sich auch für andere Männer interessiert: »Anka reizt mich wahnsinnig zur Eifersucht.«[53] Außerdem erhält er eine erste Lektion in Sachen weiblicher Abhängigkeit: »Anka neigt noch nach [Studienfreund] Kölsch. Treue oder Untreue? Sie spricht sich noch einmal mit ihm aus. An einem Samstagabend sagt sie's mir. Große Szene. Sie bittet auf den Knien um meine Liebe. Zum ersten Male erfahre ich, wie ein Weib leiden kann. Ich bin erschüttert.«[54] Und alsbald lernt er seine neu erfahrene Macht zu genießen und zu benutzen – die »Qual« der Frauen als »Glück« zu verkennen: »Anka ist restlos glücklich. Sie kniet vor mir im Schnee und bettelt.«[55]

49 *Tagebücher* 1, 58
50 *Tagebücher* 1, 59.
51 *Tagebücher* 1, 61.
52 *Tagebücher* 1, 63.
53 *Tagebücher* 1, 66.
54 *Tagebücher* 1, 60.
55 *Tagebücher* 1, 71.

Am Schluß zahlt ihm Anka die empfangenen Demütigungen allerdings heim: »Anka rächt sich. Sie erzählt von Herrn Mumme [den sie später heiraten wird]. Ihr Armband gebe ich zurück. Schwerster Abschied.«[56]

Innerlich war Goebbels noch lange nicht fertig mit ihr und dem Typus der reichen, ihm in vieler Hinsicht überlegenen, eleganten Frau. 1924 schreibt er: »Ich denke in diesen Tagen viel an Anka Stalherm. Sonderbar. Ich komme von diesem Menschenkind nicht los. Wir hatten uns noch so viel zu geben. Sie mir an Natur, an Liebe, an Güte, ich ihr an Kraft, an Selbstbewußtsein, an Mut zum zu-Ende-Denken. Ich träume oft von ihr. Dann sehe ich sie meist als schöne, stolze Dame, die das Leben nimmt, wie es nun einmal ist.«[57]

An diesem Traum ist zweierlei bemerkenswert: Erstens sollte auf dieser Empfindungsebene sechs Jahre später die Beziehung mit Magda Quandt anknüpfen. Zweitens denke ich, daß sich hier eine tief unbewußte Sehnsucht offenbart, sich einem normalen, bodenständigen, mit der Welt zurechtkommenden Menschen anzuvertrauen. Man könnte auch sagen, daß angesichts einer als überlegen erlebten Frau verschlüsselt die Sehnsucht des kleinen, begabten, aber verwirrten Kindes nach der gütigen Führung durch einen lebenserfahrenen Erwachsenen, einen Vater im archetypischen Sinne, hervorschaut. Einen »Vater« fand er dann in Hitler. Freilich keinen, mit dem er hätte rivalisieren, streiten und sich versöhnen können, sondern einen, der ihn zum Rollentausch zwang, in dessen Gegenwart er zur schwärmerischen, anschmiegsamen, liebenden »Frau« wurde, während er ihm, dem als überlegen erlebten Mann, den Mut abtrat, »die Dinge zu Ende zu denken«.

Wie Schumann, so wußte auch Goebbels, daß er keine

56. *Tagebücher 1, 75*.
57. *Tagebücher 1, 99*.

große Begabung hatte, mit Frauen nahe und dauerhafte Beziehungen einzugehen. »Ich liebe die Frauen mehr, wenn sie ferne sind, als wenn sie bei mir weilen. Ideal und Wirklichkeit!«[58] Die Selbsteinschätzung, die Goebbel im Hinblick auf seine Beziehung zu den Frauen hat, läßt an Klarheit und Schonungslosigkeit nichts zu wünschen übrig. Wieder einmal zwischen Bedürftigkeit und Entwertung schwankend, schreibt er 1924 über seine Freundin Else ins Tagebuch: »Else lieb und gut. Wie eine Frau und Geliebte. Betthäschen? O nein, doch einiges mehr. Ich bin den Frauen gegenüber ein heilloser Egoist. Ich gebe? Nein ich nehme, soviel ich nehmen kann. Ich muß manchmal an die ausgepreßte Zitrone denken. Soviel Schmutz, soviel Unmenschlichkeit, so viel haarsträubender Mangel an Güte und Liebe. Ich schäme mich oft vor mir selbst. ... Heute bin ich den Frauen gegenüber immer nur ein Halber. Es fehlt mir das Beste und Tröstendste: die Achtung, der Abstand, der Respekt.«[59] Diesen, den Respekt, verlor er mit den Jahren gänzlich und damit die Fähigkeit zum Reflektieren und Integrieren seiner dunklen Charaktereigenschaften. Die Haltung, durch wilden Frauenkonsum die eigenen Endlichkeits-, Angst- und Schuldstimmen zu übertönen und so vor sich selbst männlich und erotisch attraktiv dazustehen, wurde zum Lebensstil, mit dem er zwar sich selber täuschte, nicht aber die anderen. In Berlin kursierte über den Reichspropagandaminister dieser Witz: »Warum ist die Viktoria [auf der Siegessäule im Berliner Tiergarten] mehrere Meter höher gestellt? Damit Goebbels nicht heran kann.«[60]

58 *Tagebücher* 1, 145.
59 *Tagebücher* 1, 110f.
60 Zit. nach Ulrich von Hassell, *Vom anderen Deutschland. Aus den nachgelassenen Tagebüchern 1938-1944*, Frankfurt a.M. 1964, 40.

Magda Goebbels versah ihren Ehemann Joseph, den seine Feinde gern den »hinkenden Teufel« nannten, in den Tagen der Liebe mit dem Kosenamen »Engelchen«, und es vergingen acht Ehejahre, bis sie zur entgegengesetzten Erkenntnis kam: »Er ist ein Teufel, er, den ich für meinen Gott gehalten habe.«[61] Sie bezog sich dabei nicht etwa auf die mörderischen Verbrechen von Joseph Goebbels als nationalsozialistischem Propagandaminister und rechter Hand Hitlers. Der Teufel, den sie so spät identifizierte, wohnte nicht in der politischen, sondern in der privaten, der ehelichen Hölle. Magda Goebbels war dahinter gekommen, daß ihr Mann trotz gegenteiliger Beteuerungen, trotz eines heiligen Schwures »bei dem Leben unserer Kinder«[62] seine heftige Affäre mit der tschechischen Schauspielerin Lida Baarova nicht beendet hatte, sondern die Beziehung hinter ihrem Rücken weiterlaufen ließ. Jetzt reagierte Magda Goebbels mit Verzweiflung – »Es wäre das beste, wenn ich mir zusammen mit meinen Kindern das Leben nähme«[63] –, aber auch mit tiefer Verachtung. Sie empfand ihren Ehemann als große, kränkende Enttäuschung, und sie wollte sich scheiden lassen. Das wurde von höchster Instanz – von Hitler persönlich – verhindert, und beide blieben dann zusammen bis zum schlimmen Schluß.

Wie kam es zu diesem Engelssturz? Wie konnte es sein, daß ein »Engel« zum »Teufel« wurde? Und wie konnte Hitler Magda Goebbels gegenüber die Macht eines »Gottvaters« erlangen, so daß sie sich ihm trotz besseren inneren Wissens beugte und bei ihrem »Teufel« blieb?

61 Ebermayer/Roos, op. cit., 264.
62 op. cit., 264.
63 op. cit.

Magda Goebbels wird als schöne, elegante, gebildete und intelligente Frau geschildert.[64] Daß sie schön und elegant war, sieht man auch heute noch auf überlieferten Fotos. Daß sie gebildet war und einen guten Geschmack hatte, ist gleichfalls bezeugt. Ob sie aber »intelligent« war in des Wortes eigentlicher Bedeutung, ob sie eigenständig Dinge sehen, Zusammenhänge erkennen und die »richtigen« Schlußfolgerungen daraus ziehen konnte, muß bei näherem Studium ihres Lebensweges bezweifelt werden. Es scheint eher, daß sie intellektuell sehr begabt war, daß sie diese Begabung aber dazu nutzte, sich meisterlich an das anzupassen, was Männer, die ihr etwas bedeuteten, von ihr erwarteten; daß sie chamäleonartig deren Meinung als gegeben betrachtete und ihre eigenen Zweifel oder Widersprüche unterdrückte.

Sie wußte gut darüber Bescheid, was in den nationalsozialistischen Köpfen vorging. Goebbels liebte es – zumindest in den Anfängen ihrer Ehe –, nachts »sich viele Stunden mit ihr zu unterhalten, ihr zu berichten, was sich am Tag ereignet hatte, und die Pläne für morgen zu besprechen. Wie jede gute Gattin und wirkliche Gefährtin war sie glücklich, daß sie an seinem Leben so intensiv teilnehmen durfte, daß er alles, auch das schwierigste, mit ihr besprach.«[65]

Joseph Goebbels war – zumindest in jener Zeit der jungen Ehe – die Sonne, um die sie kreiste, und sie war mit ganzem Herzen dabei, diese für ihn lebenswichtige Trabanten-Position auszuüben – ihn zu unterstützen, zu bestätigen und nicht über das hinauszudenken, was er vertrat. Ein bekanntes und beklemmendes Beispiel: Eines Tages wurde sie von Eleonore – Ello – Quandt, ihrer Ex-Schwägerin und intimen Freundin, gefragt, wie sie über den Antisemitismus ihres

---

64 von Ebermayer/Roos passim; ferner von Hans-Otto Meissner (Roos), *Magda Goebbels. Ein Lebensbild*, München 1978, (überarbeitete Neuauflage von Ebermayer/Roos) passim.

65 Ebermayer/Roos, 145.

Ehemannes dächte. Die Antwort, »ernst und zögernd«, wie die Biographen Ebermayer und Roos schreiben: »Joseph erklärt das alles mit Gründen der Staatsraison. Das Dritte Reich ist nun einmal gegen die Juden, und als Propagandaminister fällt ihm die Aufgabe zu, in der Presse und im Funk gegen sie vorzugehen. Der Führer will es so, und Joseph muß gehorchen.«[66] Die Stieftochter eines jüdischen Vaters und ehemalige Geliebte eines zionistischen Rabbinerenkels argumentiert patriarchalisch identifiziert, willig die Rolle des gehorsamen Kindes annehmend, das dem Gott-Führer-Vater folgt.

Die frühe Prägung von Magda Goebbels gibt Aufschluß darüber, wie sie zu ihrer schein-intelligenten, unselbständigen geistigen Haltung kommen konnte – ich folge hier im wesentlichen der brillanten Zusammenfassung von Volker Elis Pilgrim.[67] Magda Goebbels kam 1901 als uneheliches Kind des damals 20-jährigen »ledigen Dienstmädchens« Auguste Behrend zur Welt. Der Vater wird in der Geburtsurkunde nicht erwähnt.[68] Auguste Behrend heiratete bald darauf nach oben: den Bauunternehmer und Diplomingenieur Dr. Oskar Ritschel, einen Industriellen aus der wirtschaftlichen Aristokratie. Die Ehe wurde aber bereits 1904 wieder geschieden, wahrscheinlich, weil Ritschel außereheliche Beziehungen unterhielt.[69] Es wird vermutet, daß dieser Mann der leibliche Vater von Magda war, wobei dies bislang nicht sicher belegbar ist. Für diese Vermutung spricht, daß Ritschel bis zu Magdas Heirat mit Goebbels Kontakt zu ihr suchte und fand, und daß er sie, nachdem er diesen Kontakt wegen ihrer zweiten Ehe abgebrochen hatte, vor seinem

66 op. cit., 176.
67 Volker Elis Pilgrim, »Du kannst mich ruhig ›Frau Hitler‹ nennen.« Frauen als Schmuck und Tarnung der NS-Herrschaft, Reinbek 1994, 23 ff.
68 Pilgrim, op. cit., 23.
69 Ebermayer/Roos, op. cit., 8 f.

Tod nochmals zu sich rief.[70] Ein Gegenargument sieht Pilgrim darin, daß die 18-jährige Magda auf Wunsch ihres zukünftigen Ehemannes Günther Quandt ein halbes Jahr vor der Hochzeit von Ritschel »für ehelich erklärt« wurde. »Eine merkwürdige Formulierung!« kommentiert Pilgrim und fährt fort: »Es heißt nicht, daß Ritschel Magda als seine Tochter legitimiert, sondern daß er nur ihre Unehelichkeit nachträglich aufhebt. Bis zur Hochzeit, am 4. Januar 1921 in Bad Godesberg, trug Magda ein halbes Jahr lang den Namen ihres ersten sozialen Vaters Ritschel.«[71]

Von Ritschel ist ferner überliefert, daß er auch nach der Scheidung – Magda war damals gerade drei Jahre alt – Einfluß auf die Erziehung des Kindes nahm. So weckte er mit seiner Neigung zum Buddhismus ihr Interesse an fernöstlicher Weisheit. Er »gibt ihr Bücher und bespricht sie mit ihr. Bald ist Magda eine eifrige, ja schwärmerische Schülerin Gautamas, und fortan fehlt niemals ein buddhistisches Werk auf ihrem Nachttisch«.[72] Sein Wunsch soll es auch gewesen sein, daß Magda, Tochter einer protestantischen Mutter, mit sechs Jahren als Internatsschülerin in eine belgische Klosterschule geschickt wurde,[73] wo sie bis zum Kriegsausbruch 1914 blieb.

1906 hatte Magdas Mutter nochmals geheiratet, einen jüdischen Kaufmann namens Friedländer. 10 Jahre lang trug nun auch Magda den Namen Friedländer. Das Ehepaar Friedländer war 1907 von Berlin nach Brüssel – und damit in Magdas Nähe – übergesiedelt, wurde aber bei Kriegsbeginn aus Belgien ausgewiesen und kehrte 1914 nach Berlin zurück. Hier mußte sich Friedländer um eine neue materielle Basis kümmern, und Magda war in dieser Zeit bei einer jüdischen Familie namens Nachmann unter-

70 *Tagebücher* 4, 1553.
71 Pilgrim, op. cit., 24.
72 Ebermayer/Roos, op. cit. 20.
73 Ebermayer/Roos, op.cit., 12 f.

gebracht, mit deren gleichaltriger Tochter sie zur Schule ging.[74] Während ihrer Berliner Schulzeit ließ sich die Mutter auch von Friedländer scheiden, lebte seither allein und betrieb im Norden Berlins eine Drogerie. Magda bestand ihr Abschlußexamen und ging 1919 nach Goslar auf ein Mädchenpensionat. Ihre Biographen meinen, sie sei hier im Grunde fehl am Platze gewesen:

An Wissen und Bildung den meisten anderen Mädchen überlegen, bezaubert sie auch durch ihr Äußeres. Sie ist nun siebzehn Jahre alt, wirkt durch ihre geistige Reife und innere Sicherheit eher wie eine junge Frau von zwanzig Jahren und versteht es, nachdrücklich ihrem Willen Geltung zu verschaffen. Sie ist bildschön, blendend gewachsen, liebenswürdig, vor allem aber von einer natürlichen Vornehmheit, die deshalb keinen Neid erregt, weil sie unbewußt, ja angeboren ist. ... In Holzhausen sind es vor allem die größeren Mädchen und die Lehrerinnen, mit denen sie kameradschaftliche Freundschaft schließt. Über die Backfisch-Albereien ihrer Altersgenossen ist sie hinaus. Selbst wenn sie es möchte, kann sie bei den üblichen Pensionatsscherzen nicht mittun. Sie ist ein einziges Kind und hat nie gleichaltrige Freundinnen gehabt. An einer gewissen Frühreife haben ihre beiden Väter Schuld. Beide haben das Kind ja von Jugend auf wie eine gleichberechtigte Erwachsene behandelt.[75]

Nach dieser Kindheit und Jugend voller geographischer und emotionaler Abbrüche und Neuanfänge, voller Wechselbäder zwischen Vereinsamung und Beachtung hätte es an ein Wunder gegrenzt, wenn Magda Friedländer eine in sich selbst ruhende Persönlichkeit geworden wäre. Menschen, die zwischen den Polaritäten von Verwöhnung und Entbehrung, zwischen Stolz und Beschämung, aufgewachsen sind,

74 Bella Fromm, *Als Hitler mir die Hand küßte*, Frankfurt a. M. 1993, 78.
75 Ebermayer/Roos, op. cit., 23

haben es nicht leicht, eine eigene Identität – und damit die Fähigkeit zur eigenen Meinung und Moral – zu entwickeln. Ohne daß es entsprechende überlieferte Hinweise gibt, wird bereits Magda Behrends Geburt mit einer Beschämung verbunden gewesen sein. 1901 und noch lange danach war es nicht nur unschicklich, sondern skandalös, Mutter eines unehelichen Kindes oder als Kind unehelich geboren zu sein. Niemand weiß, was »das ledige Dienstmädchen Auguste Behrend« von ihrer Herrschaft zu hören bekam, wie sie sich während ihrer Schwangerschaft und nach der Geburt durchschlug und warum sich der Vater des Kindes nicht zu ihr bekannte. Niemand weiß, warum der wohlsituierte Dr. Ritschel die zweifellos attraktive, aber nach bürgerlichen Kriterien gestrandete junge Frau heiratete und warum er dem Kind zu jener Zeit seinen Namen nicht gab. Schließlich weiß auch niemand, wieso er sich – bei allem Hang zu außerehelichen Affären – so schnell wieder aus dem Staube machte.

So wenig über Magdas Geburtszeit und frühe Kindheit bekannt ist, bei Auguste Behrend müssen die besonderen Umstände ihrer einsamen Mutterschaft Verletzungen und Kränkungen hinterlassen haben, und diese Verletzungen hatten sicherlich Auswirkungen auf das kleine Mädchen. Babies spüren, ob sie in einen schützenden, wohlgeordneten Rahmen hineingeboren werden, ob das Lächeln, mit dem die Mutter sie anschaut, echt und freudig ist oder angespannt und gequält, oder ob die Mutter gar Ärger fühlt. Früh, lange bevor sie sprechen können, werden diese Kinder Mutters überforderten Blick auf sich beziehen und diesen Blick im Sinne einer Aufforderung auffassen, ein gutes, pflegeleichtes Kind zu sein, das der Mutter das Leben nicht noch schwerer macht, als es ohnehin schon ist. Viel zu früh also fangen diese Kinder an, sich um die Mutter Sorgen zu machen, und das heißt letztlich, ihr gegenüber Elternfunktionen zu übernehmen.

Was Magda Goebbels betrifft, so wissen wir aus sehr viel späterer Zeit, daß Auguste Behrend es in der Tat verstand, ihre Tochter immer wieder auf sich und ihre Einsamkeit aufmerksam zu machen, wobei sie dabei zwar kindliche, aber drastisch wirksame Mittel anwandte. Magda Goebbels' Biograph Hans-Otto Meissner – Sohn des NS-Staatssekretärs Otto Meissner und damit ein Augen- und Ohrenzeuge aus der Goebbels-Zeit – berichtet, daß das ursprünglich freundliche Verhältnis zwischen Mutter und Tochter durch die Bedürftigkeit der Frau Behrend mehr und mehr zum Nervenkrieg ausartete:

Frau Behrend setzte ihr zu, bei Tage wie bei Nacht. Wenn sie nicht ihren Willen bekam oder es der Tochter unmöglich war, sie zu beruhigen, drohte Frau Behrend, »in den See zu gehen«. Einige Male eilte sie aufgebracht auch bei nachtschlafender Zeit in Magdas Zimmer, um der lieblosen Tochter mitzuteilen, daß man bitte morgen früh ihre sterblichen Überreste aus dem kalten Wasser fischen möge … Natürlich tat Frau Behrend nichts dergleichen, sondern überlebte ihre Tochter Magda um zwölf Jahre.[76]

Wenn die Biographen Ebermayer und Roos – hinter letzterem verbirgt sich Hans-Otto Meissner, dessen Mutter eine geborene Roos war – recht haben, dann war Oskar Ritschel seine Tochter – oder wie auch immer diese Beziehung zu umschreiben ist –, auch nach der Scheidung sehr wichtig. Er pflegte den Kontakt zu ihr, besuchte sie in den Ferien, sorgte dafür, daß sie eine gute Schulausbildung bekam, und versuchte mit Erfolg, ihr seine geistige Welt – den Buddhismus – nahezubringen. Damit wird er aus der Sicht des kleinen und heranwachsenden Mädchens ein Vater gewesen sein, der kam und wieder verschwand und der, weil er meist fern war, die Phantasie ausfüllte und hier eine große, mäch-

76 Meissner, op. cit., 304.

tige, gütige, vielleicht sogar gottähnliche Figur darstellte. Dieser Vater ließ sich herbeiphantasieren, wann immer er gebraucht wurde, und das Kind wird ihn sich klug, gut, gütig und umsorgend vorgestellt haben. Vielleicht mußte dieses Bild nicht maßgeblich revidiert werden, wenn der Vater dann auch mal leibhaftig erschien und die Kleine mit Geschenken, mit Freundlichkeit, Aufmerksamkeit und Ideen umgab und ihr das Gefühl vermittelte, sie stünde im Mittelpunkt seiner Aufmerksamkeit. Denn bald verschwand er nach Art eines machtvollen Gottes wieder in sein fernes Reich und hinterließ Leere und Sehnsucht, die alsbald mit dem in der Phantasie verankerten Bild des großmächtigen Liebe-Spenders aufgefüllt wurde.

Ein ferner Vater eignet sich besser zu schwärmerischer Identifikation und Idealisierung als einer, der jeden Tag da ist, der schwitzt, schimpft und nachts durch die Wände schnarcht. Aber – dieser Vater ermöglicht seinen heranwachsenden Kindern, ihn vom hohen Sockel frühkindlicher Verehrung herunterzuholen, ihn in seinen Stärken und Schwächen zu erleben und ihn so lieben zu lernen, wie er ist. Kinder eines idealisierten, fernen Vater-Gottes haben eine solche kostbare Chance nicht. Sie verpassen notgedrungen diesen Reifungsprozeß und werden dann lebenslänglich nach neuen Göttern suchen. Weil sie aber den moderaten Abschied vom Ideal nicht haben lernen und üben dürfen, werden sie sich immer wieder in ein schmerzvolles Idealisierungs- und Entwertungs-Spiel verwickeln. Der jeweils neue Gott wird nach einigen Testläufen den hohen Erwartungen nicht mehr genügen, und ehe die mit derlei Enttäuschung verbundene Kränkung die eigene Person trifft, wird er verachtet, verkleinert, verteufelt und zwecks Reparatur des eigenen wankenden Selbstgefühls so schnell wie möglich zugunsten des nächsten greifbaren Olympiers abserviert.

Von Herrn Friedländer ist noch weniger bekannt als von Oskar Ritschel – weder der Vorname noch der genaue Beruf. War er Kellner?[77] Oder Lederhändler?[78] Oder hatte er ein größeres Geschäft, das ihm einen recht luxuriösen Lebensstil erlaubte, wie die Biographen Ebermayer und Roos-Meissner zu wissen meinen?[79] Wie dem auch sei, als Achtjährige bittet Magda, wie es heißt, ihren jüdischen Stiefvater, seinen Nachnamen tragen zu dürfen, und so wird sie für die nächsten zehn Jahre Fräulein Friedländer heißen. Friedländer selbst, so die Überlieferung, habe kurz vor seinem Tod geäußert, sie habe ihm damit das größte Geschenk seines Lebens gemacht.[80]

Auch für *diesen* Vater war Magda offenbar eine kleine Prinzessin, und auch *dieser* Vater war fern. Denn bereits mit sechs Jahren hatten die Eltern Friedländer, wohl auf Initiative von Ritschel, das kleine Mädchen in das Ursulinerinnen-Kloster »Virgo Fidelis« in Vilvoorde gesteckt, wo es acht Jahre lang von Nonnen erzogen wurde. Magdas Eltern und Ritschel konnten sie nur in den Ferien sehen, sonst herrschte klösterliche Zucht. Aus der Sicht eines kleinen Mädchens gesehen hieß das: Kaum, daß Ritschel sich von der Familie getrennt hatte, kaum daß die Beziehung zu einem neuen Vater angeknüpft war, mußte bereits eine nächste Trennung bewältigt werden, diesmal von beiden Eltern. Das *muß* weh getan und an die kaum vernarbten Ritschel-Wunden gerührt haben. Nun war auch der zweite Vater weg und damit dem Kind wiederum die Möglichkeit genommen, in alltäglicher Auseinandersetzung den realistischen Umgang mit dem männlichen Geschlecht zu lernen und zu üben. Vor allem aber fehlte der vertrauteste Mensch, die Mutter.

Wenn es wahr ist, daß beide »Väter« Magda verwöhnten

77 So Bella Fromm, op.cit. 78.
78 Pilgrim, op. cit., 23.
79 Ebermayer/Roos, op. cit. 12 ff.
80 Ebermayer/Roos, op. cit. 21.

und wie eine kleine Erwachsene behandelten, dann wird dies damit zu tun gehabt haben, daß sowohl Vater Ritschel wie auch Vater Friedländer neben sexuellem auch geistigen Kontakt zu ihrer Frau suchten und brauchten, und daß diese Ebene mit Auguste Behrend – dem ehemaligen einfachen Dienstmädchen – nicht möglich war.

Es passierte zwischen Metis und Zeus, es passierte zwischen Narziß und Athena und es soll auch heute noch vorkommen, daß Väter, eines Tages überdrüssig der sexuellen »Lust«, ihre Frauen als langweilig empfinden und mehr intellektuelle Energien anmahnen. Das liegt in aller Regel nicht daran, daß diese Frauen »dumm« sind. Nur hat ihnen niemand – und schon gar nicht ihre Mutter – Mut gemacht, das eigene Hirn zu brauchen, mit den Männern zu konkurrieren, den Mund aufzumachen, Spaß zu haben am Streit; mit Brüdern, Vätern, Freunden, Ehemännern zu rivalisieren und Sieg, Niederlage oder den Ausgleich zu erkämpfen, jedenfalls selber aggressiv sein und sich durchsetzen zu dürfen. Die »klassische« Ehefrau fühlt sich zuständig für Küche und Kinder, und zum Dank dafür wird sie von Mann und Kindern nicht selten für ein bißchen doof gehalten, was wiederum zu Schuldgefühlen bei eben diesen Vätern, Söhnen und Töchtern führt. In der Folge wird der verachtete Teil vom Vater und den Kindern verdrängt, und Mutter wird »die Beste«. In Psychotherapien von Menschen, die um ihre geistige Selbstbehauptung kämpfen, erscheint früher oder später regelmäßig die heimlich verachtete Mutter als treues, zähes, liebendes, Schuldgefühle erzeugendes, aggressionshemmendes Introjekt.

Heranwachsende Mädchen realisieren die Zu- und Abwendungen ihrer Väter genau. Redet der Herr des Hauses kein ernsthaftes Wort mehr mit seiner Frau, läßt er sich von ihr nur noch bekochen und bedienen, wendet er statt dessen alle Aufmerksamkeit seiner kleinen Prinzessin zu, und läßt sich die Ehefrau klaglos oder klagend in dieser Weise demütigen, dann wird die kleine »Athena« daraus vor allem *einen* Schluß ziehen: Daß sie kostbarer, klüger, schöner, liebenswerter ist als ihre Mutter, und sie wird diese Mutter verachten. Vateridealisierung und Mutterverachtung aber sind ein schlechter Nährboden für die weibliche Identitätsfindung – für die Fähigkeit der Erwachsenen, in Zeiten der Schwäche liebevoll und mütterlich mit sich selbst umzugehen. Eine Vatertochter wird sich immer mit den Augen ihres Vaters betrachten. Sie wird sich als Erwachsene in schwierigen Situationen ähnlich, wie sie sich damals ihrer Mutter schämte, nun über sich selbst schämen, in Selbsthaß verlieren oder den Grund für eigenes Scheitern beim Partner deponieren.

Aus den mageren überlieferten Fakten läßt sich also durchaus eine Charakterskizze der Magda Goebbels gewinnen: Ihre beschämende Geburt, ihr Verlassenheitstrauma und die damit verbundenen Gefühle von Scham, Angst, Einsamkeit und Demütigung müssen unter dem scheinbaren Schutz des mächtigen Phantasie-Vaters zu gut gehüteten Geheimnissen geworden sein. Wie sehr sie offen gezeigte Bedürftigkeit verachtete und mit welcher Härte sie darauf reagierte, belegt ein Ereignis während der Ehejahre mit Goebbels:

Einmal hatte sie ein Hausmädchen, das sie anschwärmte, aber es war ein Mädchen, das alles vergaß und das wenige, was sie nicht vergaß, falsch machte. Magda tadelte das Mädchen und drohte ihr schließlich mit Entlassung. Darauf ging das unselige Geschöpf in die Küche, öffnete den Gashahn und legte sich darunter. Zum Glück fand man sie noch rechtzeitig und brachte sie wieder zu sich. Magda befahl ihr, sofort ihre Koffer zu packen und zu gehen: »Wenn ein Mensch derart unbeherrscht ist, daß er sich wegen eines berechtigten Tadels das Leben nehmen will, so habe ich dafür kein Verständnis. Das ist lächerlich und widernatürlich.« Das Mädchen stürzte auf die Knie und weinte. Aber Magda blieb hart. Sie gab nicht nach, das Mädchen hatte zu gehen – mit drei Monatsgehältern im voraus und einem leidlichen Zeugnis.[81]

Magda Goebbels wurde also zum Gegenpol ihrer Mutter: Durch die Vermittlung ihrer beiden Väter lernte sie, nicht auf Bedürftigkeit, sondern auf Überlegenheit zu setzen. Beide Väter hatten sie – in Ferienzeiten aus der Nähe, meist aber aus der Ferne – dazu verführt, sie, die Männer, zu Stationen ihrer Liebes-Sehnsüchte und Dornröschen-Träume zu machen. Beide hatten es offenbar auch verstanden, sie mit Charme, Geld, Geist und Worten an sich zu fesseln, und ihr die Botschaft vermittelt, daß sie ein liebenswerter, ein wunderbarer, kluger und begabter Mensch sei; dies freilich unter der Voraussetzung, daß sie sich *dem* anpaßte und *das* bewunderte oder zumindest für vernünftig hielt, was die Väter ihr vorlebten und anboten, ob es sich dabei um Buddhismus, um Klosterschulen, um einen jüdischen Namen, um einen nichtjüdischen Namen oder um Trennungen und Ehescheidungen handelte. Magda Goebbels lernte also nicht, eigene Erfahrungen und die damit verbundenen Fehler zu machen, diese zu durchdenken, zu korrigieren und zu integrieren – mit anderen Worten, sie hatte nicht die Chance, zu einer im psychischen Sinne intelligenten, eigenständigen, reifen Persönlichkeit heranzuwachsen. Statt dessen wurde sie dank der Übermacht ihrer Väter eine Meisterin in der Übernahme von Meinungen, eine Virtuosin der Anpassung, die mit feinem Sensus dafür ausgestattet war, was ihr jeweiliger Zeus-Vater hören wollte, wenn er sie lieben sollte. Hierzu paßt es im übrigen, daß im Honigmond ihrer Liebe Goebbels einmal in sein Tagebuch schrieb, er liebe Magda so sehr, weil sie so »vernünftig« sei.[82]

Magda Friedländer wurde zu einer Frau, die mehr auf die Außenwelt – auf starke Männer – als auf sich, auf ihr Inneres

81 Ebermayer/Roos, op. cit., 191.
82 Vgl. Anm. 95.

setzte. Entsprechend suchte sie nach dem Schulabschluß nicht nach einem Interessengebiet (und wenn sie gesucht haben sollte, dann wurde sie hierbei von ihren Elternfiguren nicht unterstützt), das sich für eine Berufsausbildung geeignet hätte. Statt dessen bereitete sie sich auf den Ehestand vor – sie ging ins Mädchenpensionat, und das Leben schien ihr zunächst recht zu geben. Denn mit ihrer den männlichen Narzißmus umschmeichelnden Ausstattung hatte sie zunächst glänzenden Erfolg. »Ein Zufall ... will es, daß das junge Mädchen, auf einer Eisenbahnfahrt von Berlin nach Goslar ... in genau dem Augenblick auf den Gang heraustritt, als ein Herr im Nebenabteil, in Akten vertieft, den Blick aus seinen Papieren löst.«[83] Der Herr heißt Günther Quandt, und er ist einer der reichsten und einflußreichsten Industriellen Deutschlands.

Quandt ist – 38 Jahre alt und seit einem Jahr verwitweter Vater zweier halbwüchsiger Söhne – auf der Suche nach einer neuen Ehefrau. Er findet sie in dem attraktiven siebzehnjährigen Zögling des Mädchenpensionats. Zunächst macht er, der weiß, was er will und wie er dazu kommt, Magda nach allen Regeln der Kunst den Hof. Er führt sie und ihre Goslarer Kameradinnen in die örtliche Konditorei, er gewinnt die Hausleiterin durch höfliche Aufmerksamkeit und Blumensträuße, er fährt Magda in seiner großen Limousine spazieren, und er unterhält sich mit ihr, erzählt von Geschäftsdingen und freut sich an der gescheiten Art, wie das junge Mädchen darauf reagiert. Schließlich macht er ihr einen Heiratsantrag.

Nach der Hochzeit fordert er dann seinen Preis. Hat er sie zuvor verwöhnt und umworben, so erwartet er jetzt, daß sie seinem Bild von einer Ehefrau und Mutter entspricht. Dieses Bild ist unromantisch, nüchtern, kaufmännisch. Sie soll

83 Ebermayer/Roos, op. cit., 30. Die folgende Skizze folgt im wesentlichen dieser Darstellung.

für einen reibungslosen Verlauf des Haushaltes sorgen, soll den Kindern eine gute Mutter und ihm eine an seinen geschäftlichen Sorgen und Erfolgen interessierte Ehefrau sein. Für den Haushalt kann sich Magda Quandt aber ebenso wenig erwärmen wie für seine Geschäftssorgen; sie mag Kunst und Innenarchitektur, schöne Möbel und gepflegte Ambiance, Theater, Konzerte, Einladungen. Aber all das ist nichts für Günther Quandt. Wenn wieder mal etwas im Haushalt nicht klappt, doziert er: »Ein Haushalt muß genau so reibungslos funktionieren wie eine Fabrik. Hauspersonal ist genau das gleiche wie die Arbeiterschaft eines Betriebes, und du bist die Direktorin.«[84] Die Eheleute entfremden sich. Magda Quandt fühlt sich betrogen um ihre Hoffnung auf eine erfüllende, tiefe Liebesbeziehung. Sie sieht in ihrem Mann mehr und mehr einen herzlosen, kopflastigen Materialisten, dem sie zunehmend mit dem gegebenen Anästheticum gegen Schmerz und Scham – mit Verachtung – begegnet, und sie denkt an Scheidung.

Sie schafft die Trennung zwar nicht, aber bald taucht der nächste »Gott« auf. Wieder ist es ein Mann, der sie kompromißlos haben will und der damit alle depressiven Schatten und allenfalls vorhandenen Selbstzweifel wegfegt. Wie sich die beiden begegnen, erzählt eine Geschichte, die, wenn nicht wahr, dann doch gut erfunden ist: »Den jungen Mann … lernt sie auf einem Ball bei guten Freunden kennen. Er sieht sie in dem Augenblick, als sie an der Seite ihres Gatten den Salon betritt, und auch Magda sieht ihn. Und dieser erste Blick genügt, als hätten die beiden Brangänens Liebestrank getrunken. … Er tritt auf sie zu, verbeugt sich und bittet sie um einen Tanz. Und schon während des ersten Tanzes flüstert er ihr zu: ›Sie sind nicht glücklich. Ich liebe Sie …‹«[85]

84 Ebermayer/Roos, op. cit., 57.
85 Ebermayer/Roos, op. cit., 86.

Anders als Quandt verspricht dieser Mann nicht materiellen Wohlstand und Prestige, sondern das, was Magda Quandt in ihrer Ehe so sehr vermißt: Liebe, aufregende, sinnenerfüllende Gefühle und damit das Ende von Leere und Zweifel am Lebenssinn. Offenbar hat er den richtigen Ton getroffen. Denn Magda Quandt beginnt ungeachtet ihrer exponierten Stellung und ihrer mütterlichen Aufgaben – neben den beiden Quandt-Söhnen aus erster Ehe hat sie den eigenen, inzwischen sechsjährigen Sohn Harald sowie drei Pflegekinder zu versorgen – vor aller Augen eine leidenschaftliche Liebesaffäre. Im Hinblick auf das Leben der späteren Magda Goebbels ist dabei bedeutsam, wer dieser junge Mann war. Nach den Recherchen Pilgrims[86] hieß er Viktor Chaim Arlosoroff; er war der Enkel eines Rabbiners aus der Ukraine und – wie Quandt – kein Nobody. Arlosoroff, zwei Jahre älter als Magda Quandt, war in Deutschland zur Schule gegangen, hatte in Berlin studiert und war ein glühender Verfechter des Zionismus, für dessen Durchsetzung er in seinen Schriften und seiner politischen Tätigkeit kämpfte. Als Vertreter des linken Flügels der zionistischen Bewegung wurde er 1933 – drei Jahre nach der Liaison mit Magda Quandt – in Tel Aviv von rechten Zionisten ermordet.

Pilgrim zeichnet ihn in seinem Portrait als einen jungen, charismatischen Führer, einen unwiderstehlichen Frauenliebling, einen glänzend begabten Redner und Denker, einen Revolutionär, der sich als Zionist mit Entschlossenheit gegen die orthodox-jüdischen Heilserwartung auf ein Gottesreich erst nach der Ankunft des Messias wandte, als einen bedingungslosen Kämpfer für einen Staat im Hier und Jetzt. Juden sollten unter Juden in einer demokratischen Staatsgemeinschaft leben, und zu diesem Ziel fuhr er immer wieder nach Palästina und in europäische Metropolen, um dort mit

86 Pilgrim, op. cit., 57 ff.

einflußreichen Förderern diese Idee voranzutreiben. Auf manchen seiner Reisen begleitete ihn Magda Quandt – sie muß also bestens mit seiner Geisteshaltung und den Zielsetzungen seines Handelns vertraut gewesen sein. Und sie muß sich, mitgerissen vom Charme des neuen Verehrers, alsbald auf die neue Klangfarbe eingespielt haben. Bella Fromm, Kolumnistin der *Vossischen Zeitung*, kolportiert in ihrem Tagebuch die Witze, die in diesem Zusammenhang später über die Frau des Reichspropagandaministers erzählt wurden:

> Magdas hübscher kleiner Kopf war ganz verwirrt von einer Fülle von Ideen und Lehren, die einander widersprachen. Sie interessierte sich plötzlich für Buddhismus und war eine Zeitlang von dieser alten Philosophie gefesselt. Die nationalsozialistische Ideologie erfaßte ihre Einbildungskraft wie nichts bisher, aber sie vermischte sich mit den Überresten der zionistischen Lehre, die ihr alter Freund, der Zionist Arlosorow [sic] ihr eingeimpft hatte.
>
> … »Wenn der reiche Günther Quandt nicht gekommen wäre,« bemerkte Conny von Frankenberg, »wer weiß, wo sie jetzt wäre. Wahrscheinlich würde sie vor einem Kibbuz in Palästina Wache stehen, Gewehr geschultert und eine Losung aus dem Alten Testament auf den Lippen.«[87]

Magda Goebbels blüht auf in der neuen Beziehung. Sie gibt sich keine Mühe, ihre Affäre vor ihrem Ehemann und der Welt zu verheimlichen. Die beiden steigen auf einer ihrer Reisen in aller Öffentlichkeit in jenem Godesberger Hotel ab, in dem einige Jahre zuvor die Hochzeit von Günther Quandt und Magda Ritschel gefeiert worden war. Irgendwann aber wird es Günther Quandt zu bunt, und er wirft seine Ehefrau hinaus – mit nichts als ein paar Koffern, wie

87 Bella Fromm, op. cit., 79 f.

die Biographen wissen.[88] Sie muß, weil sie selber nichts hat, zu ihrer Mutter, der Drogistin, in den Berliner Norden ziehen, besinnt sich dann aber eines Bündels Briefe, das sie einmal in Quandts Schreibtisch aufgestöbert hatte und das auch auf *seine* eheliche Treue einen Schatten wirft. Mit Hilfe eines cleveren Rechtsanwaltes und einer kleinen Erpressung erhandelt sie sich schließlich einen stattlichen monatlichen Wechsel von 4000 Reichsmark sowie das Sorgerecht für ihren Sohn Harald. Sie bezieht eine schöne, große, teure Wohnung im Westend, genießt ihre neue Liebesgeschichte und versucht, ihren Neigungen zu leben. Sie erwägt ein Jura- oder ein Kunstgeschichts-Studium, überlegt auch, ob sie Innenarchitektin oder Jugendpflegerin werden will.

Aber wieder verpaßt sie die Chance, die Verantwortung für ihr Leben und ihre Selbst- und Sinn-Suche zu übernehmen, wieder wählt sie ein Leben aus zweiter Hand, bindet sich an einen suggestiven Mann, der ihr die eigene Arbeit abzunehmen scheint und sie zur Verschmelzung mit männlicher Größe verführt. Irgendwann im Jahre 1930 hört Magda Quandt im Sportpalast eine Rede des Berliner Gauleiters Joseph Goebbels. Am nächsten Tag tritt sie – bislang gänzlich unpolitisch – in die NSDAP ein, und alsbald findet sie einen Weg, zum Objekt ihrer Bewunderung vorzudringen. Sie geht:

... eines Tages direkt zur NS-Gauleitung in die Hedemannstraße, um ihre Mitarbeit anzubieten. ... Und schon bei ihrem nächsten Besuch erhält sie die Stellung einer Sekretärin des stellvertretenden Gauleiters. Nun arbeitet sie täglich im Haus der »Gauleitung« ... Als Magda die Treppe in der Gauleitung hinuntergeht, steigt gerade ein Herr im Trenchcoat die Treppe hinauf. Es ist Dr. Goebbels. Er blickt, obwohl offenbar in Eile und stark beschäftigt, zwei Sekunden lang die schöne junge Frau an, die an

88 Ebermayer/Roos, op. cit., 89.

ihm vorübergeht. Magda erkennt ihn, spürt den Blick, ohne ihn zu erwidern, geht weiter die Treppe hinunter und verläßt das Haus. Indes begibt sich der Gauleiter zur Sekretärin in die Anmeldung und erkundigt sich, wer die Dame war und was sie gewollt habe. Man sagt ihm, es sei die geschiedene Frau des bekannten Industriellen Quandt, die seit kurzem ehrenamtlich als Sekretärin bei seinem Stellvertreter arbeite. Nervös befiehlt der Gauleiter, man solle sie morgen sofort zu ihm schicken.[89]

Magda Quandt kommt und erhält sofort eine Vertrauensstellung. Sie wird Verwalterin des von Goebbels streng geheim geführten Privatarchives, in dem er ausländische Presse- und Rundfunkmitteilungen über die Partei und ihre Führer sammelt. Zunehmend fasziniert von ihrem Chef beschließt Magda Quandt, Joseph Goebbels zu heiraten.

3

»Ich kann nicht lange mit einem Menschen zusammen sein. Heiraten wäre eine Qual für mich. Der Eros spricht laut in mir«, schrieb Goebbels am 29. 7. 1926 in sein Tagebuch. Damals wußte er wohl noch um seine destruktive Wirkung auf Menschen und insbesondere auf Frauen und wollte sich und sie vor dieser Gewalt beschützen. Gleichwohl stand er ein paar Jahre später, am 19. 12. 1931, mit Magda Quandt vor dem – katholischen – Traualtar.

Liebe auf den ersten Blick scheint es, zumindest von Goebbels' Seite, nicht gewesen zu sein. Er notiert am 7. 11. 1930: »Eine schöne Frau mit Namen Quandt macht mir ein neues Privatarchiv«, um gleich im nächsten Satz fortzufahren: »Frl. Ilse Stahl hilft mir noch abends . . . . Und sie – bleibt dann bis heute morgen um 6ʰ. Ein wunderliches, gutes,

89 Ebermayer/Roos, op. cit., 117 f.

schönes, anschmiegsames Mädel. Dabei noch ganz unschuldig. Ich habe sie sehr gerne.«[90] Bald freilich avanciert Ilse Stahl zum »armen Hascherl«, zum »lieben kleinen Ding«, und es taucht ein neuer Stern auf; am 3.12. trifft er »die schöne Olga, die mich glaube ich heiß liebt.«, die aber dann den Schriftsteller Arnolt Bronnen heiratet. »Schwamm drüber«, kommentiert Goebbels diese Niederlage in einer für ihn typischen Art.[91] Wenige Wochen später aber erwischt es ihn: »Abends kommt Magda Quandt«, heißt es am 15. 2. 1931. »Und bleibt sehr lange. Und blüht auf in einer berückenden blonden Süßigkeit. Wie bist Du meine Königin? Eine schöne, schöne Frau! Die ich wohl sehr lieben werde. Heute gehe ich fast wie im Traum. So voll von gesättigtem Glück. Es ist doch herrlich, eine schöne Frau zu lieben und von ihr geliebt zu werden.«[92] Bald zwar hört man auch von Krach, schnell aber wieder von Versöhnung, und dann heißt es immer häufiger: »Eine liebe Frau! Ich hab sie sehr gerne. Sie ist so hingebungsvoll« oder »Magda ist sehr nett und anschmiegsam.«[93] Im Kreise seiner anderen Freundinnen wird Goebbels' neue Liebe bald publik, und er bekommt Ärger; so mit der Oberförstertochter Erika Chelius und der Schauspielerin Hella Koch, die ihm »böse Briefe« schicken, während er von der Ex-Freundin Charlotte Stern »einen Verzichtbrief« erhält.[94]

Liebe- und hingebungsvoll, anschmiegsam, schön und – vernünftig, das sind die Qualitäten, die Goebbels an Magda Quandt schätzt: »... abends kam Magda, die liebe. Ich habe sie sehr gern. Vor allem auch, weil sie so vernünftig ist. Sie hat einen klugen, aufs Reale eingestellten Lebenssinn und dabei ein großzügiges Denken und Handeln. Noch etwas

90 *Tagebücher* 2, 534 f.
91 *Tagebücher* 2, 548.
92 *Tagebücher* 2, 561.
93 *Tagebücher* 2, 565 und 567.
94 *Tagebücher* 2, 570.

Erziehung an mir und ihr, dann passen wir fabelhaft zusammen.«[95]

Vernunft und realer Lebenssinn war es nicht gewesen, was Magda Quandt in ihrer Liaison mit Arlosoroff an den Tag gelegt hatte, sondern eher – in Anpassung an diesen Revolutionär – ein unbürgerliches, nicht an der tradierten Frauenrolle orientiertes Verhalten: Freie Liebe, Studienpläne, Rumreisen, keine Kinder. Einen solchen Lebensstil kann Goebbels, dessen Ansichten zur Stellung der Frau nicht eben kompliziert waren, nicht als »vernünftig« beurteilt haben, denn in seinem Tagebuch heißt es zu diesem Thema: »Ich bin da ganz reaktionär. Das Kinderkriegen und -Großziehen ist doch eine ganze Lebensaufgabe. Meine Mutter ist die Frau, vor der ich die meiste Hochachtung habe. Und sie ist so weit entfernt vom Intellekt, und so nah am Leben. Heute reden die Frauen in allem mit, sie wollen nur keine Kinder gebären. Das nennt man dann Emanzipation. Nein, da habe ich schon den Mut, mich gegen den Terror der öffentlichen Meinung zur Wehr zu setzen.«[96] Goebbels wollte der »Herr im Hause« sein, mütterlich versorgt von einer Ehefrau, die ihren Intellekt darauf reduzierte, die männlichen Taten zu bestaunen und zu unterstützen, und er verordnete diese Segnung bekanntlich nicht nur der eigenen Frau, sondern dem gesamten weiblichen Teil der deutschen Nation. Das Resultat nannte er dann »vernünftig«.

Magda Quandt scheint sich schnell auf die neue Klangfarbe eingestimmt zu haben – sie *wurde* »vernünftig«. Das ist nicht schwer einzufühlen, denn in ihrem System war der Handel mit Goebbels stimmig: Wieder hatte sie einen Mann gefunden, diesmal zwar klein und verkrüppelt geraten, aber gleichwohl charismatisch, »männlich« im archetypischen

95 *Tagebücher* 2, 567.
96 *Tagebücher* 2, 554.

Sinn, einen Mann, zu dem sie aufblicken und von dem sie sich leiten lassen konnte – einen Mann also, der das eigene Unbehagen überflüssig zu machen schien, daß sie ihr Leben nicht aus eigener Verantwortung lebte. Hatte sie soeben noch Jura studieren oder Innenarchitektin werden wollen, so wurden diese Pläne jetzt rasch begraben. Goebbels war mächtig und wichtig, er konnte hervorragend und überzeugend reden, er kannte den richtigen Weg – sie empfand ihn als überlegen.

Und – was vielleicht das wichtigste war – er hatte eine Idee, für die er zu arbeiten, zu leben und zu sterben bereit war und an der er sie ebenso teilhaben ließ wie an deren praktischer Umsetzung in eine »bessere«, »gerechtere« Welt: die Idee einer Volksgemeinschaft, frei von »Plutokraten«, »Materialisten«, »Bolschwisten«. Teilhaben ließ er sie auch an seiner wahrscheinlich gefährlichsten Droge, an der auf Hitler übertragenen Vater-, Gottes- und Erlöser-Sehnsucht. Für diese Teilhabe hatte er sich die richtige Gefährtin gesucht. Magda Behrend-Friedländer-Ritschel-Quandt, die von ihren Vätern immer wieder verlassene Lieblings-Tochter, spielte, als sie Hitler vorgestellt wurde, ihr bewährtes töchterliches »Intelligenz-Spiel« und gewann damit im Handumdrehen die Achtung und Zuneigung des »Führers«:

Magda tritt Adolf Hitler vom ersten Augenblick an mit grenzenloser Verehrung entgegen. Darüber hinaus interessiert es sie, den Führer jener Bewegung nun persönlich kennen zu lernen, der sie selbst sich verschrieben hat, deren Propagandist der Mann ist, den sie nun liebt. ... Sie beginnt sofort ein sachliches Gespräch [mit Hitler] und läßt ihr Wissen und ihre Intelligenz vor ihm spielen. Wie er diese Stelle in »Mein Kampf« oder jenen Satz in einer unlängst gehaltenen Rede gemeint habe, möchte sie wissen. Offenbar hat sie mit fraulichem Instinkt genau den richtigen Ton bei Hitler getroffen. Hitler geht mit großer Eindringlichkeit auf die Fragen der Braut seines Reichs-

propagandaleiters ein. Da sie mit Beharrlichkeit und
Fleiß alles studiert und gelesen hat, was es über die NS-
Bewegung überhaupt zu lesen gibt, so ist schon die erste
Unterhaltung ... anregend und lebhaft. Hitler ist von ih-
rem Geist, von ihrem Charme, von ihrem Interesse ent-
zückt.[97]

Angesichts dieses Übervaters regredieren beide Goebbels zu
Kindern, die kritiklos alles tun, um es ihrem Führer recht zu
machen, und die nichts mehr beglückt, als ein Lächeln oder
ein freundliches Wort von ihm. Oft und gern besucht Hitler
sie in ihrer Wohnung am Reichskanzlerplatz, und beide
»überboten sich dann, Hitler zu gefallen: Die Hausherrin
bereitete die von ihm bevorzugten Mehlspeisen zu, der
Hausherr spielte ihm Plattenaufnahmen seiner besten Reden auf dem Grammophon vor, und beide hingen während
Hitlers langer Monologe aufmerksam an seinen Lippen.«[98]
Goebbels platzt fast vor Stolz über seine blonde, blauäugige
Frau, die als reiche, gebildete Dame von Welt nicht nur vor
aller Augen ihre Begeisterung für den proletarischen Nationalsozialismus bekennt, sondern die mit ihrer Eheschließung auch ihn, den kleinen, dunklen Schrumpfgermanen
aufwertet, »aufnordet«.

Zunächst freilich, in der Phase der Annäherung, war
Goebbels konsterniert gewesen über die Heftigkeit seiner
Gefühle. Nicht nur, daß ihn seine alten Lieben nicht mehr
interessierten und er beschloß, daß er »die Frauengeschich-
ten lassen und mich einer einzigen ganz zuneigen«[99] wolle.
Er fürchtete auch, daß die Intensität, mit der er »seiner Sache« – der Partei – diente, unter der neuen Liebe leiden
könnte. Am 17. 7. 31 war er sich dann wieder über die richtige Reihenfolge klar, denn er notierte kategorisch: »Magda
beflügelt meine Kraft und Phantasie. Ich bin darüber, daß

97 Ebermayer/Roos, op. cit. 129.
98 Reuth, *Goebbels*, 212.
99 *Tagebücher* 2, 567.

ich sie besitze und sie nun mein Eigen ist, sehr glücklich. Ich weiß doch jetzt einen Menschen, der ganz zu mir gehört und hält. Zu ihm gehöre ich auch. Erst kommt die Partei, dann Magda. Die Liebe hemmt mich nicht, sie treibt mich an. Magda ist nicht nur schön, sie ist auch gütig und klug. Ich liebe sie über alle Maßen.«

Dem war allerdings ein »Kampf um Magda« vorausgegangen. Denn die hatte in ihm zunächst Zweifel geweckt, ob sie wirklich seiner Kindersehnsucht entsprechen würde, nämlich »ganz zu ihm zu gehören und zu halten«, mit Haut und Haar auf Goebbels' Seite zu stehen und zu einem Teil seiner selbst zu werden. Goebbels' Zweifel scheinen nicht ganz unberechtigt gewesen zu sein. Denn zwar mutierte sie – von jeher eine gute Schülerin – in Kürze von einer Zionisten-Sympathisantin zur missionarischen Nationalsozialistin, und dies in einem Maße, daß es manchen Leuten zu viel wurde. So berichtet Ex-Ehemann Quandt, der ihr trotz der Scheidung freundlich gesonnen blieb, »daß Magda immer eifriger eine Propagandistin für die neue Sache wurde und daß sie mit ihrem ganzen Herzen dabei war. Ich hielt das anfangs für eine Schwärmerei für das Rednertalent von Dr. Goebbels. Als sich aber bei jedem neuen Wiedersehen der Gesprächsstoff immer wieder um den gleichen Punkt drehte und kein Argument sie davon abbringen konnte, schränkte ich meine Besuche ein.«[100]

Obwohl Joseph Goebbels' neue Freundin ideologisch zuverlässig war, ertrug er bei aller Bewunderung keine ihrer Neigungen in Richtung auf Menschen, die er nicht unter Kontrolle hatte. So war Magda Quandt in jener Zeit jungen Verliebtseins noch mit Viktor Arlorosoff zusammen, der nicht glauben wollte, was sich da vor seinen Augen tat. Die Biographen berichten, Magda habe sich eines Tages entschlossen, Goebbels zu heiraten, und daraufhin mit Arloso-

100 Meissner, op. cit., 100.

roff kurzen Prozeß gemacht. Sie habe ihm ihre Absichten in kühlen, vernünftigen Worten mitgeteilt, habe sich für die schöne gemeinsame Zeit bedankt, und dann habe sie ihn nach Hause geschickt. Dem solcherart gedemütigten Liebhaber habe es zunächst die Sprache verschlagen, woraufhin er gänzlich außer sich davongestürmt sei. Bald aber habe er wieder in Magdas Wohnung gestanden, jetzt mit einer Pistole im Anschlag. Er habe auf Magda gezielt und abgedrückt. »Sie [Magda] rührt sich nicht. Die Kugel klatscht in den Türrahmen neben ihr. Sie bleibt eiskalt.« Magda habe dann die Polizei gerufen, Arlosoroff verhaften lassen und dafür gesorgt, daß er am nächsten Tag wieder freikam. Damit sei die Angelegenheit für sie erledigt gewesen.[101]

In Goebbels' Tagebuch liest sich diese Geschichte etwas anders. Goebbels war in jenen April-Tagen des Jahres 1931 verstrickt in eine Rebellion, die von dem SA-Hauptmann Walther Stennes gegen Hitler angezettelt worden war.[102] Der Umstand, daß sein sinnstiftendes, kraftgebendes Idol von den eigenen Genossen gestürzt werden sollte, brachte Goebbels in eine physische und psychische Katastrophenstimmung, in der er dringend nach Magda verlangte. Die aber ließ nichts von sich hören. »Magda ist in Berlin und ruft nicht an. Eine irrsinnige Eifersucht putscht mich auf. Ich warte und warte. [Die Ex-Freundin und Goebbels-Sekretärin] Ilse Stahl tröstet mich ohne zu wissen, worüber. Sie ist sehr vernünftig. Eine tolle Nacht mit rasendem Kopf. Ich rufe heute morgen an. Nicht da. Dann endlich ruft sie an: Der Mann, den sie vor mir liebte, hat sie mit der Kugel schwer verletzt, in ihrer Wohnung. Nun ist sie ganz dahin. Ich höre an ihrer Stimme, daß ich sie wohl verlieren werde. Ich falle in die tiefste Verzweiflung. Ich sehe daran, wie tief ich Magda liebe.« Dann – angesichts der befürchteten Tren-

101 Ebermayer/Roos 125 f.
102 *Tagebücher* 2, 581 ff.

nung durch den Tod Magdas – kein Wort des Mitgefühls, sondern Selbstmitleid sowie der Trost, daß ihn dieser Verlust wieder freigibt für seine noch größere Liebe, für Hitler und die Partei: »Ich werde Mühe haben, wieder Ordnung in mir herzustellen. Vielleicht ist dieser Verlust nötig, um mich wieder ganz der Sache zurückzugeben. ... Ich hatte wieder einmal an persönliches Glück zu glauben begonnen. Das wird nun wohl aus sein. Ich muß und soll und werde einsam bleiben. Jetzt, wo mich alles verläßt, werde ich meine alte Stärke wiederfinden. Und dann mit doppelter Kraft an unser Werk gehen.« Halb schon getröstet verklebt er die Wunde nach bewährtem Muster mit einem riesigen Pflaster von Selbst- und Menschenverachtung: »Und nicht mehr an mich denken. Was ist schon dieses armselige Leben! Und dieser Haufen Dreck, genannt Mensch!«[103]

Kaum neu verwurzelt im vertrauten Boden seiner Beziehungslosigkeit, muß er sich erneut umstellen. Magda Quandt hat am Telefon wohl etwas übertrieben, denn sie ist unverletzt, und das Paar fährt zwei Tage später »in ein verschwiegenes Waldhaus in Pichelsdorf. Sie [Magda] ist ganz verzweifelt, aber so voll von Liebe und Güte zu mir, daß sie mich ganz rührt. Sie hat Entsetzliches von ihrer Verwandtschaft und einem tollen Liebhaber auszustehen gehabt. Aber sie hat sich tapfer gehalten.« Und als wenn diese leichten Anflüge von Einfühlung schon die Angst vor Selbstverlust mobilisieren würden, folgt sofort die Entwertung der Partnerin zugunsten der eigenen Größe: »Ich bin etwas ungerecht zu ihr. Aber sie mußte auch zu mir kommen, als ich krank war. Sie scheidet unter Tränen.«[104]

Damit war die Sache aber noch nicht ausgestanden. Trotz ihrer Tränen – und entgegen den Aussagen der Biographen – wollte es Magda Quandt sich anscheinend nicht nehmen

103 *Tagebücher 2*, 582.
104 *Tagebücher 2*, 582.

lassen, ihrem Freund Arlosoroff, dessen Namen sie Goebbels offenbar verschwieg, doch noch Adieu zu sagen. Goebbels traf das am Lebensnerv, er wollte Schluß machen. Am 17. April 1931 heißt es im Tagebuch: »Nachmittags kommt Magda. Zwischen uns steht etwas Unnennbares. Ich glaube, der fremde Mann, ihr ehemaliger Geliebter. Sie bestreitet das. Unsere Auseinandersetzungen spitzen sich zu. Am Ende stelle ich die Bedingung, daß sie am Sonnabend dort nicht Abschied nimmt sondern bei mir. Sie akzeptiert nicht, und damit ist es aus. Sie geht weinend. Ich liebe sie maßlos. Aber ich kann mich nicht an sie vertuen. Dann also Valet. Furchtbare Qual. Ich bin ganz verzweifelt! Aber es muß sein!«[105] Hier steht es einmal mehr Schwarz auf Weiß: Liebe ist, verlangt sie Respekt vor dem Anderssein des Gegenübers, in der Goebbelsschen Gefühlswelt ein »Sich Vertuen«, gegen das es nur zwei Gegenmittel gibt: Entweder Einsamkeit bei – der sexuelle Druck ist groß – wechselnden Freundinnen; oder eine Partnerin, die ihm ganz gehört, die sich ihm bedingungslos unterwirft.

Im Falle von Magda Quandt wird dann alles doch noch »gut«, obwohl sie im Konfliktfall nicht nachgeben will. »Es geht ums Ganze. Der fremde Mann steht zwischen uns. Wen wird sie küren? Mir ist schon alles egal. Aber die Nerven sind auch hin. Ich bin krank, zerfahren, verbraucht. Adio, Magda.«[106] Ob und wie Magda ihren Abschied nahm, ist nicht überliefert, aber am 21. April heißt es: »Sehr spät kommt Magda zu mir. Sie ist lieb und hingebungsvoll. Ich habe sie sehr gerne. Es ist gottlob alles wieder gut.«[107]

So steuerte Magda Quandt ihr Schiff ein weiteres Mal in das Fahrwasser der Fremdbestimmung, nur daß diesmal am Ende nicht eine Scheidung stand, sondern der Tod.

105 *Tagebücher* 2, 584f.
106 *Tagebücher* 2, 586.
107 *Tagebücher* 2, 587.

Tödlich für sie war, daß sie sich von einem Mann »erwählen« ließ, der seine »weibliche Seite«, seine Verletzungs- und Schmerzfähigkeit, seine Weichheit und Hingebungsbereitschaft nicht leben konnte, weil ihn diese Gefühle bedrohlich an das Katastrophen- und Selbstentwertungs-Szenarium erinnert hätten, das er in sich trug und das er sich durch Verachtung der »anderen«, der Juden, der Polen, des Adels, des »Bolschwismus« einerseits und andererseits durch die Idealisierung der Frau als gläubige, männerhörige Ehefrau und Mutter – »weit entfernt vom Intellekt, und so nah am Leben«[108] – vom Halse hielt. Tödlich war es für Magda Goebbels, daß sie sich dazu verführen ließ, ihre »männliche« Seite, ihre Selbständigkeit und Urteilsfähigkeit aus Angst vor der damit verbundenen Selbstverantwortung an einen Mann zu delegieren, der gewalttätig reagierte, wenn sie gleichwohl eine Bewegung in dieser Richtung machte. Tödlich war vor allem, daß sie in der Ehe mit Goebbels ein Leben gleichsam unter dem Vergrößerungsglas – als Modell für die »deutsche Frau« – lebte, für alle sichtbar und zur Nachahmung empfohlen, und daß sie sich von diesem Leben nicht durch eine Scheidung verabschieden konnte. Denn tödlich war schließlich, daß sie und ihr Ehemann in ihrer gemeinsamen Vatersehnsucht immer dann zu einem kindlichen Geschwisterpaar schrumpften, wenn »der Führer« auftauchte. So auch, als Magda Goebbels sich nach siebenjähriger, durch die Geburt von – bis zu diesem Zeitpunkt – fünf Kindern, von Depressionen und zahllosen psychosomatischen Attacken geprägter Ehe durch Goebbels' heiße Affäre mit der Schauspielerin Lida Baarova so gedemütigt fühlte, daß sie sich scheiden lassen wollte.

Dem war ein wilder Goebbelsscher Frauenkonsum mit Abhängigen vorausgegangen – mit seinen Sekretärinnen

108 Vgl. oben, 126.

vor allem und mit jungen Schauspielerinnen, die sich durch eine Affäre mit ihm eine Rolle bei der vom Propagandaminister kontrollierten UFA versprachen. In Berlin debattierte man genüßlich über Goebbels' Liebesleben, und schließlich konnte auch Magda Goebbels die Untreue ihres »Engelchens« nicht mehr verdrängen. Bella Fromm berichtet im März 1937 in ihrem Tagebuch:

Magda Goebbels war zum türkischen Ball erschienen. Es ist seit langem bekannt, daß sie eine höchst unglückliche Frau ist. Goebbels ist ein ausgesprochener Wüstling. Einen großen Teil seiner Zeit verbringt er in den gemeinsten Lokalen von Berlin. »Magda will sich scheiden lassen«, erzählt mir Mammi [Kosename für Helen von Carnap]. »Sie besitzt eine Liste mit den Namen von mehr als dreißig Frauen, die mit ihrem Mann intimen Verkehr gehabt haben.« Aber es gibt natürlich keinen Rechtsanwalt in Deutschland, der es wagen würde, diesen Fall zu übernehmen. Auch Hitler hat seinen Einspruch gegen eine Scheidung geltend gemacht. Er wünscht nicht, daß ein Makel auf den Ruf seiner Partei fällt.[109]

Im Falle seiner Liaison mit Lida Baarova schlug Goebbels seiner Frau eine Ehe zu dritt vor, wobei Magda die wenig attraktive Rolle der Mutter, der Schauspielerin Baarova die der Geliebten zugedacht war. Das hielt Magda Goebbels nicht aus, sie ging zu Hitler. Der konnte aus politischen Gründen keine Scheidung seines »dritten Mannes« im Nazi-Staat brauchen, und nach langen Auseinandersetzungen beugten sich beide, Magda und Joseph Goebbels, dem Schiedsspruch ihres »Führers«. Lida Baarova wurde aus dem Filmgeschäft gezielt hinausgeekelt und in die heimatliche Tschechoslowakei abgeschoben, und Magda und Jo-

---

109 Bella Fromm, op. cit., 266. Ausführlich über diese »Liste« und das Eingreifen des Goebbels-Staatssekretärs Hanke vgl. Ebermayer/Roos, 252 ff.

seph Goebbels zeugten ein sechstes, das »Versöhnungs-Kind«.[110]

Dennoch – die Fronten waren verhärtet. Goebbels reagierte auf Magdas entschlossenes Vorgehen und ihre Bereitschaft, sich bei wichtigen Leuten über den »Teufel in Menschengestalt« zu beklagen, mit äußerlicher Anpassung und intern mit kindlichem Selbstmitleid. Anschaulich kolportiert der Diplomat und Widerstandskämpfer Ulrich von Hassell den Berliner Klatsch um die Ehe der Goebbels' in seinem Tagebuch:

Nachmittags Tee bei Olga Rigele [Schwester Görings]. Sie erzählt fabelhafte Dinge vom Fall Goebbels. Sie, Frau Goebbels, sei bei Emmy [Goering] erschienen, um über den »Teufel in Menschengestalt« ihr Leid zu klagen; *er*, Goebbels, aber sei bei Hermann [Goering] gewesen, um weinend darzulegen, wie kalt *sie* sei und wie nötig er andere Freuden brauche. Hermann sei tatsächlich beeindruckt gewesen und habe Emmy gesagt, man müsse doch auch diese Seite der Sache sehen.[111]

Goebbels selbst beläßt es in seinem Tagebuch bei Andeutungen. Einmal aber, auf dem Höhepunkt der Krise, läßt er vor seiner Mutter das ganze Ausmaß seiner kindlichen Gekränktheit und Verletztheit spüren und schreibt darüber: »Ich besuche die Mutter, die sehr krank ist. Ich sitze [an] ihrem Bett und überlege mit ihr. Sie steht mir doch am allernächsten. Es [tritt] nun eine Gefechtspause bis Ende September ein. Bis dann kann sich vieles ändern. Hoffentlich nur im Guten. Es muß Gras über die ganze Sache wachsen. Und Zeit dahingehen, die bekanntlich alles heilt. Ich tröste Mutter, so gut ich kann. Aber ein tiefer Stachel bleibt in mir stecken. Den überwinde ich nie.«[112]

Äußerlich arrangierte man sich auf Geheiß eines »Höhe-

110 Reuth, *Goebbels*, 388 ff.
111 Ulrich von Hassell, op. cit., 43.
112 *Tagebücher* 3, 1255 f.

ren«. Hitler hatte Goebbels' Stellung als Reichsminister davon abhängig gemacht, daß er die Ehe mit Magda wieder einrenken würde – und wie immer fügte der sich. Im Tagebuch liest sich das Ganze eher verschlüsselt:

Abends kommt der Führer nach Berlin. Magda spricht mit ihm. Dann habe ich mit ihm eine sehr lange und ernste Unterredung. Sie erschüttert mich auf das Tiefste. Ich bin davon ganz benommen. Der Führer ist zu mir wie ein Vater. Ich bin ihm so dankbar dafür. In dieser schweren Stunde kann ich das gut gebrauchen. Ich fasse sehr schwere Entschlüsse. Aber sie sind endgültig. ... Das Leben ist so hart und grausam. Wo soll ich anfangen, wo soll ich aufhören? Aber die Pflicht steht über allem. Und ihr muß man in den schwersten Stunden gehorchen. Außer ihr ist alles wankend und wandelbar. Also werde ich mich ihr beugen. Ich habe dann noch ein sehr langes und sehr trauriges Telefongespräch [wohl mit Lida Baarova]. Aber ich bleibe hart, wenn mir das Herz auch zu brechen droht. Und nun fängt ein neues Leben an. Ein hartes, grausames, nur der Pflicht ergebenes. Die Jugend ist nun zu Ende.[113]

In diesem »neuen Leben« gab Goebbels seine Sekretärinnen und Schauspielerinnen nicht auf. Nur hatte Hitler jetzt seinen Krieg angefangen und damit anderes im Kopf, als sich zum Schiedsrichter seines Propaganda-Ehepaares machen zu lassen. Gemäß dem »tiefen Stachel«, der in ihm saß, wurde Magda immer mehr zur Zielscheibe von Goebbels' Verachtung. Sie, auf die er anfänglich so stolz gewesen war, die er dann angesichts seiner Affären – je nach Stimmungslage – als »ausquetschend« und fordernd[114], als »lieb und

---

113 *Tagebücher* 3, 1252 f.
114 *Tagebücher* 3, 872. Wörtlich heißt es dort: »Magda quetscht mich aus. Ich bereue dann, daß ich mich überhaupt auf eine Diskussion über dieses unliebsame Thema einlasse. Sie wird sich ja nie ändern.«

gut«[115], als »unglücklich und verzweifelt«[116], als »unduldsam, ausfällig, ungerecht und hemmungslos«[117] oder auch als »hart und grausam«[118] erlebte, verachtete er nun ebenso wie sie ihn. Beide hatten sich um ihre eigenen Sehnsüchte betrogen. Längst hatte Magda begriffen, daß er nicht jenes fast übernatürliche männliche Genie war, dem sie sich weiblich-töchterlich, gedanken- und bedenkenlos anvertrauen konnte; und Goebbels war klargeworden, daß sie kein in ihrer Mütterlichkeit und Schönheit unerschöpflich gebendes Weib war, jede Affäre verzeihend und gleichbleibend hingerissen von den Fähigkeiten ihres Auserwählten.

Trotzdem brauchte Goebbels seine Frau – als Gegenpol zum eigenen Macht-, Kraft- und Männlichkeitswahn – ebenso, wie er sie verachtete. So sonnt er sich auch 1940 noch im Glanz, der von ihrer Schönheit ausgeht: »Abends kleine Gesellschaft zu Magdas Geburtstag. ... Magda wieder in strahlender Schönheit. Gegen 10^h abends kommt auch der Führer, und er bleibt bis 4^h nachts.«[119] Aber weil ihr Licht das seine verdunkeln könnte, reagiert er mit hämischer Freude auf Einbußen, der diese Schönheit unterliegt. »Nun ist es aus mit dem Schwanenhals«, sagte er zu ihr, als Magda sich wegen einer entzündeten Kieferspeicheldrüse einer Operation hatte unterziehen müssen.[120] Wagte sie sich mal, was offenbar nicht ihre Stärke war, ins Wasser, so spottete der Ehemann: »Wie eine bleierne Ente.«[121] Magda wehrte sich, indem sie Goebbels mit Worten und Handlun-

115 *Tagebücher 3*, 1030.
116 *Tagebücher 3*, 1054.
117 *Tagebücher 3*, 1059.
118 *Tagebücher 3*, 1253.
119 *Tagebücher 4*, 1498.
120 Diese Operation wurde 1943 durch den Kieferchirurgen Carl Schuchardt im Berliner West-Sanatorium vorgenommen. Freundliche Mitteilung von Herrn Prof. Dr. Walter Hoffmann-Axthelm.
121 Ebermayer/Roos, op. cit., 195.

gen klarmachte, daß sie ihn zunehmend für einen »betrüge-rischen Schurken«[122] hielt. Nicht länger spielte sie die Rolle der liebevollen Gattin, sondern sie übernahm im täglichen Ehekampf Goebbels' Methoden, sie belog und betrog ihn, und sie verhärtete sich immer mehr.[123]

Derweil wuchs die »nordische Herrenrasse« im eigenen Hause heran – sechs blonde, schöne Kinder, alle mit Vorna-men benannt, die mit H wie Hitler begannen: Helga, Hilde, Hellmuth, Holde, Hedda und Heide. Goebbels bedeuteten seine Kinder viel – er drückt das häufig und glaubwürdig in seinem Tagebuch aus. Eintragungen wie die vom 29. Juli 1938: »Die Kinder sind süß und bezaubernd. Ich bin unter ihnen immer am glücklichsten...« finden sich immer wie-der. Eigentlich hatte er der Vater vieler Söhne sein wollen, und die Geburt von fünf Töchtern war jedesmal zunächst eine Enttäuschung. In Erwartung des fünften Kindes schreibt er 1938: »Die Kinder sind süß und allerliebst. Die Holde ist so anmutig und zierlich und macht ihrem Namen alle Ehre. ... Wir suchen den Namen für unser kommendes Kind aus. Hartmann oder Harder. Hoffentlich wird es dies-mal ein Junge!«[124] Es wurde dann freilich die kleine Hedda. Als drei Jahre zuvor Hellmuth geboren worden war, war Goebbels fast verrückt geworden vor Freude über seinen Stammhalter: »... der Junge ist da! Unbeschreiblich! Ich tanze vor Freude. Hellmuth wird er heißen. Ein Jubel ohne Ende. ... Mir zittern die Hände vor Freude. Bei Magda. Sie bricht in jähes und banges Schluchzen aus. Die süße Liebste! Du Süße, Süße! Und da liegt der Kleine: ein Goebbelsge-sicht. Ich bin wunschlos glücklich. Ich könnte alles kaputt-schlagen vor Freude. Ein Junge! Ein Junge!«[125]

122 Ebermayer/Roos, op. cit., 299
123 Ebermayer/Roos. op. cit.
124 *Tagebücher* 3, 1206.
125 *Tagebücher* 3, 895.

Trotzdem zog es ihn dann doch mehr zu den Mädchen: »Hilde [die Zweitälteste] wird nun auch sehr lieb und anschmiegsam. Die beiden Mädchen sind meine Lieblinge. Ich kann mir ein Leben ohne sie gar nicht mehr vorstellen.«[126] Wann immer möglich, wurden die Kinder dem »Führer« vorgeführt, und nichts freute Goebbels mehr, als wenn dieser sich freundlich mit ihnen abgab: »Ich fahre mit Helga früh [nach] Berlin [zu Führers Geburtstag]. Die ganze Stadt im Fahnenschmuck. Helga mit dem Blumenkränzchen darf als erste dem Führer gratulieren. Sie ist süß und der Führer ganz enzückt von ihr. Er trinkt mit den Kindern Kaffee. Ein unvergeßliches Bild.«[127] Goebbels' Liebe war also, wie nicht anders zu erwarten, alles andere als selbstlos. Er benutzte die Kinder zum einen, um sich mit ihnen zu schmükken, zum anderen für die eigene Psychohygiene. Das, was er so dringend brauchte, gaben sie ihm: Begeisterung, Zustimmung, Hingabe: »Ich hole mir für eine halbe Stunde die Kinder herein, die für mich eine einzige Erholung sind. Ich bin so froh, so kleine, glückliche Menschen um mich zu haben.«[128] Trotzdem: Bei allen Vorbehalten, die man haben kann, waren für Magda und für Joseph Goebbels die Kinder der kostbare Mittelpunkt ihres privaten Lebens.

Dann aber die Morde an diesen Kindern. Es ist von tragischer Konsequenz, daß Magda und Joseph Goebbels, deren Prägung eine reife, erwachsene Grenzziehung zwischen Individuen, zwischen Geschlechtern und zwischen Generationen nicht zuließ, ihre Kinder als ein Stück von sich selbst betrachteten und daß sie ihnen aus diesem Fühlen heraus keine Chance für ein zukünftiges Leben aus eigener Kraft gaben. Für die Eltern galt bis zum letzten Atemzug die mörderische Treue-Ethik, die sich nun gegen sie selber wandte und die sie eher die eigenen Kinder töten ließ, als daß sie die

126 *Tagebücher 3*, 961.
127 *Tagebücher 3*, 863.
128 *Tagebücher3*, 1290.

Frage zugelassen hätten, ob es nicht auch andere, wenn auch weniger strahlende Möglichkeiten des Lebens gebe, als Gott auf die Erde zu holen und alle, die nicht an ihn glauben, auszurotten. Für ihre auf Seelenbetäubung beruhende Vision vom Himmelreich auf Erden bezahlten die Goebbels' persönlich den höchsten Preis.

Magda Goebbels hielt am Ende nichts und niemand davon ab, mitsamt ihren Kindern in den Führerbunker zu ziehen, dort die fünf Mädchen und den Jungen zu töten (oder töten zu lassen)[129] und zusammen mit ihrem Mann Selbstmord zu begehen. Dies, obgleich »Führer und Vater« Hitler ihr Anfang April das Angebot gemacht hatte, sich mit den Kindern nach Süddeutschland abzusetzen, was sie kategorisch ablehnte. Es war die letzte große Verschmelzung des Paares, das die Angst vor dem Ende wieder hatte zusammenrücken lassen und das seine Schuld- und Scham-Gefühle an Juden und andere »Feinde Deutschlands« veräußert und darüber verlernt hatte, sich für sich selbst zu schämen.

So ist dieser Selbstmord *auch* als eine Flucht vor Selbstekel und Selbstverachtung zu deuten, was im übrigen für beide Partner bezeugt ist. In einem Gespräch mit Ello Quandt, dessen Inhalt überliefert ist, antwortet Magda Goebbels auf Ellos entsetzten Protest gegen den geplanten Selbstmord zunächst stolz und selbstverantwortlich: »Ich war dabei, und ich habe an Hitler und Joseph Goebbels geglaubt. Ich gehöre zu dem Reich, das nun zugrunde geht.« Dann aber zeigt sich schnell, daß hier keine persönliche, sondern eine kollektive Verantwortung gemeint ist, denn die Idee, den Ehemann und das Dritte Reich – also die idealisierte Männerwelt – zu verlassen und einen eigenen Weg zu

---

129 Wahrscheinlich war es Magda Goebbels selber, die den zunächst mit Morphium eingeschläferten Kindern die Zyankali-Kapseln im Mund zerdrückte, da sich der SS-Arzt Kunz weigerte, dies zu tun. Vgl. Reuth, *Goebbels*, 613 f.

suchen, ist undenkbarer als der Tod. Magda Goebbels fährt nämlich fort: »Was soll ich denn machen? Gesetzt den Fall, ich bleibe am Leben, so werde ich natürlich verhaftet und über Joseph ausgefragt. Würde ich dann die Wahrheit sagen, würde ich erklären, was für ein Mensch er wirklich gewesen ist, würde ich schildern, was alles hinter den Kulissen geschah, so würde sich jeder anständige Mensch voll Ekel von mir abwenden.« Verwirrt darüber, was sie in sich fühlt und was sie sich zu fühlen befiehlt, fährt sie fort: »Jeder müßte denken, daß ich jetzt, nachdem mein Mann tot ist oder gefangen sitzt, ihn, den Vater meiner sechs Kinder, auf die übelste Art verleumde. Für die Welt habe ich doch in Glanz und Luxus an seiner Seite gelebt und all seine Macht mitgenossen. Als Frau blieb ich bis zuletzt bei ihm. Niemand würde mir glauben, daß ich aufgehört habe, ihn wirklich zu lieben und vielleicht liebe ich ihn ja doch immer noch … Joseph ist mein Mann. Ich habe ihm also die Treue, die Kameradschaft zu halten, bis über den Tod hinaus.«[130]

Goebbels äußert sich in einer Art Vermächtnis, das er am 29. April 1945 niederschrieb, ähnlich, wenn auch weniger persönlich. Für ihn ist es auch im Tode noch sein Führer, der ihm die Qual der Eigenverantwortlichkeit abnimmt. So ist und bleibt es ihm möglich, sich als treuen Märtyrer zu sehen, der seinem Idol in den Tod folgt; und damit kann er sich bis zum letzten Augenblick das Entsetzen über sich selbst ersparen: »Der Führer hat mir den Befehl gegeben, im Falle des Zusammenbruchs der Verteidigung der Reichshauptstadt Berlin zu verlassen. Zum erstenmal in meinem Leben muß ich mich kategorisch weigern, einem Befehl des Führers Folge zu leisten. Meine Frau und meine Kinder schließen sich dieser Weigerung an. Im anderen Fall würde ich mir selbst – abgesehen davon, daß wir es aus menschlichen Gründen und solchen der persönlichen Treue niemals über

130 Ebermayer/Roos, op. cit., 338.

das Herz bringen würden – für mein ganzes ferneres Leben als ein ehrloser Abtrünnling und gemeiner Schuft vorkommen, der mit der Achtung vor sich selbst auch die Achtung des Volkes verlöre. In dem Delirium von Verrat, das in diesen kritischen Tagen des Krieges den Führer umgibt, muß es wenigstens einige geben, die bedingungslos und bis zum Tode zu ihm halten.«[131] So gelingt es diesem monumentalen Menschheits-Verbrecher, vor sich selbst bis zum Ende nicht als »gemeiner Schuft«, sondern als intakt, tapfer, treu und redlich dazustehen.

Auch der Mord an den Kindern wird in diesen »Heroismus« eingebunden. Weil er ebenso vorbildhaft sterben wolle, wie er gelebt habe, und weil er für kommende Generationen ein Beispiel setzten wolle, bringe er »mit meiner Frau und im Namen meiner Kinder, die zu jung sind, um sich selbst äußern zu können, die sich aber, wenn sie das nötige Alter dazu besäßen, vorbehaltlos dieser Entscheidung anschließen würden, meinen unverrückbaren Entschluß zum Ausdruck, die Reichshauptstadt, auch wenn sie fällt, nicht zu verlassen und eher an der Seite des Führers ein Leben zu beenden, das für mich persönlich keinen Wert mehr besitzt, wenn ich es nicht im Dienst für den Führer und an seiner Seite zum Einsatz bringen kann.«[132]

Magda Goebbels denkt kaum weniger radikal als ihr Mann, aber sie hat ein, wenn auch verdrehtes, Gefühl für das unverzeihbar Verbrecherische der NS-Diktatur. Nicht Grauen, nicht Empörung, nicht Entsetzen, sondern »Rachsucht« ist es, was sie – auch hier konsequent bis zum Letzten – als Reaktion der Welt auf den arischen Mord an den jüdischen Kindern, Frauen und Männern fürchtet. Zu Ello Quandt sagt sie auf deren Frage: »Und die Kinder?

131 Ebermayer/Roos, op. cit., 347 und Reuth, *Goebbels*, 607. Daß Treue und Tod in der Realität dann weniger heroisch waren, läßt sich bei Reuth, op. cit., 606 ff. nachlesen.

132 Ebermayer/Roos, op. cit.

Was wird aus den armen Kindern?« in der für sie typischen Doppelbödigkeit zwischen realistischer Wahrnehmung und ideologisierender Abwehr: »Wir werden sie mitnehmen, weil sie zu schön und zu gut sind für die Welt, die kommt. Von dieser Welt wird Joseph als einer der größten Verbrecher angesehen werden, die Deutschland je hervorbrachte. Seine Kinder würde man quälen, verachten oder erniedrigen. Sie würden all das entgelten müssen, was er getan hat. An ihnen würde man Rache nehmen.« Und als Ello Quandt das bestreitet, antwortet sie ebenso wahr im Blick auf das schlimmste aller Verbrechen, auf den Mord an den Juden, wie vereinnahmend in Bezug auf das Leben ihrer Kinder: »Vergiß nicht, Ello, was alles geschehen ist! Weißt Du noch, Du warst ja dabei, wie der Führer damals im Café Anast in München, als er den kleinen Judenbuben sah, gesagt hat, er würde ihn am liebsten wie eine Wanze am Boden zerdrücken? Weißt Du das nicht mehr? Es ist so unsagbar Grausames geschehen, von uns, von einem System, das auch ich vertrat. Es hat sich so viel Rachsucht in der Welt angesammelt. ... Nein, nein, ich muß auch die Kinder mitnehmen, ich muß!«[133]

Ein Denkmal gegen diese verzerrte Sicht hat ein jüdisch-jiddischer Dichter gesetzt, der tief gefühlt hat, was der Goj mit der Ausrottung des jüdischen Volkes nicht nur den Seinen, sondern auch sich selbst angetan hat. Jizchak Katzenelson, dessen großen jiddischen Klagegesang Wolf Biermann in hilfreicher, schmerzender Seelenarbeit mit seiner Übersetzung *Großer Gesang vom ausgerotteten jüdischen Volk* »ans deutsche Land gezogen« hat,[134] Jizchak Katzenelson wurden vor seinen Augen seine Frau Chana und seine bei-

---

133 Ebermayer/Roos, op. cit., 339.
134 Jizchak Katzenelson, *Dos lied vunem ojsgehargetn jidischn volk*. Wolf Biermann, *Großer Gesang vom ausgerotteten jüdischen Volk*, Köln 1994, 9.

den jüngeren Söhne Ben-Zion und Ben-Jomin 1942 in Treblinka ermordert. Er selbst und sein ältester Sohn Zvi wurden 1944 in Auschwitz umgebracht. Er sagt im fünfzehnten, im letzten Gesang:

Bekloppter Goj, du blödes Vieh, du hast von hinten
abgeknallt den Jud. Dich selber aber traf die Kugel
auch!
Nun sag: gereut dich deine Dummheit?
Keiner bringt nun mehr dein Land zum Blühn
Und keiner schenkt dir nochmals Seele, Geist und Herz.

Was du ererbt von deinen Müttern hast...

Verachtung als Familienerbe

Deutsche haben Juden umgebracht, die *mit* ihnen lebten, und damit haben sie, wie Jizchak Katzenelson sagt, ihre eigene Seele getötet. Deutsche haben aber auch Juden umgebracht, die *in* ihnen lebten, und auch das war ein Mord an der eigenen Seele. Von einem solchen Seelenmord – und von seiner Sühne – möchte ich an Hand einer psychotherapeutischen Fallgeschichte aus meiner Praxis berichten.

Verachtung ist erblich.[1] Jemand, der auf den ersten Blick aussehen mag wie ein selbstgerechter, überlegener Snob oder wie eine kühle, langweilige Besserwisserin, kann hinter dieser Fassade tiefe Gefühle von Angst, Minderwertigkeit und Neid verstecken, Gefühle, deren Ursprung ihm oder ihr gänzlich unbewußt sind. Häufig leiden diese Menschen wie »Narziß« und »Athena« unter der Kälte, die sie verströmen, und sie würden ihrer Mitwelt gegenüber gern eine freundlichere, zugewandtere Haltung einnehmen, aber sie verfallen immer wieder dem alten Zwang. Hierbei liegen die Gründe für ihre abweisende Haltung nicht immer nur in einer unglücklichen Eltern-Konstellation, sondern oft im Verborgenen einer über Generationen hinweg weitervererbten psychischen Prägung. Solche Prägungen sind, weil sie nicht in ihrer ganzen Tragweite erkannt werden, dem psychotherapeutischen Zugang nur schwer zugänglich, und so stellt sich jenes befreiende »Aha«, jenes Verstehen, das Veränderung möglich macht, in der Therapie nur zögernd oder gar nicht ein.

Die Klientin, von der ich berichten will – ich nenne sie

---

1 Dieser Gedanke ist weder neu noch stammt er von mir. Ich verweise auf den Abschnitt »Über die Verachtung« in: Alice Miller, *Das Drama des begabten Kindes*, Frankfurt a. M. 1979, 105 ff.

Katharina – mußte lange darauf warten, bis es zu den ersehnten Veränderungen kam. Katharina ließ aber in ihrer Suche nicht locker und kam erst zu ihrem »Aha«-Erlebnis, nachdem sie Ahnenforschung betrieben hatte. Im Nachfragen und Durchforschen alter Familienunterlagen stellte sich nämlich heraus, daß sie einen guten Teil ihrer Verachtungsbereitschaft gleichsam mit der Muttermilch eingesogen hatte und daß die Verachtungs-Dosis von Katharinas Mutter gleichfalls eine elterliche Mitgift war, vererbt von Katharinas Großmutter.

Bei meiner Darstellung dieses Drei-Generationen-Prozesses habe ich den ersten, Katharinas Großmutter betreffenden Teil in eine Art »Gartenlaube«-Stil gefaßt; dies zum einen, weil Katharina meinte, die Jugend ihrer Großmutter hätte sich gut zu einem Roman dieses Genres verarbeiten lassen, und zum anderen, weil ich damit die zeitliche Distanz und die besonderen, auf Kaiser und Reich bezogenen Dimensionen der Jahrhundertwende andeuten möchte.

Friederike

Es war einmal ein junges Mädchen, das in einer Garnisons- und Handelsstadt an der Ostgrenze des deutschen Kaiserreiches lebte. Dort stand sein schönes, großbürgerliches Elternhaus mit den hellen, hohen Räumen, deren Fenster hinaus auf die prächtige Hauptstraße gingen. Hier war das Mädchen mit seinen beiden Brüdern aufgewachsen. Hier hatte seine Mutter – eine energische Dame – ihm vorgelebt, wie man sich als Tochter aus gutem Hause in der Welt zu bewegen habe, von hier war es jeden Tag ins Mädchenpensionat gegangen, hier hatte es gelernt, Französisch zu sprechen und Klavier zu spielen. Hierher war jeden Abend sein Vater – Kommerzienrat und Eigentümer des ersten Creditinstituts am Platze – aus seinen Bureaus zurückgekehrt, um zusammen mit der Familie den Tag zu beschließen. Hier waren die Familienfeste gefeiert worden, Weihnachten, Ostern, die silberne Hochzeit der Eltern, die Konfirmation. Und hierher war einmal in der Woche der Kunstmaler Ballusch gekommen und hatte dem jungen Mädchen Malunterricht erteilt. Denn Friederike – so hatte man sie zu Preußens Ehre getauft – hatte nicht nur eine Begabung zur höheren Tochter, sie hatte auch ein echtes Talent: sie konnte hervorragend mit Pinsel und Farbe umgehen.

Friederike arbeitete an diesem Talent mit Ernst und Hingabe. Sie liebte es, ihre Familie und ihre Verwandten zu portraitieren oder einen Menschen zu skizzieren, den sie flüchtig auf der Straße gesehen und dessen Gesichtsausdruck sie beeindruckt hatte. Sie aquarellierte auch Flüsse, Seen oder freundliche Landhäuser am Waldesrand. Dabei gelangen ihr hier und da Landschaften – ein Himmel, eine Wasserfläche – von zarter und zerbrechlicher Schönheit; manchmal ein Gesicht, in dem ein besonderer, vielleicht beunruhigender, vielleicht strahlender, vielleicht auch trauriger Ausdruck lebte. Herr Ballusch sagte zu solchen Bildern, die seien wirklich gut, hier solle sie weitermachen; wenn sie diesen Weg weiterverfolgte, könne aus ihr eine wirkliche Künstlerin werden. Sie selbst fühlte in solchen Momenten ein leises Unbehagen. Was wäre, wenn sie dieser Einladung folgte, wo würde sie das hinführen? Wie sollte sie, eine Frau und zudem Tochter aus gutem Hause, sich in dieser so anderen Welt der Künstler zurechtfinden? Manchmal kam ihre in künstlerischen Belangen eher nüchterne Mutter dazu, sah auf die Leinwand und sagte wohl: »So einen Himmel gibt es in Wirklichkeit doch gar nicht!« oder: »Warum malst du manchmal so unangenehme Gesichter?« Gelegentlich wurde sie noch deutlicher: »Am besten«, sagte sie dann, »du läßt das Malen sein und kümmerst dich lieber darum, daß du die Wäsche für deine Aussteuer bestickst. Schließlich willst du mal heiraten und ein großes Haus führen.«

Friederike wurde in solchen Momenten das Herz schwer. »Es tut so gut«, dachte sie, »wenn ich in den Himmel schaue, wenn ich träume, wenn ich fühle, wie schön, aber auch wie schwer das Leben ist.« Unbestimmt spürte sie, daß in ihr eine heimliche, scheinbar unbegründete Angst steckte und daß es ihr wohltat, sich diese Angst von der Seele zu malen. Es war ihr nicht entgangen, daß das Fühlen dieser Angst einen besonderen Ausdruck in ihre Aquarelle brachte, einen Ausdruck, der diese Bilder unverwechselbar zu den »ihren« machte. Ihr Lehrer verstand diesen Zusammenhang und machte ihr Mut, dabei zu bleiben. Aber da war auch diese andere Stimme, die unaufhörlich in ihrem Kopf widerklang: »Außer Ballusch versteht mich sowieso niemand. Wie soll aus mir je eine Malerin werden? Mutter hat recht, Mädchen müssen sich um andere Dinge kümmern als um Kunst. Ich sollte heiraten.« Sie überlegte zum tausendsten Mal, wer der Auserwählte sein könnte, und einmal mehr kam sie zum selben Ergebnis. Ihre Eltern wünschten sich – das hatten sie immer wieder durchblicken lassen – einen Offizier zum Schwiegersohn, und das war im Grunde auch ihr recht. Ein Oberleutnant oder Hauptmann mit Pferd und Burschen und schicker Uniform müßte er sein, groß und blond und gut aussehend, und natürlich müßte er aus guter Familie stammen.

Aber dann war da wieder dieses Gefühl. Mitten in die sonnigsten Träume hinein meldete sich die Angst: »Wird sich so jemand überhaupt für mich interessieren? Bin ich denn hübsch und weiblich und klug genug? Werde ich einem solchen Mann überhaupt genug zu bieten haben?« Diesmal griff sie nicht zum Skizzenblock, sondern sie schaute in den Spiegel. Was sie da sah, war im Grunde nicht übel: Ein harmonisches ovales Gesicht mit sprechenden blauen Augen, dunkle Haare, die Figur klein und zart, die Taille schmal. Das einzig wirklich Dumme war die Nase. Die Nase war viel zu groß und ein bißchen zu stark gebogen – aber sie war nun mal ein mütterliches Erbteil, an dem sich nichts ändern ließ. »Nase hin oder her«, dachte Friederike, »ich werde die Sache anpacken.«

Gerade hatten ihre Eltern davon gesprochen, daß man wieder einmal einen Hausball geben wolle. Man sei den von Hasses, den Posenern, den Zechlins und den Kowalewskis verpflichtet. Außerdem könne man ein paar Bekannte aus der Garnison einladen, die Herren von Massow, von Bredow und Ritter zum Beispiel, junge Leutnants des ortsansässigen Regiments. Denn obgleich darüber nicht gesprochen wurde, so war doch allen klar, daß es darum ging, eine heiratsfähige Tochter an den Mann zu bringen.

Friederike war aufgeregt und ein bißchen verzagt. Es war zwar nicht ihr erster Ball, aber doch der erste, der sichtlich mit dem Hintergedanken arrangiert worden war, sie standesgemäß unter die Haube zu bringen. Als es dann aber soweit war, als die Gäste kamen und die Musik zu spielen begann, und als sie in ihrem seidenweißen Kleid zusammen mit ihrem Bruder Fritz den ersten Walzer tanzte, da wich die Scheu, und es wurde eine wunderschöne Ballnacht. Sie tanzte mit sämtlichen jungen Herren. Lächelte, strahlte, schwebte. Strahlte und schwebte vor allem dann, wenn der junge Herr von Massow sie wieder und wieder aufforderte, ihr formvollendet die Hand küßte, ihr Komplimente machte und sie zu allem Überfluß ernstlich darum bat, ihm irgendwann einmal ihre Bilder zu zeigen.

Später, im Bett, rauschte das Fest nochmals an ihr vorüber. Dieser Herr von Massow – blond war er und groß, gut sah er aus in seiner Uniform, und aus einer angesehenen Familie stammte er auch. Außerdem war er charmant und nett, und offensichtlich war sie ihm nicht gleichgültig. »Mein Gott«, dachte Friederike, »habe ich mich etwa verliebt?« Am nächsten Tag merkten alle sofort, wie es um sie stand. Ihre Brüder zogen sie auf, nannten Sie »Frau Baronin«, und ihre Mutter fand beiläufig, daß der Herr von

Massow doch ein netter junger Mann sei. Ihr Vater sagte nichts. Er schaute Friederike still und nachdenklich an, und sie meinte, in seinem Blick eine gewisse Sorge zu erkennen.

Viktor von Massow machte zwei Tage später Besuch. Man trank Tee im Salon, und dann zeigte Friederike ihm ihre Bilder. Der junge Leutnant hatte ein kenntnisreiches Urteil. Er lobte ihre spezielle Farbgebung, ihre Fähigkeit, Formen und Farben zu konturieren, und zum Abschied lud er sie zusammen mit ihrem Bruder Fritz zum Adelsball am Sonnabend im Stadt-Casino ein. Friederike fühlte sich wie auf Wolken, ihre Mutter konnte ihren Stolz nur schlecht verbergen, und wider Erwarten fügte sich Bruder Fritz ohne größere Schwierigkeiten in die Rolle des Anstandswauwaus. Auf dem Ball stellte Viktor Friederike seinen Freunden vor, jungen, adeligen Leuten, die aus ähnlichen Verhältnissen stammten wie er selbst, und er erzählte ein wenig von sich und seiner Familie. Von seiner Kindheit auf dem ostpreußischen Familiensbesitz, von seinen Eltern, die ihn streng nach den preußischen Grundsätzen von Sparsamkeit, Gehorsam und Gesetzestreue erzogen hatten, von seinem älteren Bruder, der jetzt das Gut bewirtschaftete, und von seiner jüngeren Schwester, die gerade den Erben des Nachbargutes geheiratet hatte. Er hoffe, sagte er, Friederike werde seine Eltern und Geschwister bald einmal kennenlernen.

Und nun sollte diese Geschichte etwa folgendes Happy End haben: Viktor erklärte sich Friederike und bat sie, seine Frau zu werden. Sie stimmte überglücklich zu, und seine Eltern nahmen sie mit Freuden in den Schoß der Familie auf. Die Hochzeit wurde festlich gefeiert, das Brautpaar strahlte, nach einem Jahr wurde das erste Kind geboren, und wenn sie nicht gestorben sind, dann leben sie heute noch.

Aber es kam anders. Es gab kein Brautpaar und kein Happy End. Nach jenem Adels-Ball mit all den Verheißungen auf ein großes Glück hatte Viktor seine Eltern besucht und ihnen von seiner jungen Liebe und seinen Heiratsplänen erzählt. Schön sei sie und lieb und reizend, außerdem begabt und gebildet. Ihr Vater sei zwar ein Bürgerlicher, aber ein honoriger, angesehener Mann und Besitzer eines solventen Bankinstituts, was angesichts seines, Viktors, kargen Einkommens nur von Nutzen sein könne. Nun ja, da sei höchstens der kleine Schönheitsfehler, daß Friederike mütterlicherseits jüdischer Abstammung sei, aber das spiele ja wohl in den heutigen aufgeklärten Zeiten keine Rolle.

Seine Eltern hatten zunächst erfreut zugehört, aber jetzt waren sie entsetzt. Sie hätten nichts gegen Juden, sagten sie – aber bitte nicht in der eigenen Familie. Und bitte keine Jüdin als Frau eines Mitgliedes der preußischen Armee. »Wenn du Karriere im Heer machen willst, dann heiratest du keine Jüdin, auch wenn die Familie noch so emanzipiert ist – das sollte dir doch klar sein!« Ähnliches hörte Viktor von seinen Regimentskameraden, und langsam kam er zu dem Schluß, daß es wahrscheinlich tatsächlich klüger sei, Friederike zu vergessen und nach einem passenderen Mädchen Ausschau zu halten.

Friederike war fassungslos. Sie – Friederike, die Tochter des hochgeachteten Bankiers Gustav Zimmermann – war *was*? Sie war eine *Jüdin*? Und *das* sollte der Grund sein, warum Viktor sie nicht haben wollte? Sie war getauft, konfirmiert und weltlich-christlich-preußisch erzogen worden. Hatte sie denn je etwas mit Juden zu tun gehabt? Hatte sie diese schwarzgewandeten Männer mit Schläfenlocken und steifem Hut nicht eher mit einer Mischung aus Beklommenheit und Belustigung als fremde Exoten in ihres Vaters Bank ein- und ausgehen sehen? Natürlich wußte sie, daß sie jüdische Ahnen und Verwandte hatte, Tante Rosalie zum Beispiel, deren Judentum sich darauf beschränkte, daß sie manchmal abends den siebenarmigen Leuchter anzündete. Oder ihre Großmutter Lea Goldmann, die bis ans Ende ihrer Tage die ganze Familie am Freitagabend bei sich versammelt hatte. An diesen Schabbath-Essen war es zwar fröhlich, keineswegs aber fromm oder gar jüdisch zugegangen. Alle in der Familie hatten sich in erster Linie als Bürger des Deutschen Reiches und als loyale Untertanen des Kaisers gefühlt. Im Arbeitszimmer ihres Vaters stand eine Bronzebüste von Bismarck, und König Friedrich I., der Begründer von Preußens Gloria, schaute aus einem Stahlstich im Salon hoheitsvoll in die Runde. Friederike empfand ihre mütterlichen jüdischen Wurzeln als ebenso unwichtig wie uninteressant – diese Wurzeln waren kein Thema für sie und ihre Familie.

Aber jetzt hatte der plötzliche Rückzug des Herrn von Massow diese verborgene Vergangenheit wieder ans Licht gebracht. Nachdem die erste Erstarrung nachgelassen hatte, erkundigte sich Friederike bei ihren Eltern. *Wie* war das mit ihren jüdischen Vorfahren? Die antworteten nur zögerlich. Immerhin erfuhr sie, daß die Vorfahren ihrer Mutter – arme Landjuden – irgendwann gegen Ende des letzten Jahrhunderts aus dem Osten in die Stadt gezogen und hier rasch zu Geld gekommen waren. Das Bankhaus, so stellte sich heraus, war von Friederikes Urgroßvater Abraham begründet worden, und ihr eigener Vater hatte seine heutige Position seinem Geschick als Angestellter dieses »Goldmann Credit-Instituts« sowie vor allem der Tatsache zu danken, daß er – als Lohnempfänger zwar nicht ganz standesgemäß, als Nichtjude aber gleichwohl hochwillkommen – die einzige Tochter seines Chefs geheiratet hatte. Bei allem war eines klar: Niemand, weder Vater noch Mutter, dachte gern an die Herkunft des heutigen Reichtums und Ansehens.

Friederike wurde eines klar – und diese Erkenntnis traf sie mit Wucht: »An mir und meiner Familie ist ein Makel, den ich zwar nicht fühle, den ich aber trotzdem nicht loswerde. Und dieser Makel schlägt mir unweigerlich die Tür vor derjenigen Welt zu, der ich doch eigentlich angehöre.« Jetzt begriff sie auch ihre vagen Angstgefühle besser. Irgend etwas, so hatte sie immer gespürt, stimmte mit ihr nicht, war fremd und anders, wenn sie sich zum Beispiel mit ihren Freundinnen verglich. Jetzt wurde es klar: Die Freundinnen waren nicht jüdisch, in ihren Familien gab es keinen dunklen Fleck zu verbergen. Sie lebten unbekümmert auf der Sonnenseite des Lebens, im Einklang mit sich und der Welt. Friederike dagegen, das verstand sie jetzt, hatte schon mit der Muttermilch ein klammheimliches Gefühl von Angst eingesogen, auf unsicherem Boden zu stehen, eine Angst vor Ablehnung und Demütigungen, die alle in der Familie unklar spürten und der man dadurch begegnete, daß man sich sehr viel Mühe gab, sie nicht wahrzunehmen und so zu sein wie die anderen. Vor ihrem inneren Auge entstand ein Bild. Viel Schwarz, viel Grau – eine eisige, trostlose Landschaft und darin die Silhouette eines Menschen, einsam, allein, frierend. Sie wollte mit Ballusch sprechen, sie wollte dieses Bild malen. Ein Bild mit einem ganz neuem, einem erschreckenden, aber auch wahrhaftigen Ausdruck. Dann aber erklang die Stimme ihrer Mutter in ihrem Kopf: »Laß diese Spinnereien und kümmere dich um deine Zukunft!« – eine Stimme, die stärker war als die beängstigende Verlockung, einen eigenen Weg als Künstlerin zu suchen.

Also setzte Friederike sich hin und dachte nach. Ebenso wenig wie ihre Nase konnte sie offensichtlich ihre jüdische Abstammung aus der Welt schaffen. Von außen gesehen war sie nur Halbjüdin und gefühlsmäßig ohnehin Protestantin. Ihre Mutter hatte trotz ihres Makels einen guten, nichtjüdischen Mann gefunden. Warum sollte sie es nicht ebenso machen? Sie würde dem Beispiel ihrer Eltern folgen; sie würde ihre nicht ganz koschere Herkunft schnell wieder vergessen, würde einen lupenrein christlichen Mann heiraten und sich zusammen mit ihm eine geachtete Stellung in der Gesellschaft erobern. Das Unglück mit Viktor, dem schönen, adeligen Offizier, schmerzte noch – aber sie beschloß, dieses Erlebnis aus ihrem Gedächtnis zu verbannen. Niemand, das schwor sie sich, sollte sie je wieder demütigen.

Da gab es schließlich noch den Leutnant Ritter, der als einer von nur wenigen Bürgerlichen in der Garnison Dienst tat. Leutnant Ritter hatte ihr auf jenem Ball gleichfalls den Hof gemacht, aber gegen Viktor hatte er keine Chance gehabt. Friederike war es nicht entgangen, daß er sie immer noch aus der Ferne bewunderte und verehrte, und sie beschloß, ihn zu heiraten. Hans Ritter ließ sich gern von ihr einfangen. Als er dann kam, um beim Bankier Zimmermann um ihre Hand anzuhalten, wurde er gewarnt: Ob er um den dunklen Punkt im Stammbaum wisse. »Ja«, sagte er in seiner einfachen Art, »ich liebe Friederike und ich möchte sie heiraten, so wie sie ist.« Woraufhin er den elterlichen Segen bekam und das Paar als verlobt galt.

Friederike hatte nun viel Zeit, ihre Aussteuer-Monogramme auf alle Bettlaken, Tischtücher und Servietten zu sticken. Denn die beiden mußten acht Jahre aufeinander warten, bis der Leutnant zum Hauptmann befördert war und damit über genug Einkünfte verfügte, einen standesgemäßen Haushalt zu führen. Friederike stickte und nähte also, und sie lernte die Welt ihres Verlobten kennen. Es zeigte sich, daß beide in vielen Dingen die gleichen Ansichten hatten. Sie sprachen oft davon, daß sie ein gutes, vorbildliches Leben führen wollten, daß sie ihre Kinder in Ehrfurcht vor Gott, vor dem Kaiser und vor ihren Eltern erziehen würden und daß es wichtig sei, für das gerade erst in so herrlicher Größe erstandene Deutsche Reich seine Pflicht zu tun und das Beste zu geben. Sie liebten dieses Deutschland mit seinen aufrechten Menschen, sie liebten die deutsche Landschaft und die deutschen Städte. Und sie träumten davon, irgendwann einmal nicht mehr hier, im abgelegenen und recht jüdisch und slawisch bevölkerten Osten zu leben, sondern im Zentrum preußischer Macht und Pracht, in Berlin. Vor allem Friederike faszinierte die Vorstellung, im Tiergarten zu flanieren oder auszureiten und dort wohl der Kaiserin oder den Prinzen und Prinzessinnen zu begegnen, wenn sie in ihrer Kutsche eine Spazierfahrt machten oder mit ihrem Gefolge ausritten.

Neben all dem machte Friederike auch weiter mit ihrer Malerei. Statt zu aquarellieren wählte sie nun mehr und mehr Ölfarben, und es entstanden Bilder, die das Leben so zeigten, wie sie es jetzt empfand: Positiv, redlich, sonnig. Ballusch sah sich Friederikes Entwicklung eine Weile an und wandte sich dann ärgerlich und gelangweilt ab. Was sie jetzt mache, sagte er, habe nichts mehr mit Kunst zu tun, das sei eine gepflegte Variante von Postkartenmalerei. Friederike jedoch trennte sich leichten Herzens von ihm. Sie wußte nun, wo sie hingehörte.

Hans Ritter war kein Militarist. Aber er liebte die deutsche Scholle, und es machte ihn glücklich, diesem Deutschen Reich anzugehören, das, so jung es war, die Nachbarn mit ihrem in Jahrhunderten gewachsenen Nationalbewußtsein nicht zu fürchten brauchte. Er war stolz, einem Staat zu dienen, der diesen Nachbarn – ganz im Gegenteil – mit seinem schlagkräftigen Heer und seiner monarchistischen Haltung eher Respekt einflößte. Die bekannte Weisheit, nach der am deutschen Wesen die Welt genesen solle, nahm er zwar nicht ganz wörtlich; aber sie leuchtete ihm insofern ein, als er keine Werte kannte, die dem preußischen Menschheitsideal von Gehorsam, Geradlinigkeit und Pflichterfüllung gleichwertig waren. So hatte man ihn auf der Kadettenschule erzogen, und so wurde es jeden Tag aufs neue von Kaiser und Reich verkündet. Dabei hatte er ursprünglich gar nicht Soldat werden wollen. Er war auf einem Gut in Ostpreußen aufgewachsen und wäre gern Landwirt geworden. Aber er war der zweite Sohn. Das Gut erbte der Älteste, und Hans Ritter mußte – da ließ sein Vater keine Diskussion zu – wohl oder übel zum Militär. So lernte er allmählich, die Scholle auf seine Art zu pflegen. Er lernte, seine Aufgabe darin zu sehen, die christlich-männliche Welt, in die er hineingeboren war, zu erhalten, zu schützen, zu verteidigen und zu stärken.

In dieser Haltung hatte er die volle Unterstützung von Friederike. Was der Staat im großen vorgab, lebten beide nach ihrer Heirat im verkleinerten Spiegelbild der Familie. Hans war der unbestrittene Herr im Hause, und Friederike richtete sich in ihren Meinungen, ihren Wünschen und ihrem Handeln ganz nach ihm. Sie stärkte und bügelte tagaus, tagein seine Hemdbrust, hörte sich geduldig seine mäßig interessanten Berichte über den Zustand seines Reitpferdes oder die Fortschritte seiner Kadetten an, und alle 14 Tage lud sie die wichtigsten Offiziersfrauen zum Kaffeekränzchen ein. Alles, was diese scheinbar so fest gefügte Welt von rechts oder links, von oben oder unten herausfordern oder gar in Frage stellen konnte – Kommunismus, Sozialismus, Katholizismus, Atheismus oder Judentum – empfanden die beiden, je nachdem, als dumm, als verwerflich oder lächerlich, und je lauter sich solche fremden Stimmen vernehmen ließen, desto nachdrücklicher hielt das Ehepaar an seinen traditionellen Werten fest.

Dann kam der Weltkrieg, und Hauptmann Ritter kämpfte mit Gott für Kaiser und Vaterland, für sich, für seine Familie, für die »Welt von Gestern«. Er erlebte und überlebte den Krieg. Hoch dekoriert zwar, aber gleichwohl geschlagen und innerlich durch die Niederlage tief verletzt, kam er nach Hause zurück, in eine neue Welt. Die hatte rein äußerlich mit seinem Vorkriegs-Deutschland kaum noch etwas gemein, und er verabscheute und verachtete sie. Was hatte er zu schaffen mit republikanischen Ideen? Was mit jenen subversiven, das unterste zuoberst kehrenden demokratischen Machenschaften? Das Schlimmste aber war, daß es nicht bei diesen inneren Demütigungen blieb. Der Versailler Vertrag hatte bestimmt, daß die Reichswehr drastisch zu reduzieren sei, und Hauptmann Ritter saß nicht mehr auf dem hohen Roß, sondern auf der Straße.

Er war arbeitslos, denn für sein Offizierspatent fand in diesen Zeiten niemand Verwendung. Lange war er wie gelähmt und konnte es nicht fassen. Schließlich aber raffte er sich auf und ging nach Berlin. Allerdings nicht, um zusammen mit Friederike im Tiergarten auszureiten – er ging zur Polizei. Und weil das Gehalt dort niedrig war, konnte man von einem standesgemäßen Domizil in Charlottenburg oder Wilmersdorf nur träumen. Die Ritters zogen in den Norden, nach Pankow, in eine Sozialisten-Hochburg, wo es billige Wohnungen gab.

Bei all dem war das Schlimmste nicht die Armut. Das Schlimmste war die Scham. Jeden Morgen ging Hans Ritter in sein muffiges Büro, traf dort auf seine muffigen Kollegen, Leute, mit denen er nicht reden konnte und auch nicht wollte, nahm Diebstahl- und Einbruchsmeldungen entgegen, registrierte Wohnungswechsel und Sterbefälle. Und wenn er abends müde und resigniert nach Hause kam, war dort Friederike, die nicht glauben konnte und wollte, was da geschehen war – daß ihr Mann nicht mehr im Dienste des Kaiserreiches stand, sondern ein kleiner Polizist war. Zuerst versuchte Hans, Friederike etwas von seiner Verzweiflung darüber mitzuteilen, daß er seinen Beruf, seine Überzeugungen und seine Selbstachtung verloren hatte, und daß er sich schämte. Aber sie wollte davon nichts hören. Sie hatte genug davon, nicht »dazuzugehören«. Sie hatte diesen Mann geheiratet, um endlich auf der richtigen Seite zu sein, und sie dachte nicht daran, dieses neueroberte Terrain aufzugeben. Scham? Schmerzen? Angst? Selbstzweifel? Nein! Alles war in Ordnung, und alles war beinahe so wie früher. Zwar gab es kein Kaffeekränzchen mehr mit Offiziersfrauen und keine Casinobälle. Zwar reichte das Einkommen nur knapp zum Leben. Zwar wurden kaum noch Gäste empfangen. Aber das Arbeits- und Eßzimmer hieß »Salon«; immer noch grüßte der Kaiser von der Wand, und auch der alte Reichskanzler in Bronze hatte als väterliches Erbstück in der kleinen Wohnung seinen Platz gefunden. Wenn Friederike auf dem Markt billigen Matjeshering erstanden hatte, dann gab es abends »Hummersalat«. Und die Gespräche drehten sich nicht um die gegenwärtige politische Polarisierung zwischen Sozialisten und Nationalisten, sondern um die Wiedereinführung der Monarchie. Man müsse, so meinte Friederike, diese Zeit durchstehen und die alten Werte von Gottes- und Staatstreue trotz des allgemeinen Sittenverfalls bewahren. Wenn der Kaiser eines Tages zurück sei, würde alles wieder gut werden.

Beharrlich lebte Friederike diese Haltung, und beharrlich weigerte sie sich, die innere Not ihres Mannes zu sehen. Der kannte die Botschaft ja selbst gut genug. Er wußte genau, daß ein deutscher Mann nicht weint und keine Schwäche zeigt. Und so vergrub er das Leid über seine zerbrochenen Ideale in sich und verdeckte die Scham über seine »Degradierung« dadurch, daß er zusammen mit Friederike und ein paar gleichgesinnten alten Freunden den Traum von damals lebte, so gut es eben ging.

Luise

In diese Welt wurde Luise hineingeboren. Im Grunde war Friederike voll ausgelastet mit dem Management ihres Mannes und der Erhaltung ihrer heilen, preußisch-protestantischen Welt. Aber als sie dann schwanger wurde, freute sie sich doch, und stolz ging sie von der Annahme aus, daß ihr erstgeborenes Kind ein Junge werden würde. Sie war dann recht enttäuscht, daß es kein Stammhalter, sondern nur ein Mädchen war. Und außerdem brachte es sie aus der Fassung, wie viel Zeit und Aufmerksamkeit das kleine Geschöpf brauchte, das sich zu ihnen gesellt hatte. Da lag es in seinem Bettchen, war unzufrieden, brauchte ständig mütterliche Aufmerksamkeit, weinte die Nächte hindurch und war manchmal nicht zu beruhigen. Friederike hatte früher ein Kindermädchen gehabt, und gern hätte sie jetzt selbst eine freundliche Marta oder Berta für ihr Kind eingestellt – aber daran war angesichts der knappen Kasse natürlich nicht zu denken. Weil Hans Ritter in den Nächten seine Ruhe brauchte, deponierte sie das Baby in einem kleinen Zimmer ganz hinten, schloß die Tür und ließ es dort schreien.

Auch später wurde es nie so richtig warm zwischen Mutter und Tochter, zumal zwei Jahre nach Luise Siegfried, der ersehnte Kronprinz, zur Welt kam. Luise sah zu, wie sich alles um diesen kleinen Kerl zu drehen begann, wie er Stolz und Freude ins Haus brachte und wie vernarrt Vater und Mutter in ihn waren. Sie lernte, daß in dieser Welt ein weiblicher Mensch offenbar weniger interessant und wichtig war als ein männlicher. Zuerst tat das sehr weh – sie fühlte sich einsam, verletzt, zurückgesetzt, saß brütend in einem Winkel der Wohnung und wollte mit niemandem sprechen. Als ihr das dann aber immer mehr den Ruf einbrachte, ein schlecht gelauntes, dummes Kind, eben ein typisches kleines Mädchen zu sein, merkte sie, daß diese Haltung alles nur noch schlimmer machte. Und so übernahm sie die herrschende Meinung. Es war wirklich so, Mädchen waren zum Stricken, Häkeln und Kochen da, Jungen dagegen durften auf Bäume klettern und Soldaten spielen. Männer – Brüder und besonders Väter – waren überlegene Geschöpfe, und es war die Pflicht von Ehefrauen, Schwestern und Töchtern, sie zu bewundern, an sie zu glauben und sie in ihrem wichtigen, verantwortungsschweren Tun zu unterstützen.

Luise begann, ihren Vater mit neuen Augen zu betrachten. Früher hatte sie ihn als streng und fern empfunden. Jetzt entdeckte sie in ihm mehr und mehr einen großen, schönen, herrlichen Menschen, der immer ein wenig still, immer ein wenig in sich gekehrt war. Sie begann zu verstehen, daß er nur deswegen so unerreichbar, so schweigsam und traurig, so schmerzlich-müde in seiner schönen Polizisten-Uniform war, weil die Sozi-Politiker, diese Kaiserfeinde, ihm unrecht getan hatten. Mit Liebe fühlte Luise, daß er schwer an seinem Leben trug, daß er dieses Leben aber tapfer aushielt um der Familie willen – und damit auch um ihretwillen: damit sie täglich ihr Essen auf dem Tisch finden, zur Schule gehen und ein sicheres Dach über dem Kopf haben konnte. Luise sah sich tief in seiner Schuld, und ihr Herz flog ihm zu. Sie ahnte, daß er zu groß war, zu versunken in seiner schmerzvollen Bedeutsamkeit, als daß er sich um ihre kleinen Sorgen hätte kümmern können, und sie machte ihm daraus keinen Vorwurf. Glücklich spürte sie, daß sie ihn verstand und daß sie sich einfühlen konnte in seinen stillen Gram. Diese sprachlose Gemeinsamkeit tat gut. Luise fühlte sich aufgewertet – sie hatte endlich eine Rolle in der Familie gefunden und damit einen Lebenssinn – die heimliche, aber nachdrückliche Verehrung ihres Vaters.

Gleichzeitig lernte sie ebenso heimlich und nachdrücklich, ihre Mutter zu verachten. Denn die schien die stille Schwermut ihres Mannes nicht wahrzunehmen, ging statt dessen gänzlich in ihrem großbürgerlichen Getue auf. Da war sie – Luise – ganz anders. Sie fühlte die Sehnsucht nach Anerkennung, die dieser wunderbare, einsame Mensch ausstrahlte, und sie tat das ihre, um sie zu stillen. Als sie 13 wurde, bekam sie ein Fahrrad, und das nutzte sie zu einer Demonstration. Sie montierte – Bruder Siegfried half ihr dabei – eine Fahnenstange an das Lenkrad und hängte daran einen Wimpel in den schwarz-weiß-roten Farben des versunkenen Kaiserreiches. So fuhr sie eines Morgens stolz und mit flatternder Fahne zur Schule – zum Ruhme von Kaiser Wilhelm und Hans Ritter. Der Lohn für diese Tat war ein liebevolles Lächeln ihres Vaters, das sie glücklich machte. *Er* hatte verstanden, was sie ihm sagen wollte; und damit hatte er ihre heimliche, heilige, sprachlose Allianz bestätigt.

Nur konnte sie sich nicht lange daran erwärmen. Denn schon ein paar Tage später lauerte ihr eine Bande junger Kerle auf, kleine linke Proletarier aus der Nachbarschaft. Die rissen ihr den Wimpel von der Fahnenstange, lachten sie aus und nannten sie höhnisch »Gnädiges Fräulein«. Luise verstand die Welt nicht mehr. Sie hatte doch das einzig Richtige, Edle und Wahre getan. Sie erzählte die Geschichte ihrem Vater, aber der seufzte nur und sagte: »Heute regiert die Straße – dieses rote Sozi-Pack«, und dann schwieg er wieder.

Nach diesem kurzen Ausflug in die feindliche Welt zog sich Luise schnell wieder zurück. Sie hatte gelernt, daß man verachtet und gedemütigt wurde, wenn man für seine Überzeugungen einstand, und daß man im entscheidenden Moment allein und ohne Unterstützung diesen Demütigungen ausgeliefert war. Das war scheußlich und beschämend, und sie wollte dergleichen nicht noch einmal erleben. Sie fing an zu beten, sie fragte Gott, wie man ein guter Mensch sein könne, ohne dafür geprügelt zu werden, sie ging viel in die Kirche und vertiefte sich in das leidvolle Mysterium von Jesus Christus, und dabei wurde ihr eines klar: So wie Christus dafür gelitten hatte, daß sie von den Sünden befreit würde, so litt jetzt ihr Vater dafür, daß sie ein gutes Leben haben konnte. Und so, wie sie Christus für sein Opfer Dankbarkeit, Liebe und Gehorsam schuldete, so schuldete sie dies auch ihrem Vater.

Luises Eltern nahmen es mit der Religion nicht allzu genau. Man tat das übliche: Weihnachten und Ostern ging man in die Kirche, und die Kinder wurden zum Konfirmationsunterricht geschickt. Luise aber erlebte, wenn sie in dem großen, neugotischen Kirchenraum ihrer Gemeinde saß und wenn alle zusammen mit der Orgel »Ein feste Burg ist unser Gott« sangen, eine Wärme und Verbundenheit, die sie in ihrer familiären Einsamkeit nicht kannte. Sie liebte Christus von ganzem Herzen, und sie liebte Gott. Der war zwar streng, aber er war gütig zu denen, die ihm gehorchten – die nahm er am Ende auf in sein Himmelreich. Die anderen, die Bösen, die Frechen, die Aufsässigen, die Sozis, ließ er dagegen in der Hölle braten. Erhabene Männer hatten zu Gottes Ehren gegen das Böse gekämpft, allen voran der große Martin Luther, der nicht nur ein Tintenfaß nach dem Teufel geworfen hatte, sondern der sogar gegen den Papst und die gesamte verlogene Katholiken-Macht angetreten war. Luise beschloß, ihr Leben Christus und dem väterlich-strengen Protestanten-Gott zu weihen. Sie beschloß, ein Mensch zu werden, der gut war und rein, der Vater und Mutter ehrte, der sich nicht versündigte und der vor *ihm* Wohlgefallen fand.

Luise war glücklich. Endlich hatte sie eine brauchbare Orientierung, wie sie leben konnte. Sie begann zu spüren, was sie zu tun und was sie zu unterlassen hatte, und das stärkte ihr Selbstbewußtsein. Zunächst einmal verbot sie sich jeden verächtlichen Gedanken an ihre Mutter. Sie hatte die beste aller Mütter, und sie begann, diesen Gedanken Tag für Tag in ihre Gebete einzuschließen. Sie war ein glückliches, geliebtes Kind, und dafür wollte sie Gott Dank sagen. Und tatsächlich, je länger und willensstärker sie sich um diese Optik bemühte, desto weniger spürte sie ihre sündigen, verächtlichen Wahrnehmungen ihrer Mutter gegenüber. Gleichzeitig verlor sie viel von ihrer Schüchternheit; sie fühlte ein Recht darauf, ihre Meinung zu sagen, denn nun wußte sie ja, daß sie auf der richtigen Seite stand. Sie begann, sich an den Gesprächen der Erwachsenen zu beteiligen. Und sie begann, die Welt um sich herum nicht nur als bedrohlich zu erleben, sondern aus ihrer neu erworbenen Perspektive zu beurteilen. Die war gar nicht so schwierig. Sozis waren schlecht; die widerlichen neuen Nazis mit ihren häßlichen braunen Uniformen, mit ihren Hakenkreuzen und mit ihrem schlechten Benehmen waren natürlich auch schlecht; Katholiken waren schlecht; Männer, die ihre Frauen verließen, waren schlecht; Kinder, die gegen ihre Eltern rebellierten, waren schlecht; Frauen mit unehelichen Kindern waren schlecht – und vieles mehr. Gut waren Menschen, die so waren wie Luise, wie Hans, Friederike und Siegfried, wie der Pfarrer, der Kaiser, oder wie der ehrwürdige Reichskanzler Hindenburg.

Der neue Lebensstil erwies sich als recht brauchbar. Luise kam ganz gut durch die Schule und kümmerte sich nicht groß um das, was sich draußen tat. Die Machtübernahme durch die Partei Hitlers war ihr unheimlich. In der Familie sprach man mit verhaltenem Ekel von diesem katholischen österreichischen Emporkömmling. Auf der anderen Seite ließ sich nicht leugnen, daß manche von Hitlers Überzeugungen nicht schlecht klangen. Zwar wollte er nicht den Kaiser zurückholen, aber für ihn war Deutschland eine Großmacht, das bedeutendste Volk Europas, ein Volk der Auserwählten, dem er mit einer starken Armee und einem ausgeglichenen Sozialsystem die verlorene Würde und den verlorenen Lebensraum wiedergeben wollte. Und das war angesichts der herrschenden demütigenden Umstände so übel nicht.

Dann aber traf Luise ein Schock. Sie wollte studieren, sie wollte Lehrerin werden. Für die Immatrikulation brauchte man neuerdings jedoch einen Ariernachweis. Wer zu jüdisch war, durfte nicht an die Universität. Luise hatte im Untergrund immer gewußt, daß es von Friederikes Seite her irgendwelche jüdische Wurzeln gab. Aber niemand in der Familie hatte je darüber gesprochen. Und niemand fühlte oder gab sich jüdisch. Auch Luise wäre nicht im entferntesten auf diese Idee gekommen, denn für sie war eines klar: die Juden standen auf der falschen Seite – sie hatten Christus getötet.

Nun aber stellte sich heraus, daß sie nach der neuen Art, wie Menschen beurteilt wurden, zwar zu drei Vierteln arisch, zum vierten Viertel aber jüdisch war. Zunächst kam ihr das absolut blödsinnig vor, denn außer sich selbst kannte sie niemanden, der mit solcher Hingabe der protestantischen Religion und den deutschnationalen Idealen anhing. Dann aber mußte sie sich eingestehen, daß es darum nicht ging. Die Nazis hatten die Macht, und die lebten sie jetzt aus. Für die Familie Ritter hieß das, daß sie auf der falschen, auf der ohnmächtigen Seite stand. Das alte, beschämende jüdische Geheimnis drohte aufzubrechen. Der Teil, den die Familie getreu ihrer Tradition verdrängt, ignoriert, verachtet hatte, dieser Teil holte sie jetzt ein.

Luise beschloß, daß es nicht wahr sei. Niemand sollte ihr, einer durch und durch preußischen Offizierstochter, eine jüdische Identität anhängen. Sie sammelte ihre Papiere zusammen, Ausweis, Abiturzeugnis und Ahnenpaß, atmete tief durch und ging erhobenen Hauptes zum zuständigen Universitätsbüro. Hinter dem Tresen saß ein freundlich aussehender älterer Mann. Der studierte eingehend ihren Ahnenpaß, in dem die Goldmanns, die Katzenbergers und die Breslauers früherer Generationen nicht zu übersehen waren. Er las und blätterte, und zwischendurch blickte er auf und schaute ihr ins Gesicht. Dann blätterte er weiter, und dann schaute er wieder. Das ging eine Weile so hin und her. Schließlich brummte er: »Na, so jüdisch sehen Sie ja auch wieder nicht aus« und knallte ihr seinen Stempel aufs Papier. Luise war eine amtlich beglaubigte Arierin.

Natürlich war sie erleichtert, fühlte sich aber auch beschämt und entblößt. Es war beängstigend und demütigend gewesen, den prüfenden Blicken jenes Beamten und die Abhängigkeit von seiner Laune aushalten zu müssen. Sah man ihr ihre jüdischen Gene wirklich irgendwie an? Wie damals Friederike, so prüfte auch sie sich vor dem Spiegel. Und auch sie fand heraus, daß die Nase ein wenig groß und ein wenig stark gebogen war. Aber niemand rief ihr auf der Straße »Judenmädchen« oder Schlimmeres hinterher. Gleichwohl beschloß sie, so wenig wie möglich aufzufallen. Sie verkroch sich nach bewährtem Muster in ihrem Inneren, lebte spartanisch, büffelte viel, feierte wenig, ging sonntags in die Kirche und war im großen ganzen ziemlich einsam und unglücklich, dabei aber überzeugt, auf dem richtigen Weg zu sein. Sie wäre erstaunt gewesen, wenn man ihr gesagt hätte, daß sie nach außen und auf Menschen, die sie nicht gut kannten, recht arrogant und unnahbar wirkte.

Dann war auch die Universität überstanden, und Luise ging in eine Kleinstadt in der Provinz, um dort praktische Berufserfahrung als Lehrerin zu sammeln. Dort traf sie Hermann, einen jungen Rechtsanwalt, der sich durch die junge, schwierige Frau angezogen fühlte. Herrmann spürte, daß Luises zur Schau gestellte Arroganz nicht echt, daß sie eher eine Bastion war, hinter der sich ein verängstigtes, gedemütigtes, im Grunde liebebedürftiges Kind verschanzte. Und so belagerte er diese Bastion ungeachtet dessen, daß Luise nicht so schnell aufgab. Denn immer wieder erklärte sie ihm geduldig, daß sie ihre Zukunft nicht an der Seite eines Provinz-Advokaten sähe. Im Grunde aber machte er mit seiner optimistischen Art, seiner Hartnäckigkeit und seiner Intelligenz Eindruck auf sie. Und so entschloß sie sich zu einem entscheidenden Test. Eines Tages ließ sie die Zugbrücke herunter, trat aus ihrer Ummauerung heraus und sagte mit stockendem Atem: »Da ist etwas, was Sie wissen müssen. Ich bin jüdischer Abstammung.«

Hermann verschlug es nicht die Sprache. Er war im Grunde ein unpolitischer Mensch, der jeden leben lassen wollte. Er hatte sich bislang mit Erfolg davor gedrückt, in die NSDAP einzutreten, was in seiner Kleinstadt, in der die Parteibonzen ihn kannten und immer wieder zum Eintritt drängten, gar nicht so einfach war. Das Blut- und Boden-Getue dieser Leute war ihm zuwider. Gleichwohl war er ein überzeugter Deutschnationaler. Ähnlich wie Hans Ritter war er fest überzeugt von der Intelligenz der deutschen Nation, die ihm garantiert schien durch den patriarchalischen Staatsgünder Bismarck, dessen Andenken er in hohen Ehren hielt. Abgesehen davon aber fand er, daß jedes Volk und jede Glaubensgemeinschaft im Rahmen ihrer Grenzen ihre Eigenheiten pflegen und bewahren sollte. Auch er mochte die Juden nicht besonders. Aber seine Ängste hatten andere Wurzeln. Aus Not, nicht aus Neigung war er Anwalt in einem Provinznest geworden. Er kam aus kleinen Verhältnissen, war der aufsteigende Familienstar gewesen, auf den alle stolz waren. Die Familie hatte ihm ein Studium ermöglichen können, aber dann starb sein Vater, und Hermann mußte für seine Mutter und die beiden jüngeren Schwestern sorgen. Er konnte also nur ans schnelle Geldverdienen, nicht aber an eine aufwendige Weiterbildung denken.

So schmerzte und verletzte ihn Luises Spott wegen seiner kleinbürgerlichen Anwalts-Existenz durchaus. Andererseits sah er aber in ihr die preußische Offizierstochter, die in ihrer so typisch deutschen Strenge und Entschlossenheit viele jener Ideale verkörperte, die er als Sohn einfacher Eltern stets bewundert und für sich selbst ersehnt hatte. Luises Zuneigung würde ihn selber aufwerten und zu einem wichtigeren, respektableren Menschen machen. Und obgleich er Luises jüdische Mitgift ohne Begeisterung zur Kenntnis nahm, sagte er ihr aus vollem Herzen, daß diese Erbschaft an seiner Liebe und Achtung für sie nichts ändern könne. Luise kamen die Tränen. Das, was sie als schlimmen Makel betrachtete, war für Hermann offensichtlich eine eher periphere Angelegenheit. Hermann hatte die Prüfung bestanden. Glücklich versprach sie ihm, seine Frau zu werden.

Später machten die beiden Besuch bei den zukünftigen Schwiegereltern. Hier war man inzwischen wieder wer. Hans und Friederike waren weggezogen aus dem proletarischen Pankow und bewohnten nun ein Haus in einem angenehmen westlichen Vorort. Das war möglich geworden, weil Hans im Rahmen der Wiederaufrüstung seinen ungeliebten Polizeijob hatte aufgeben und nochmals Karriere im Heer hatte machen können. Nun war er General-Major und glücklich, wieder in seinem angestammten Milieu zu verkehren. Zwar gestand er sich ein, daß er diese Ehre der Kriegstreiberei der Nazis zu verdanken hatte. Aber er fand, er würde gleichwohl seine Pflicht erfüllen, nämlich das deutsche Volk vor dem Feind zu schützen. An der Wand des Salons hing jetzt nicht mehr das Bild des Kaisers, sondern ein großes Portrait von ihm selbst, wie er, mit Orden und Uniform, ernsthaft und einschüchternd dem Betrachter ins Auge blickte – von Friederike in einem inzwischen zu Strenge und Feierlichkeit mutierten Stil in Öl gemalt.

Die Stimmung war zunächst kühl, denn beide, Friederike und Hans, hätten ebenso wie Luise einen Universitätsdozenten oder Arzt für den passenderen Schwiegersohn gehalten. Und dann der Nachname. *Meier* hieß Luises Zukünftiger, Meier würde also auch ihre Tochter heißen, und diesen Brocken schluckten beide nur schwer. Aber schließlich sagten sie sich, daß das Glück ihrer Tochter nicht von solchen Äußerlichkeiten abhinge, und gaben ihren Segen. Die Hochzeit wurde in Berlin gefeiert, in der kleinen Kirche von Ritters Wohngemeinde, und glücklich zogen Luise und Hermann zurück aufs Land.

Dort hatten sie freilich nicht viel voneinander, denn jetzt begann der Krieg. Die Zeit reichte gerade noch zur Zeugung eines Stammhalters, und dann wurde Hermann eingezogen. Gelegentliche Heimaturlaube vergrößerten die Kinderzahl im Laufe der Kriegsjahre auf drei – Michael, Peter und Katharina – und da saß nun Luise mit ihren kleinen Kindern, mit ihrer Angst um den Ehemann, mit dem Grauen vor den Tieffliegern und den näherrückenden Russen. Und mit der heimlichen Unruhe, vielleicht doch noch als Jüdin enttarnt zu werden. Zwei entferntere Tanten waren in Berlin aus ihren Wohnungen abgeholt und in ein Konzentrationslager gebracht worden. Man hatte nie mehr etwas von ihnen gehört – und niemand wagte, darüber zu sprechen. Luise war entschlossen, *diese* Angst nicht an sich und an ihre Kinder herankommen zu lassen. Die sollten nichts wissen von der belastenden jüdischen Erbschaft. Wenn sie alle das Kriegsgrauen gesund überlebten, dann sollten die Kinder gute Protestanten und gottesfürchtige Menschen werden.

Dann war der Krieg vorbei, und alle lebten noch. Hermann war glücklich zurückgekehrt, und Luise tat ihre Pflicht. Sie arbeitete und betete viel, sie liebte ihren Mann und die Kinder, sie hielt die Familienzügel fest im Griff, und sie hatte oft Migräne. Immer wieder hatte sie Kriegsbilder von Entsetzen und Grauen vor Augen, aber sie wußte nicht, wohin damit. Denn schließlich, so tönte es von allen höheren Stellen und aus dem heiseren, aber immer noch funktionierenden Volksempfänger, gehörte sie zu dem Volk, das diesen Krieg angefangen und zu verantworten hatte. Das Leid, das sie und ihre Familie erlebt hatte, war selbstverschuldet.

Dem freilich konnte und wollte Luise nicht folgen, und hier fand sie Unterstützung bei Hermann. Gott hatte sie beide und die Kinder durch Mord und Brand sicher hindurchgeführt, weil ER wußte, daß sie an diesem Unheil keine Schuld trugen. Hermann und Luise waren Teil des wirklichen, des wahren und guten Deutschland, anständige und geradlinige Menschen, Opfer einer proletarischen, im ethischen Sinne undeutschen Übermacht, unter der sie ihren Anteil an Schmerz und Leid erlebt hatten. Wer es nicht glauben wollte, der sollte Hans Ritter befragen, der zwar nicht mehr am Leben war, dessen überlegene, das Gute vom Bösen scheidende Stimme in Luise aber so lebendig war wie eh und je. Wer war schuld am Krieg? Die Nazis natürlich. Wer war schuld am Judenmord? An Auschwitz? Theresienstadt? Treblinka? Buchenwald? Dachau?... ? Natürlich *auch* die

Nazis – wir haben davon ja nichts gewußt. Und überhaupt. Hatten die Juden nicht auch einen eigenen Anteil an ihrem Untergang? Warum waren sie in den zwanziger Jahren in so hellen Scharen nach Deutschland eingewandert und hatten damit den Antisemitismus geschürt? Warum waren sie nicht geblieben, wo sie waren?

Die Migräne schmerzte und ließ sich weder durch Medikamente noch durch Massagen vertreiben. Sonst aber war Luise zufrieden – die Familie gab ihr Halt und Orientierung. Hier, in diesem Mikrokosmos, war alles in Ordnung, hier wurden keine dummen Fragen gestellt, hier entschieden Hermann und sie über Recht und Unrecht, hier war sie sicher, anerkannt zu sein und das Richtige zu tun. Endlich auch brauchte sie sich ihres Mannes nicht mehr zu schämen. Zwar hießen sie nun mal Meier, aber Hermann hatte seine Anwaltspraxis aufgegeben und den Sprung an die Universität gewagt. Er hatte dort viel gearbeitet und viel gelitten, sich zwischen Studenten, rivalisierenden Kollegen, Buchprojekten und Kongreßverpflichtungen aufgerieben und wenig Zeit für die Familie erübrigen können. Aber langsam ging es aufwärts auf der Stufenleiter seiner wissenschaftlichen Karriere, und Luise konnte endlich jenen hingebungs- und verehrungsvollen Stolz auf ihn übertragen, den sie bei ihrem Vater erlernt hatte. Auch Hermann gehörte nun dazu, war eingereiht in die Reihe großer, für das Gute und Wahre kämpfender deutscher Männer.

Katharina

Nun stimmte eigentlich alles in der Familie. In einer Familie, in der die Eltern beruflich erfolgreich und alle einander zugetan waren, in der viel Leben herrschte und in der die Kinder Vater und Mutter nacheiferten und versuchten, den in sie gesetzten Erwartungen gerecht zu werden. Luise und

Hermann sorgten dafür, daß viel gelesen, viel musiziert wurde, viel auch gedichtet und gemalt. Früh öffneten sie den Kindern die Augen für Kunst und Natur, für die Schönheit der Sprache, für logische Argumentation. Und sie lebten ihnen ihren ethischen Kodex vor – wie man sich als guter Mensch in der Welt zu bewegen habe. Die Kinder lernten, daß sie von ihren Eltern nur dann geliebt wurden und ihnen nur dann Ehre machten, wenn sie ehrlich, treu, pflichtbewußt und fleißig waren, und sie versuchten nach Kräften, diesen Ansprüchen zu genügen. Viele Leute, die die Meiers kannten, waren der Meinung, bei denen sei die Welt tatsächlich noch in Ordnung.

Aber die Kinder lernten auch, daß sie der elterlichen Liebe nicht würdig waren, wenn sie frech gegenüber den Erwachsenen oder wütend aufeinander waren; wenn sie logen, Schule schwänzten, Comics lasen, wenn sie sich prügelten, mit schlechten Noten nach Hause kamen, oder auch, wenn sie verletzt, schlecht gelaunt, sauer waren. Wer sich bei einer Untat erwischen ließ, riskierte den vorübergehenden Ausschluß aus der Familienidylle. In schweren Fällen konnte es dann beim Abendessen zu einem regelrechten Familientribunal kommen. Die Übeltäterin oder der Übeltäter wurde mit der begangenen Untat konfrontiert, und als Strafe wurde eine Tracht Prügel verabreicht, oder es herrschte schweigendes Nicht-Wahrnehmen. Der oder die Angeklagte fühlte sich dann erbärmlich, schämte sich für die begangene Untat, schwor heimlich Besserung und machte sich mit neuer Kraft an die Aufgabe, dem Familienideal zu entsprechen.

Andererseits konnte es auch richtig lustig sein. So zum Beispiel, wenn alle zusammen etwas unternahmen – einen Theaterbesuch, einen Familienausflug, ein gutes Essen; oder auch, wenn am Familientisch »die anderen« zum Thema wurden – die Nachbarsfamilie, deren Sohn beim Klauen erwischt worden war; die Vettern und Kusinen, die in der

Schule nicht mitkamen; das befreundete Ehepaar, das sich scheiden ließ, weil der Ehemann seine junge Freundin heiraten wollte. Alles schaurig-scheußliche Sachen, die »uns« nicht passieren konnten und über die es sich deswegen um so genüßlicher lachen und debattieren ließ.

Langsam wurden aus den Kindern junge Leute, die zu ihrem eigenen Erstaunen in der Schule als hochnäsig und besserwisserisch galten. Nicht sie, die doch aus so einer vortrefflichen Familie kamen, waren beliebt, sondern die anderen, die man zu Hause verachtete; die ungebildeten Rabauken, die gut im Sport waren, die laut und gern Witze erzählten und völlig schamlos ihre Liebesabenteuer zum besten gaben. Vor den Meier-Kindern hatte man zwar einen gewissen Respekt, weil sie viel konnten und viel wußten, aber es machte weit mehr Spaß, sich über ihr überlegenes Gehabe lustig zu machen als ihren weltanschaulichen Ausführungen zuzuhören. Die zuckten über so viel Ignoranz die Schultern, sagten sich: »Dann eben nicht«, drehten weiter an ihrer respekteinflößenden Leistungsschraube und fanden die dafür nötige Bestätigung in der Familie und bei ihren wenigen gleichgesinnten Freunden.

In seltenen Fällen fiel ein Schatten auf die unangezweifelte familiäre Harmonie, so zum Beispiel, als die Geschwister eines Abends – Hermann und Luise waren verreist – beschlossen, Ahnenforschung zu betreiben. Der Ahnenpaß mit Ariernachweis war noch da, und in dem fingen sie an zu blättern. Dabei stießen sie, wie weiland Luises Universitätsbeamter, auf die nämlichen Goldbergs, Katzenbergers und Breslauers. Staunend stellten sie fest, daß sie mütterlicherseits jüdischer Herkunft waren. Das bewirkte Verblüffung und Verwirrung, sogar eine gewisse Freude, denn fast alle Künstler und Denker, die ihnen etwas bedeuteten – Karl Kraus, Gustav Mahler, Sigmund Freud, Kurt Tucholsky – waren Juden. Der nationalsozialistische Judenmord war ihnen in der Schule, in Filmen, in Ausstellungen und Büchern mit aller Eindringlichkeit nahegebracht worden. Sie, weniger direkt betroffen und weniger im Schock gefangen als ihre Eltern, hatten gelernt, sich als Mitglieder der deutschen Tätergeneration zu fühlen, und das hatte in ihnen Entsetzen, Betretenheit und das dezidierte Gefühl ausgelöst, diesem Volk nicht angehören zu wollen. Jetzt aber stellte sich heraus, daß sie, die heile protestantische Familie, selber zu denen gehörten, die man verfolgt hatte. Warum, so fragten sie sich, hatte nie jemand darüber gesprochen?

Die Geschwister fragten nach. Aber weder Hermann noch Luise hatten eine Antwort. Statt dessen stellte sich wieder die alte Lähmung ein, äußerlich sichtbar nur an einem verlegenen Lächeln. Das war dürftig, fanden Michael und Peter, und Katharina war fassungslos. Es sollte viele Jahre dauern, bis sie verstehen würde, daß ihre Eltern dem jüdischen Schicksal und den eigenen jüdischen Anteilen gegenüber nicht gleichgültig waren, sondern daß zumal ihre Mutter hatte lernen müssen, die Mischung aus überwältigender Scham und Todesangst angesichts der real vorhandenen Gefahr in ihrem Innern bis zur Unfühlbarkeit vereisen zu lassen.

Nach der Schule verließ Katharina das Haus und begann, ihren eigenen Weg zu suchen. Das war nicht einfach. Denn das Familien-Modell, nach dem man prinzipiell gut war und unter strenger Berücksichtigung gewisser Spielregeln eigentlich immer recht hatte, dieses Modell erwies sich als nur sehr bedingt tauglich. Michael und Peter kamen nicht schlecht damit zurecht, weil sie ungewöhnlich begabt und intelligent waren, und weil sie bald lernten, mit diesen Fähigkeiten nicht nur Neid und Verachtung, sondern – vor allem bei den Frauen – Respekt und Bewunderung zu erregen. Katharina tat sich da schwerer. Auf der Universität fühlte sie sich einsam und unverstanden, und die Familie, in deren Mitte sie sich in der eigenen Haltung hätte bestärken können, war weit weg. Ihr Philologie-Studium schien ihr sinnlos und leer, und die Liebesbeziehungen, die sie mit Männern einging, mündeten mit Regelmäßigkeit in schmerzliche Trennungen. Katharina hatte keine Ahnung, warum ihr immer wieder dasselbe Unglück passierte, aber sie sagte sich, daß sie wohl etwas falsch mache und eine Versagerin sei. Sie versank mehr und mehr in Lähmung, in Selbstvorwürfen und Verzweiflung. Trost fand sie nur noch bei dem Gedanken, daß sie die Freiheit zum Tode habe, daß sie sich jederzeit umbringen könne, wenn sie es nicht mehr aushielte. Davon brachten sie ein paar gute Freunde ab, die sie trotz ihrer Einsamkeit gefunden hatte. Dieser Freundeskreis traf sich regelmäßig, und jeder und jede sprach offen über die eigenen Schwierigkeiten. Für Katharina war das tröstlich – sie war nicht mehr allein mit ihrem Elend. Andere mochten nach außen hin glücklicher scheinen, aber bei näherem Zusehen hatten auch sie ihre Verzweiflung, ihre Ängste, ihre Zwiespälte und Stagnationen. Vor allem erfuhr Katharina, daß niemand so starre, auf Vollkommenheit zielende Idealvorstellungen hatte wie sie. Ein Freund aus dieser Gruppe erbrachte den besten Beweis dafür, daß zu hohe Selbstansprüche nichts taugten. Er versetzte seinem Stolz einen Stoß und begann mit einer Psychotherapie, woraufhin Katharina sah, wie er sich langsam veränderte, wie er allmählich lockerer, fröhlicher, gelassener wurde. Sie beschloß, ebenfalls einen Versuch zu wagen.

*

So lernte ich Katharina kennen. Sie kam eines Tages zu mir in die Sprechstunde, und daraus wurde eine langjährige Therapie, in der sie mir die Einblicke in ihren »Familienroman« gewährte, die ich hier wiederzugeben versuche. Während dieser Zeit lehrte sie mich viel über die Verachtung und ihren strahlenden Zwilling, die Idealisierung, diese zwei Architekten eines Lebensgebäudes, das äußerlich elegant und angenehm aussehen mag, innen aber kalt, leer und langweilig ist, weil ihm die Seele fehlt. Katharina hatte als Bewohnerin eines solchen Hauses ihre Seele verloren, die, wenn sie nicht aus Gründen der Lebensangst kaltgestellt wird, der wichtigste Orientierungs-Wegweiser auf dem Weg hin zur eigenen Wahrheit ist. Für Katharina ging es in der Therapie darum, ihre Seele wiederzufinden.

Für lange Zeit schien sie nichts und niemanden – und schon gar nicht mich – zu brauchen, und dementsprechend überflüssig fühlte ich mich oft. Aber allmählich verstand ich, daß ihre von einer gewissen Überheblichkeit getragene Verschlossenheit ihr weder bewußt noch so von ihr gewollt war. Ich lernte, daß sie tief daran zweifelte, daß die Welt und die Menschen ihrer Umgebung sie um ihrer selbst willen akzeptierten, daß sie vielmehr glaubte, nur dann einen Anspruch auf Beachtung und Liebe zu haben, wenn sie schlagfertig, interessant und erfolgreich war, dabei aber auch freundlich, höflich und rücksichtsvoll; wenn sie keine Schwächen zeigte, niemanden belastete, keine Sehnsüchte spüren und wenn sie keine Zweifel daran erkennen ließ, daß mit ihren hohen Anforderungen an sich und andere vielleicht etwas nicht stimmte.

Zum Glück war Katharina diesem ererbten und verinnerlichten Zermürbungskrieg zwischen Selbstidealisierung und Selbstverachtung auf die Dauer nicht gewachsen. Sie begann, am Sinn ihrer hochgesteckten Lebensziel-Vorstellungen zu verzweifeln. Der Zwang zum Bessersein und Besserwissen führte – das fühlte sie immer deutlicher – zu Vereinsamung, zu Verhärtung und Selbsterniedrigung. Der Wunsch, eine harmonische Familiengemeinschaft im Sinne des Meierschen Ideals zu erschaffen, erwies sich als Falle, weil entweder ihre Glaubenssätze auf diejenigen ihrer Partner prallten und dabei zu ebenso unsäglichen wie unseligen Machtkämpfen führten, oder weil sie sich unterwarf und dadurch zum depressiven, manipulierbaren Schatten ihrer

selbst zu werden drohte. Ihre Arbeit als Bibliothekarin empfand sie als sinnentleerten, langweiligen Gelderwerb, der
für niemanden von wirklichem Nutzen war. Und der patri-
archalische, strenge Protestanten-Gott, der die braven Kinder ins Himmelreich holt und der in dieser Attitüde ihrer
Mutter Luise eine so große Hilfe gewesen war, dieser Gott
erschien ihr zunehmend als in den Himmel projizierter, gro-
tesker Abklatsch irdischer männlicher Machtgestalten, ob
das nun Kaiser, Väter, ältere Brüder oder Chefs waren.

Mit Entschlossenheit arbeitete Katharina an der Demon-
tage der alten Familienbastion, und mit Konsequenz enttarnte sie eine Wertvorstellung nach der anderen als Mas-
kerade. Irgendwann stand sie dann freilich auf einem
Trümmerfeld. Wenig von dem, was sie bislang gehalten und
durchs Leben gebracht hatte, schien tauglich. Kaum etwas
hielt ihrem Verdacht stand, am Ende nur Schein, Manipulation, »Als Ob« zu sein. Liebesgeschichten begann sie aus
dem Wege zu gehen, mit der Familie reduzierte sie den Kontakt auf ein Minimum, und am Arbeitsplatz stand sie wegen
ihrer depressiven Verweigerungshaltung kurz vor dem
Rausschmiß. Sie war verzweifelt, voller hilfloser Wut und
gelähmt angesichts dessen, daß sie zwar zu ihrem Zerstö-
rungswerk stand, daß sie aber keine Ahnung hatte, ob und
wie sie sich ein brauchbares neues Haus – *ihr* Haus – würde
bauen können.

Sie steckte in einem Tunnel, und dieser Tunnel war lang,
tief, schwarz. Das Licht war zunächst kaum erkennbar, und
es kam aus einer gänzlich unerwarteten Richtung. Da war
eine Sache in ihrer Familiengeschichte, die sie nicht bekämpfen mußte, die sie vielmehr mit tiefen Gefühlen, mit Staunen
und Schmerz erfüllte – ihre jüdischen Wurzeln. Katharinas
Therapie war zunächst der üblichen Gesetzmäßigkeit ge-
folgt, nach der die Klientin die traumatischen Elemente
ihrer Kindheit aufarbeitet. In Katharinas Fall waren da

Kriegs-, Krankheits- und Kälteerfahrungen nochmals zu erleben, ein ferner Vater, eine überforderte Mutter, sich überlegen gebärdende Brüder; und es galt, das »System« zu durchschauen – jene ausgeklügelte, über Generationen vererbte Familienideologie, wie »man« zu empfinden, wie »man« mit den großen Themen des Lebens umzugehen habe: mit der Liebe, die alle Familienmitglieder fraglos miteinander verband und die keinen Streit, keine zwei Wahrheiten zuließ; mit Unrecht, Leid und Schuld, für das immer die anderen verantwortlich waren; mit Fehlern, die in dieser Ideologie gleichfalls nur von den anderen gemacht wurden. Mit der Wahrheit und der Unwahrheit, die beide verfügbare, feste Größen waren, wobei die eine ebenso strikt zu befolgen wie die andere zu meiden war; mit der Lebensangst, die niemand fühlen durfte.

All diese Gesetze waren von Katharina lange als gottgegeben erachtet worden. Jetzt erwiesen sie sich als Leitplanken, die ihrer selbst unsichere Menschen brauchen, um einen Weg durch die Widersprüche des Lebens zu finden. Dieser Befund war nicht leicht hinzunehmen. Es schien Katharina, als habe sie 30 Jahre lang nicht sich selbst, sondern eine billige Kopie gelebt, als habe sie für ihre eigene Lebensskulptur statt Marmor unwissentlich Plastik verwandt, und sie haßte sich dafür. Irgendwann aber schien jenes neue Licht auf, und es erhielt seine Nahrung durch eine leise, feine, vorsichtig wahrgenommene Fähigkeit der Einfühlung just in die ausgerotteten, »vergessenen« Teile der Familienvergangenheit und durch wachsendes Verständnis dafür, warum die Familie diese Anteile nicht gepflegt, sondern abgetötet hatte.

Katharina begann zu spüren, daß es nicht ausreichte, ihre Mutter und ihre Großmutter für ihre Schwäche verantwortlich zu machen und sie dafür zu verachten. Verachtung hieß, diese Menschen mit jenem Mittel zu diffamieren, das sie zunehmend als Gefühlsnarkose und damit als untauglich erkannte, wenn es in Wirklichkeit um tiefes, schmerzhaftes Verstehen ging. Katharinas eigene Seelenbetäubung hatte in dem Maße nachgelassen, in dem sie Vertrauen in die Therapie und in mich als einen Menschen gefaßt hatte, der wirkliches Interesse an ihr nahm und echte Anteilnahme an ihrem Schicksal empfand. Ich half ihr zunächst, mit Gedanken und Worten zu verstehen, was ihr geschehen war. Später löste sich die Gefühlsbetäubung, und es stellten sich Worte und Gefühle ein – Haß, Wut und Schmerz zuerst, dann Trauer und Versöhnungsbereitschaft. Über diese Brücke gelang es Katharina, ihre eigene Fähigkeit zu Mitgefühl und Anteilnahme zu entdecken und leben zu lassen. Sie begann, offen und mit wirklichem, vorurteilsfreiem Interesse der scheinbaren, leicht feindlich gefärbten Gleichgültigkeit nachzugehen, die ihre sonst so verwandtschaftsversessene Familie dem eigenen Judentum gegenüber an den Tag legte.

Vorsichtiges Nachforschen, Nachdenken und Nachfragen brachte nicht nur den dunklen Teil der Familiensaga an den Tag, sondern es zeigte sich auch etwas anderes: Über Generationen hinweg hatte die Familie zwar unterschiedliche Inhalte bekämpft, bei diesen Kämpfen aber stets die gleiche Kriegsstrategie verwandt und weitervererbt. Und diese Kriegsstrategie hieß Verachtung und Vergessen. Friederike, die Großmutter, hatte ihr Judentum aus dem Bedürfnis heraus, nicht jüdisch, sondern »deutsch« zu sein, zu verachten gelernt, hatte aber die Erfahrung machen müssen, daß Verachtung nicht genügte. Den Nationalsozialisten war eine verächtliche Jüdin gleichwohl eine Jüdin. Also hatte sie ihr Judentum versachlicht, hatte es aus ihrer Seele und aus ihrem Leben herausgerissen, es der eigenen Persönlichkeit entfremdet und es – so gut oder schlecht das ging – »vergessen«. Die Angst, irgendwann wieder einmal von irgend jemandem als Jüdin enttarnt zu werden, die Angst im Sinne eines Gefühls also, die das einzige lebendige Überbleibsel dieser Verleugnungskampagne gewesen wäre, diese Angst war bis zur Unspürbarkeit in ihrem Innern verborgen, versteckt und verdeckt durch die Idealisierung und Glorifizierung des preußischen Patriarchats und durch die nimmermüde Entrüstung all denen gegenüber, die hier anderen Sinnes waren. Äußeren Schutz bot überdies der in der neuerstandenen Wehrmacht zu hohen Würden gelangte Hans Ritter. Ihren Kindern hatte Friederike nichts über den Inhalt ihrer tiefsitzenden Lebensangst sagen können, und im Alter, als auch mit Preußen und der ganzen Kaiser-Herrlichkeit nichts mehr los war, hatte sie sich verhärtet. Nie hatte sie – und diese Tragik spürte jetzt stellvertretend die Enkelin – in sich den Raum finden können, über ihre verlorenen jüdischen Wurzeln nachzudenken und sie als Verlust an ihrer Seele zu erleben und zu betrauern.

Katharinas Mutter Luise übernahm diese Haltung mit leicht verschobener Gewichtung. Auch sie schämte sich ihrer jüdischen Herkunft, doch hatte sie mehr Distanz dazu. In einer Zeit ebenso gefährlicher wie entsetzlicher Judenverfolgung lebte das Bewußtsein ihrer jüdischen Herkunft im Grunde nur noch im Ahnenpaß – die emotionale Ausrottungsarbeit hatte schon Friederike geleistet. Darum fühlte Luise sich wenig betroffen, sie konnte sich sogar eine – durch den antisemitischen Zeitgeist beeinflußte – mildere Variante der Judenverachtung leisten. Dennoch war ihr Thema das nämliche – die Angst, nicht dazuzugehören; in ihrem Fall, nicht dazuzugehören zur väterlichen Welt des deutschnationalen Bürgertums, was sie durch ihre Verachtung all dessen kompensierte, was sozial von links, von unten, von den Katholiken oder von den Juden kam.

Katharina schließlich war der »Gnade der späten Geburt« teilhaftig geworden, und so gelang es ihr nicht mehr, den ererbten Konflikt zwischen dem Wunsch nach Zugehörigkeit und dem Gefühl von Ausgeschlossensein nach außen zu projizieren. Die jüdische Herkunft kam in ihrem Bewußtsein – sei es als bloße Tatsache, sei es als Familien-schande – nicht mehr vor, und der deutsche Nationalismus war gleichfalls kein Thema mehr. Wohl aber erlebte sie die »Wiederkehr des Verdrängten« darin, daß sie sich als Mit-glied der Täternation für abgrundtief schuldig und nichts-würdig hielt. Parallel dazu fühlte sie sich als Frau und Mensch nicht zugehörig zur realen Welt, abgelehnt als klein, dumm und häßlich, und sie erschuf sich als Abwehrposition hierzu das Ideal einer stolzen, unnahbaren, überlegenen Amazone, die auf alles herabsah, was ihren überhöhten An-sprüchen nicht gerecht wurde.

Alle drei Frauen – Großmutter, Mutter und Enkelin – hat-ten jeweils ihren eigenen, neuen Wein in die alten Schläuche der Verachtung gefüllt – ihre je eigene schmerzliche Wahr-heit des Ausgeschlossenseins. Alle drei hatten sich dieser Wahrheit nicht gestellt, sondern sie aus Schwäche und Angst mit einer je zeit- und umstandsentsprechenden Fas-sade von Überlegenheit und Makellosigkeit übertünchen müssen. Anders aber als Friederike und Luise hatte Katha-rina die Möglichkeit wahrnehmen dürfen, diesem Fluch zu entkommen. Aufgewachsen in einer Zeit, in der man durch bittere Erfahrung gelernt hatte, allzu eindeutigen Wahrhei-ten zu mißtrauen, konnte Katharina das achten lernen, was ihre Mütter hatten verachten müssen. Ohne Scham und zu-nehmend auch ohne schlechtes Gewissen durfte sie sich der Tatsache öffnen, daß das Judentum einen Teil der Wurzeln bildete, aus denen sie und ihre Familie gewachsen waren.

Bei Katharina schuf diese Öffnung Nähe. Je mehr sie sich mit Mutter und Großmutter zusammen in einem Boot er-lebte, desto weniger Kraft brauchte sie, die alten Schatten zu bekämpfen. Statt dessen begann sie ihre Energien zu nutzen, um ihr positives Erbe zu entfalten – einen veritablen Wis-sens-, Verstehens- und Deutungs-Trieb. Nicht länger mußte sie ihre Berührtheit durch die jüdischen Familienwurzeln beschämt als unstatthafte Neugier eines Mitglieds der schuldigen Deutschen abwerten. Sie durfte eine solche Einstellung als gegen sich selbst gewandte Verächtlichkeit erkennen. Sie durfte durchatmen, ihre Weichheit und ihr Mitgefühl spüren, und aus dieser Wurzel heraus durfte sie sich einfühlen, durfte weiterfragen und weiterforschen.

Die Wahrnehmung der jüdischen Wurzeln und die damit verbundene Einfühlungsfähigkeit weckte in Katharina eine neue, selbstbewußte Lebendigkeit und bescherte ihr wichtige Einsichten. Jetzt, wo sie das Recht verspürte, über sich und die Familie nachzudenken, jetzt, wo sie trotz der generations- und zeitgeist-bedingten Unterschiede Entsprechungen fand zwischen ihrem eigenen Lebensstil und dem von Mutter und Großmutter, jetzt fielen ihr auch Entsprechungen im großen auf. Diese Entsprechungen fand sie zum Beispiel im Widerstreit zwischen dem Judentum einerseits und dem Protestantismus lutherischer Prägung, den sie so gut kannte. Fasziniert und zugleich schaudernd berichtete sie mir, wie sie ihre Familiengeschichte als mikrokosmischen Spiegel eines großräumigen ideologischen Prozesses erlebte, in dessen Verlauf das Christentum seine jüdischen Wurzeln erst umzudeuten, dann zu verleugnen, zu verachten und zu »vergessen« und schließlich auszurotten gelernt hatte. Katharina fiel ein Buch in die Hände, *Gottes erste Liebe*. Bewegt und verwundert las sie, wie Friedrich Heer, der Autor, mit dem Zorn des Gerechten darlegte, was er den »größten Raubzug der Weltgeschichte« nannte: die Vereinnahmung des jüdischen Glaubens an jenen Einen Gott durch Paulus und die junge christliche Kirche; die Etikettierung der *Thora* als »Altes Testament« und seine Umdeutung und Christianisierung im Sinne eines Buches der Prophezeiungen auf Christus und den Neuen Bund hin; und die früh einsetzende Verfolgung der Menschen jüdischen Glaubens durch die Christen, die die Verfolger mit der Argumentation zu rechtfertigen suchten, daß sie, die Juden, *ihn*, den Messias umgebracht hätten.

Katharina sah ihr Familiendrama ins Gigantische vergrößert: Der christliche Judenhaß schien ihr strukurell nichts anderes als vergiftete, tödliche Verachtung, geboren letztlich aus einem frühen Gefühl der Einsamkeit und des Schmerzes, nicht zum Auserwählten Volk zu gehören, nicht »Gottes erste Liebe« zu sein. Und sie fragte sich weiter, ob wohl hinter den seit der Machtübernahme durch das Christentum nicht abreißenden Anwürfen, Vorwürfen, Pogromen und Verbrechen gegen die Juden möglicherweise vor allem die Wut darüber steckte, daß diese die immer wieder offerierte Taufe nach Kräften verweigert und damit bei den Christen das unbequeme Gefühl genährt hatten, nicht dazuzugehören zum Bund zwischen Gott und dem Volke Israel. Und wenn dem so wäre, hieße das nicht, daß die Arroganz und Brutalität, mit der die an die Macht gekommene Kirche die Juden ebendiese Macht spüren und sie darunter leiden ließ, letztlich der Abkömmling einer Art kollektiver Panzerung war, die eben jene schmerzliche und deswegen uneingestandene Angst verdeckte, von Gott weniger geliebt zu werden als die jüdischen »Erstgeborenen«? Daß sich diese Angst als überlegene Wahrnehmung eines Alleinvertretungsanspruches in Glaubensdingen tarnte, an dem zu zweifeln ein Verbrechen war? Daß die Kirche, so gesehen, einem Ghetto aus Verachtung und Arroganz gleichkam, dessen Mauern den Blick für die Tatsache verstellten, daß die Juden die älteren Geschwister der Christen waren, die es eigentlich zu achten und zu ehren gegolten hätte? Daß schließlich die aus Verleugnung, Verachtung und Vergessen erfolgte Vernichtung dieser älteren Geschwister in den Konzentrationslagern nicht nur Mord an jenen, an den Geschwistern war, sondern gleichzeitig Mord an der eigenen, Mitleid, Schmerz und Demut empfindenden Seele?

Verachtung und Demütigung, Täter- und Opfer-, Schuld- und Gerechtigkeits-Zuweisungen – diese simplen, aber wirksamen Machtmittel dominierten die Welt im kleinen wie im großen. Das war Katharinas Fazit – ein Fazit, das sie aber je länger desto weniger als nur niederschmetternd empfand, das ihr vielmehr ein großes, verlockendes Freiheits-Angebot zu enthalten schien: Das Angebot, die überkommenen Wert- und Moralvorstellungen *nicht* als gottgegeben hinzunehmen, sondern sie kritisch zu prüfen und – falls sie sie für unzulänglich befand – sich selbst daran zu machen, die große Frage, wie sie leben wolle in der Welt, in eigener Verantwortung anzupacken.

Es gab einen Schlußpunkt. Kurz bevor wir die Therapie beendeten, machte Katharina eine Reise nach Frankreich. Im Zug traf sie einen alten Herrn, einen ehemaligen französischen Politiker und Ex-General der Armee, wie sich herausstellte. Der Mann hatte, wie sie mir später erzählte, eine weise, ganz unmilitärische Ausstrahlung. Das Gespräch drehte sich um die Frage, ob die Welt veränderbar sei oder nicht. Katharinas Gesprächspartner machte eine einfache Rechnung auf: Statistisch seien folgende Prozentzahlen mehr oder weniger konstant: In einer normalen Gesellschaft europäischen Zuschnitts gebe es etwa 3% ethisch hervorragende Menschen, 7% in diesem Sinne Hochbegabte, 20% Begabte, 40% Unauffällige, 20% Minderbegabte, 7% Kriminelle und 3% Schwerkriminelle. Er sähe keinen Hinweis darauf, daß sich an diesen Zahlen durch äußere Einwirkung irgend etwas ändern ließe. Der alte Herr sagte das ohne Zynismus – eher als Summe seiner Lebenserfahrung. Während der folgenden Tage mußte Katharina viel an diese kleine Begebenheit denken. Sie begann, an ihrem Optimismus zu zweifeln, daß die Welt mit ihren Macht-Mechanismen sich je zum Besseren würde verändern lassen. Sie sah sich um: Krieg zwischen Serben und Bosniern, Krieg zwischen Tutzis und Hutus, Krieg zwischen Kurden und Türken – Krieg zwischen Geschwistern, soweit das Auge reicht. Wahrscheinlich hatte der alte Herr recht – diese Welt war nicht zu verbessern. *Aber*: Sie war zu verschlechtern, wenn man nicht zur Erhaltung dessen beitrug, was trotz allem gut, positiv, lebendig und konstruktiv war.

Katharina entschied, sich nicht mehr lähmen zu lassen durch die Arroganz der Übermacht, nicht mehr zu jammern, sich nicht mehr nur mit den Opfern zu identifizieren, sich nicht in Depressionen zu verkriechen. Statt dessen beschloß sie, in ihrem eigenen Lebensrahmen und nach ihren eigenen Kräften zur Erhaltung jener uralten, aber immer wieder von Ausrottung bedrohten Lebenshaltung zu kämpfen – über die eigene Freiheit und die eigene Würde nicht die Freiheit und die Würde der anderen zu vergessen. In ihrer letzten Therapiestunde erzählte Katharina mir, sie habe ein neues Lebensmotto gefunden. Dieses Motto stamme zwar von einem Mann – und zu allem Überfluß von einem frommen Mann, aber das ändere nichts am Wesentlichen. Sie habe kürzlich gelesen, daß irgendwann einmal Johannes XXIII., der alte Papst, einen hohen jüdischen Würdenträger getroffen habe. Er sei auf ihn zugegangen, er habe ihn begrüßt, und die Begrüßung habe gelautet: »Ich bin euer [kleiner] Bruder Josef.«[2]

2 Peter de Rosa, *Gottes erste Diener. Die dunkle Seite des Papsttums*, München 1988, 249.

Dina und ihre Brüder

Schwestern und Brüder im Zerrspiegel von Idealisierung und Entwertung

Mit dem Ausspruch »Son'io Giuseppe il fratello vostro« spielt Johannes XXIII. auf die geschwisterliche Nähe der Religionen an, und er macht geltend, daß Religions-Geschwister verwandtschaftliche Liebe und Achtung füreinander ebenso fühlen sollten, wie dies leibliche Geschwister tun.

Gleichwohl strotzt, wie jeder weiß, die Geschichte von Joseph und seinen Brüdern vor Rivalität, Neid, Mißgunst, Täuschung, Verrat und Überheblichkeit. Mit anderen Worten: Der päpstliche Ausspruch führt mitten hinein in die Ambivalenz von Geschwisterbeziehungen. Verachtung – das zeigten Narziß und Athena – ist eine Waffe im Nahkampf der Geschlechter; Verachtung ist – das zeigte das Erbe der Mütter – vererbbar über Generationen hinweg; und: Verachtung ist lernbar in den Verstrickungen und Verknotungen der Familienbande – im Kräftefeld zwischen Eltern und Geschwistern.

Nachdem die Welt der Geschwisterbeziehung in der psychotherapeutischen Kultur und Literatur lange kein Thema war, hat sie heute Konjunktur.[1] Beides, die langwährende Abstinenz und der derzeitige Boom, hängen mit der Kom-

---

1 Einige der wichtigeren neueren Veröffentlichungen: Stephen Bank, Michael Kahn, *Geschwister-Bindung*, München 1982; Nancy Friday, *Eifersucht. Die dunkle Seite der Liebe*, München 1989, darin: »Geschwister und Rache«; Francine Klagsbrun, *Der Geschwisterkomplex*, Frankfurt/M. 1992; Hartmut Kasten, *Geschwister. Vorbilder, Rivalen, Vertraute,* Berlin etc. 1994; Horst Petri, *Geschwister – Liebe und Rivalität*, Zürich 1994; Sigrid Damm (Hg.), *Geschwister- und Einzelkindererfahrungen*, Pfaffenweiler 1994; Katharina Ley (Hg.), *Geschwisterliches. Jenseits der Rivalität*, Tübingen 1995.

plexität des Gegenstandes zusammen. Die psychoanalytische Betrachtungsweise ging und geht vom Dreieck aus, von *dem* Vater, von *der* Mutter und von *dem* Kind. Das ist kompliziert genug, aber von wohltuender Übersichtlichkeit angesichts der Vielfalt, die sich ergibt, betrachtet man ein Kind in seinem Familien-Zusammenhang. Ist es ein Junge? Ist es ein Mädchen? Ist es ein Mädchen, das ein Junge, oder ein Junge, der ein Mädchen hätte werden sollen? Ist es der oder die Älteste, der oder die Jüngste? Ist es ein »Sandwich«? Ist es Mutters oder Vaters Liebling oder der jeweils bevorzugte Feind? Ist es Vaters Feind und gleichzeitig Mutters Liebling? Oder umgekehrt – Vaters Liebling und Mutters Feind? Ist es vielleicht ein zunächst bevorzugtes, später vernachlässigtes Kind? Ist es der Star der Familie? Oder der Sündenbock? Ist es ein Waisen-, ein Scheidungs- oder ein Adoptivkind? Ist es herausragend oder minderbegabt? Mit welchem der Geschwister fühlt es sich mehr, mit welchem weniger verbunden? Wie wirkt sich sein Geschlecht auf seine Beziehungen zu seinen Eltern und Geschwistern aus?

Viele dieser Fragen kommen in der neueren Literatur zur Sprache. Besonderes Gewicht wird dabei auf die Darstellung von Geschwister-Rivalitäten gelegt. Es werden Konflikte untersucht, die zwischen Brüdern, zwischen Schwestern und zwischen Brüdern und Schwestern typisch sind, wobei hier von jeher die sexuelle Verstrickung zwischen weiblichen und männlichen Geschwistern, der Inzest, besonderes Interesse beanspruchte und beansprucht.[2] Selten aber werden diese Auseinandersetzungen als Auswirkung einer trotz aller Gegenbewegungen immer noch männlich identifizierten Familienkultur betrachtet. Selten wird die ebenso simpel zu stellende wie schwierig zu beantwortende Frage in den Mittelpunkt gestellt, welche Folgen die Tatsa-

---

2 Vgl. Otto Rank, *Das Inzest-Motiv in Dichtung und Sage*, Leipzig etc. 1926.

che auf Brüder und Schwestern hat, daß trotz aller gegenteiligen Beteuerungen meist doch eher der Sohn als die Tochter etwas »Besonderes« in der Familie ist.[3]

Das »Kinderzimmer« ist die ebenso symbolische wie reale Bühne, auf der Kinder elementare Kontaktmuster kennenlernen, einüben und vertiefen: Liebe, Solidarität, Zuneigung, Zusammengehörigkeitsgefühl, Anteilnahme auf der einen und Rivalität, Überheblichkeit, Beschämung, Haß, Wut, Gleichgültigkeit auf der anderen Seite. Geschwister erleben von Seiten ihrer Eltern die Auswirkungen scheinbarer oder tatsächlicher Bevorzugung und Benachteiligung, und sie entwickeln für diese Art der Wahrnehmung eine seismographische Sensibilität. Wird ein Kind für irgendeine Handlung gelobt, so kommt dieses Lob bei seinen Geschwistern häufig als Benachteiligung an – sie fühlen sich nicht in dem gesehen, was *sie* an lobenswerten Taten vollbracht haben. Wird eines bestraft, so erlebt es sich oft genug als Sündenbock, und die anderen sind froh, daß es nicht sie erwischt hat. Alle Kinder reagieren auf die Erfahrungen des Bevorzugt-, des Benachteiligt- oder des Draußen-Seins blitzartig – sie fühlen und geben sich überheblich, gekränkt, sie suchen Trost, sie trösten, sie schlagen sich, sie verschließen sich. Gelingt den Eltern im wesentlichen das Kunststück, einen für die Kinder transparenten Erziehungsstil der Gerechtigkeit zu praktizieren, dann ist das die beste Voraussetzung, daß das »Kinderzimmer« zur Probebühne für ein erfülltes Leben wird. Stecken aber in den Eltern zu viele ungelöste Kinderkonflikte, dann werden sie diese auf ihre Kinder übertragen und durch verzerrte, ungerechte, zu sehr von eigenen Bedürfnissen gelenkte Impulse ihre Kinder gegeneinander und damit letztlich auch gegen sich selbst aufbringen.

3 Eine Ausnahme stellt das Buch von Francine Klagsbrun dar, und hier vor allem das Kapitel »Brüder und Schwestern und Schwestern und Brüder«, sowie das Anm. 1 genannte Kapitel in Nancy Fridays Buch *Eifersucht*.

Die »Ungerechtigkeit«, von der hier die Rede sein soll, scheint allerdings über eine individuelle Elternneurose hinauszugehen. »Alle Eltern wollen einen Sohn. Diese Binsenwahrheit gilt seit den Anfängen der historischen Überlieferung«, schreibt Francine Klagsbrun in ihrem Geschwisterbuch, und sie fährt fort: »Ich muß hier nicht weiter ausführen, was jeder weiß. In den meisten Kulturen waren Söhne mehr wert als Töchter.«[4] In der Tat, jeder weiß, daß schon das erste irdische Geschwisterpaar der jüdisch-christlichen Tradition ein Brüderpaar war: Kain und Abel; daß das erste irdische Zwillingspaar gleichfalls männlichen Geschlechtes war: Jakob und Esau; und daß die erste prominente Geschwisterhorde eine Horde von Brüdern war: Joseph und seine Brüder.

Christiane Olivier begründet die Ungerechtigkeit männlicher Bevorzugung ebenso einfach wie einleuchtend mit dem »mütterlichen Ganzheitsphantasma«: Mütter, die einen Sohn gebären, empfinden ihn als Vervollständigung der eigenen Persönlichkeit und damit als faszinierend, die neugeborene Tochter hingegen als zwar erfrischende, aber deutlich weniger spannende Wiederkehr ihrer selbst: »In ihrem Sohn hat die Mutter [...] die einzigartige Gelegenheit, *sich in männlicher Gestalt zu sehen*, dieses aus ihr hervorgegangene Kind ist vom anderen Geschlecht, und die Frau kann hier an den alten Menschheitstraum glauben, an die Bisexualität, an die so oft in griechischen Statuen dargestellte Zweigeschlechtlichkeit.« Und ingrimmig fügt die feministische Analytikerin hinzu: »Seht doch, wie sie ihn stolz herumträgt, diesen Sohn, der kommt, um sie zu vervollständigen, wie kein anderer es kann, seht den Zustand der Erfüllung, der in das Gesicht all dieser Madonnen gemalt ist.«[5]

4 op. cit., 123.
5 Christiane Olivier, *Jokastes Kinder. Die Psyche der Frau im Schatten der Mutter*, München 1989, 54.

Ich möchte nachfragen, wie sich diese anscheinend bis zu einem gewissen Grade »gottgegebene« Ungerechtigkeit im Verhältnis zwischen Brüdern zu ihren Schwestern und Schwestern zu ihren Brüdern auswirkt. Diese Frage will ich dadurch veranschaulichen, daß ich zuerst eine wenig bekannte biblische Geschichte erzähle, dann von zwei bekannten Geschwister-Paaren berichte und schließlich einige Erfahrungen aus meiner Praxis darstelle, die mich etwas über dieses Thema lehrten.

I

Josef und seine elf Brüder waren die Söhne Jakobs, die dieser mit vier Frauen gezeugt hatte: mit seiner Frau Lea, die ihm von seinem Schwiegervater Laban untergeschoben worden war; mit deren Schwester Rahel, seiner eigentlichen Herzensgeliebten; und mit Leas und Rahels Mägden Silpa und Bilha, die Jakob von den heftig um die Gunst ihres Herrn rivalisierenden Schwestern in Zeiten eigener Unfruchtbarkeit ins Bett gelegt worden waren und die dann ihrerseits prompt Söhne zur Welt brachten.

Weniger bekannt ist, daß Jakob auch eine Tochter, die zwölf Brüder also eine Schwester hatten. Deren Vorhandensein in der üblicherweise nur Söhne enthaltenden Aufzählung des Partriarchen-Nachwuchses kann man in der Bibel leicht überlesen – das Mädchen erscheint als Schlußlicht in der Reihe der Nachkommen von Lea und Jakob: »Danach [nach dem Sebulon, Leas sechstem Sohn] gebar sie eine Tochter und nannte sie Dina.« Man kann sich fragen, warum Dina die Ehre widerfuhr, eigens erwähnt zu werden, während andere Töchter, die Jakobs fruchtbare Frauen und Mägde zweifellos auch gebaren, dieser Auszeichnung von Seiten der biblischen Autoren nicht für würdig befunden wurden.

Die Antwort könnte sein: An Dina knüpft sich eine Geschichte grausamer brüderlicher Machtentfaltung, die in ihrer lapidaren Brutalität im 1. Buch Mose erzählt wird. Dort wird berichtet, daß Jakob und seine Großfamilie nach ihrer Rückkehr aus Syrien im Lande der Hewiter, vor den Toren der kanaanäischen Stadt Schekem, ihre Zelte aufgeschlagen, Boden erworben und begonnen hätten, Ackerbau und Viehzucht zu treiben. Eines Tages sei Dina, Jakobs Tochter, ausgegangen, »um sich die Mädchen des Landes anzusehen«, und hierbei sei sie von Sichem, dem Sohn des Landesfürsten, gesehen worden. Er nahm sie sich, heißt es, »und wohnte ihr bei und tat ihr so Gewalt an. Aber sein Herz hing an Dina, der Tochter Jakobs, und er hatte das Mädchen lieb und redete ihr freundlich zu«. Sichem habe also bei aller Gewalttätigkeit Liebe zu Dina gefühlt, und er habe seinen Vater, den Landesfürsten Hemor, gebeten, für ihn bei Jakob um Dina zu werben. Über Jakobs Reaktion auf die Vergewaltigung mit nachfolgender Brautwerbung erfahren wir aus der Bibel nichts, um so mehr aber über die der Söhne. Diese seien tief in ihrer Ehre verletzt gewesen und hätten Rache geschworen. Zum Schein hätten sie sich von Hemor und dem verliebten Sichem besänftigen lassen, der sie angefleht habe: »Tut mir doch den Gefallen! Was ihr von mir verlangt, das will ich geben. Ihr mögt von mir einen noch so großen Brautpreis fordern und Geschenke, ich will sie geben, wie ihr sie von mir fordert. Nur gebt mir das Mädchen zum Weibe!« Daraufhin hätten die Söhne Jakobs für die Eheschließung hinterhältig folgende Bedingung gestellt: »Es ist uns unmöglich, unsere Schwester einem unbeschnittenen Manne zu geben; denn das gilt uns für eine Schande. Nur unter der Bedingung wollen wir euch zu Willen sein, wenn ihr uns gleich werdet, indem ihr alles, was unter euch männlich ist, beschneiden lasst. Dann wollen wir euch unsere Töchter geben und uns eure Töchter nehmen, wir wollen unter euch wohnen und ein Volk mit euch werden.«

Freudig seien Hemor und Sichem auf diese Bedingung eingegangen, hätten dafür gesorgt, daß sich ihre sämtlichen männlichen Untertanen beschneiden ließen, und sich gleichfalls der unangenehmen Prozedur unterworfen. »Am dritten Tage aber, als es sie schmerzte, nahmen zwei der Söhne Jakobs, Simeon und Levi, ein Schwert, drangen ungefährdet in die Stadt ein und töteten alles, was männlich war. Auch Hemor und seinen Sohn Sichem töteten sie mit der Schärfe des Schwertes, nahmen Dina aus dem Hause Sichems und gingen davon. Die Söhne Jakobs fielen über die Kranken her und plünderten die Stadt, weil sie ihre Schwester geschändet hatten. Ihre Schafe, Rinder und Esel, was in der Stadt und was auf dem Felde war, nahmen sie weg, all ihre Habe, all ihre Kinder und Frauen führten sie fort und plünderten alles, was in den Häusern war.« Dem wehklagenden Jakob, der die Rache der Kanaaniter an sich und seiner Familie fürchtete, hätten die Söhne nur geantwortet: »Soll er unsre Schwester wie eine Dirne behandeln dürfen?«

Die Geschichte Dinas ist eine brutale Männergeschichte um Besitz und Macht, in der der geschundenen, aber immerhin von ihrem Vergewaltiger auch geliebten Schwester kein einziges Wort einer eigenen Meinungsäußerung in den Mund gelegt wird. Wie stand *sie* zu Sichem? Hat sie ihn gehaßt? Hat sie ihn – sie lebte zur Zeit des Gemetzels in Sichems Haus – liebgewonnen? Dina bleibt stumm, und der Verdacht liegt nahe, daß ihre Gefühle für die biblischen Erzähler kein Thema waren. Den Chronisten diente die junge Frau nur zur Darstellung eines Konfliktes; ihr schlimmes Schicksal wird zum Aufhänger, die Rauf-, Mord- und Eroberungslust der Jakob-Söhne darzustellen.

Es gibt eine Übersetzung dieser gräßlichen Begebenheit in etwas menschlichere Dimensionen, die das Geschehen dadurch freilich eher noch brutaler, wenn auch leichter einfühlbar erscheinen läßt. Thomas Mann hat die *Geschichte*

Dinas in seiner Tetralogie *Joseph und seine Brüder* ausgestaltet. Mit feiner Ironie legt der Dichter den Finger auf den wunden Punkt. Dina sei, so rechnet er zunächst nach, zum Zeitpunkt des Geschehens dreizehn Jahre alt und damit das fünfte, nicht das jüngste von Leas sieben Kindern gewesen. Die Bibelautoren hätten ihr den letzten Platz in der KinderReihe darum gegeben, weil sie eben nur ein Mädchen war. »Es war Flüchtigkeit, Gleichgültigkeit, die ihnen [den Chronisten] den Griffel führte, wenn sie den Namen des Mädchens einfach an das Ende der Leakinderserie setzten, statt an seinen gehörigen Ort: um die Sohnesfolge nicht durch etwas so Unbeträchtliches, ja Störendes wie einen Mädchennamen zu unterbrechen. Wer nähme es genau mit einem Mädchen? [...] Jedes Schulkind weiß heute noch, daß Jaakob zwölf Söhne besaß, und hat ihre Namen am Schnürchen, während weite Kreise des Publikums von der Existenz der unglücklichen kleinen Dina kaum etwas ahnen und sich überrascht zeigen bei ihrer Erwähnung.«[6]

Sodann schildert der Dichter ausführlich und kunstvoll die Reize des Mädchens, kunstvoll auch darin, daß er Dina als eine früh entfaltete, schnell verblühende und vom Geist der Erkenntnis eher flüchtig benetzte Blume zeichnet. Mit ihren dreizehn Jahren habe Dina sich angeschickt, ein »Weib« zu werden »und so anziehend, wie man es bei einem Leakind nur irgend erwarten konnte, ja, vorübergehend anziehender, als man es bei diesem kräftigen, aber unschönen Schlage im Ganzen hätte erwarten sollen. Sie war ein rechtes Kind der mesopotamischen Steppe, welcher ein früh ausbrechender und überschwenglich blütenreicher Frühling gegeben ist, dem kein lebendiger Sommer folgt; denn schon im Mai ist die ganze Zauberpracht von einer unbarmherzigen Sonne zu Kohle verbrannt.«

6 Thomas Mann, *Joseph und seine Brüder. Der erste Roman: Die Geschichte Jaakobs*, Frankfurt/M. 1994, 149 (Fischer Taschenbuch 9435).

Die Brüder waren demgegenüber, so der Dichter weiter, wilde »bis zur Schwärzlichkeit gebräunte Gesellen in ihren gegürteten Zottelnkitteln und mit ihrem von Fett starrenden Haar«, räuberisch, habgierig, stets bereit, sich für einen Weideplatz zu schlagen und weit entfernt von ihres Vaters Sanftheit und Frömmigkeit. Gern hätten sie das reiche und schöne Schekem überfallen und geplündert, wagten dies aber nicht ohne die Zustimmung Jaakobs. Der verwahrte sich gegen solches Banditentum, beschimpfte seine Söhne als gewissenloses Gesindel und brachte sie dazu, einige Jahre friedlich auf dem eigenen Land und in nachbarlichem Kontakt mit den Leuten von Schekem zu leben.

Es sei dann keinesfalls so gewesen, daß Sichem, der Sohn des Landesfürsten und vom Dichter als ein etwas »zappeliger« Jüngling beschrieben, Dina gesehen und kurzerhand vergewaltigt habe. Vielmehr habe er sie auf einem Fest von weitem erblickt, als sie, liebreizend anzuschauen, zusammen mit ihrer Mutter Lea auf einer Matte saß. Mit ihren dreizehn Jahren habe Dina in voller Blüte gestanden, und der »Burgsohn« Sichem sei sofort entflammt gewesen angesichts – Thomas Mann hat sichtlich Salomos Hohes Lied vor dem inneren Auge – »ihrer Jugend, süß, zäh, gleichsam Fäden ziehend wie Dattelhonig«; angesichts auch ihrer »Haarfransen in der Stirn und dem Schleiertuch ihres Hauptes, lange finster-süße Augen von klebrigem Schwarz«; und angesichts des »Schlimmsten fast«, der »kleinen goldbraunen Hände, mit geschminkten Nägeln, wenn sie in ihrem Schoß spielten, ebenfalls mit Ringen bedeckt, kindlich und klug zugleich«.

Sichem, einzig von dem Gedanken besessen, »wie es sein müßte, wenn diese Hände ihn liebkosen würden beim Beilager,« habe von Stund an seinem Vater in den Ohren gelegen, »er könne nicht leben und sein Leib müsse verdorren ohne die chabirische Dirne«. Tatsächlich habe sich Vater Hemor, der seinen Sohn nicht habe verdorren lassen wollen, zu Jakob aufgemacht und ihm Sichems Werbung vorgetragen. Jakob sei verwirrt gewesen. Einerseits habe er den Antrag als ehrenvoll empfunden und es in der gegenwärtigen politischen Lage für opportun gehalten, ihm stattzugeben. Andererseits sei ihm klar gewesen, daß nach Abrahamitischer Familientradition der eigene Stamm keine heidnischen, Baal-gläubigen Kanaaniter heiraten dürfe. Dann habe er überlegt, daß Dina ja nur ein Mädchen sei, und Mädchen stünden nicht im Zentrum göttlicher Dispositionen: Jakob »hatte sich niemals viel um Dina, das Frätzchen, gekümmert, da sein Gefühl dem entzückenden Joseph gehörte, und nie hatte er aus der Höhe irgendeine Weisung ihretwegen empfangen. Immerhin war sie seine einzige Tochter, das Begehren des Burgsohnes ließ sie in seinen Augen im Werte steigen, und er bedachte, daß er sich hüten müsse, diesen wenig beachteten Besitz vor Gott zu vertun.«

Jakob habe sich dann mit seinen Söhnen beraten, und in denen sei sofort die Habgier erwacht. Sichem solle sich beschneiden lassen, hätten sie listig geraten, dann könne er Dina haben. Jakob habe das für eine gute Idee gehalten, »obgleich er sich über die Frömmigkeit der Söhne zu verwundern hatte«. Sichem sei freudig bereit gewesen, sich der schmerzvollen Operation zu unterziehen, und sei stracks ans Werk gegangen. Nach Wochenfrist »kaum noch genesen, behindert noch, doch strahlend vor Vertrauen«, sei er dann gekommen und habe seinen Preis gefordert. Aber er sei betrogen worden. Jakob habe sich nicht blicken lassen, sei angeblich verreist gewesen, und die Söhne hätten ihm unter fadenscheinigen Vorwänden – unter anderem mit dem Hinweis, Sichem habe schon eine Frau und Dina sei kein Kebsweib – die Hand ihrer Schwester verweigert. Jetzt erst sei Sichem wutentbrannt zur Tat geschritten. Er habe die Jakobssöhne verflucht, und ein paar Tage später sei Dina verschwunden gewesen – von Sichem nach Schekem entführt.

Dort, so meint der Dichter, habe sie sich keineswegs schlecht gefühlt. Sie war »verschlossen in Sichems Haus der Spiele und Lüste, wo übrigens ungeahnte städtische Annehmlichkeiten sie umgaben, und Sichem hielt hastig das ersehnte Beilager mit ihr, wogegen sie nicht einmal Gewichtiges einzuwenden hatte. Sie war ein unbedeutendes Ding, ergeben, ohne Urteil und Widersetzlichkeit. Was mit ihr geschah, wenn es klar und energisch geschah, nahm sie als das Gegebene und Natürliche hin.« Die Wut der Brüder aber habe keine Grenzen gekannt. »Rache, Rache, Überfall, Totschlag, Blut und Marter, das war alles, was sie kannten« und was sie dann auch taten – zunächst mit Scheinverhandlungen zwecks Legitimierung der Verbindung von Sichem und Dina, dann mit der Lahmlegung der gesamten männlichen Bevölkerung durch Beschneidung und schließlich mit jenem Blutbad, von dem die Bibel berichtet.

Jakob habe das Unheil kommen sehen, sei aber zu schwach gewesen, ihm Einhalt zu gebieten. Als alle tot waren, als die Stadt zerstört und geplündert war, da habe er seine Wut über die mörderischen Söhne an seiner Tochter ausgelassen: »›Bist du schwanger?‹ fuhr er Dina an, die vernichtet am Boden kauerte [...] ›Wie kann ich's schon wissen‹ heulte sie. – ›Das Kind soll nicht leben‹, entschied er, und sie heulte wieder. Er bestimmte ruhiger: ›Israel bricht auf mit allem, was sein ist, und ziehet fort mit den Gütern und Herden, die ihr mit dem Schwerte nahmet für Dina. Denn es ist seines Bleibens nicht an der Stätte dieser Greuel.‹« So sei es dann geschehen. Man habe die Kamele bepackt und sei weitergezogen.

Und wie erging es Dina? Anders als die biblischen Chronisten stellt der Dichter sich diese Frage, und er erfindet ein trostloses Schlußbild: »Dina und Lea, ihre Mutter, ritten dasselbe kluge und starke Kamel. Zu beiden Seiten der Hökker hingen sie in geschmückten Körben unter dem Schattentuch, das über ein Rohrgestänge gebreitet war und das Dina fast immer ganz über sich herabließ, so daß sie im Dunkeln saß. Sie war gesegneten Leibes. Das Kind, das sie zur Welt brachte, als ihre Stunde kam, wurde ausgesetzt nach der Männer Beschluß. Sie selbst kümmerte hin und verschrumpfte weit vor der Zeit. Mit fünfzehn Jahren glich ihr unseliges Frätzchen dem einer Alten.«

2

Die Bibelautoren stellen Dina dar als ein zwar begehrenswertes aber nicht allzu kostbares Schmuckstück, das man später, wenn der Glanz trüb geworden ist, wegwerfen kann – weiblich, aber ohne Sprache, ohne Gefühl, ohne Eigenwert. Der Dichter geht – immerhin – darüber hinaus, er haucht der Jakobstochter eine gewisse Lebendigkeit ein. Nur: von welcher Art ist diese Lebendigkeit? Das, was die Dina des Josephsromans belebt, ist nicht die Energie einer jungen, mit sich selbst, mit den eigenen Irrungen, Wirrungen, Hoffnungen und Wünschen beschäftigten Frau, sondern Männerprojektion und Männerphantasie. Die Aura, die Thomas Mann kreiert, ist bunt, köstlich, wohlriechend, süß, schnell auch in ihrer Süßigkeit verblühend. Im übrigen ist das Mädchen, da ist der Dichter sich mit den Bibelautoren einig, geist- und sprachlos. Und er läßt sie »heulen«, als ihr die Seele aus dem Leib gerissen wird.

Dichter, die diesen Namen verdienen, haben alle Freiheiten, und Thomas Mann hat sie sich genommen. Voll Andacht folge ich ihm, wie er die alten Mythen wundersam kunstvoll, inspiriert und inspirierend, dazu mit einer heiter-ironischen Sprach- und Spielfertigkeit, neu erzählt. Er zeigt in seinem Josephsroman, wie sich die biblischen Geschichten zum Sprungbrett eignen, um aus dem eigenen Alltag für eine Weile in ferne Welten zu fliegen. Fasziniert folge ich seiner Schilderung von der fetthaarigen Bruderhorde, die sich von ihrem frommen Vater vor allem durch angewandte Grobheit und Rachsucht unterscheidet. Ich schaue auch voller Überzeugung durch des Dichters Brille, wenn dieser Dina ein einfaches Bauernkind sein läßt, die Schwester dieser Horde, ihrerseits ein bißchen grob; ein Mädchen, dessen Schönheit einen etwas vordergründigen, einen an die sogenannten niederen Instinkte appellierenden Reiz hat; ein Mädchen, das sich mit wenigem zufriedengibt; das nicht unglücklich ist, als Sichem es von seiner Jungfräulichkeit und der Gängelei durch die Brüder befreit, und das gern in seinem sicheren Harem wohnt.

Warum aber läßt der Dichter, der ebenso Sprachsensible wie Sprachgewaltige, seine Heldin *heulen*, wenn er erzählt, wie man dieser jungen Frau erst den Mann abschlachtet und dann ihr Kind umbringt, das doch ein Teil ihrer selbst und zudem die einzige Erinnerung an den Vater, an den zwar zappeligen, aber vielleicht geliebten Sichem ist? Warum, so frage ich mich, gibt er Dina im Angesicht dieses Seelenmordes nicht die Würde des *Weinens?* Wäre ihm die Vorstellung, daß eine Schwester durch väterliche und brüderliche Überheblichkeit das tiefste Leid erfahren kann, vielleicht zu nahe gekommen?

Auch Thomas Mann war ein Bruder – er hatte zwei Brüder und zwei Schwestern. Beide Brüder lebten, ebenso wie Thomas Mann selbst, ihr Leben bis zu ihrem Tode. Beide Schwestern aber begingen Selbstmord. Thomas Mann hatte tiefe Geschwister-Erfahrungen, und ich möchte diesen Spuren hier ein Stück weit in der Hoffnung folgen, aus ihnen einige über das Individuelle hinausreichende Schlüsse über Bruder-Schwester-Beziehungen zu ziehen. Zwar, Thomas Mann und seine Geschwister lebten ihre Beziehungen besonders heftig, besonders gefühlsintensiv, und das macht sie zu Ausnahme-Fällen. Aber gerade durch diese Intensität werden die Konturen des Typischen um so deutlicher. Es sind Konturen, die einmal mehr das Bild von Jungen und

Mädchen, von Männern und Frauen ergeben, die einen wesentlichen Teil der eigenen Persönlichkeit nicht selbst leben, sondern an das Gegenüber delegieren: Das Bild zeigt Schwestern, die klein bleiben im Bruderschatten, und Brüder, die unter dem Zwang stehen, ihre Schwestern zu dominieren; Schwestern, die ihren Brüdern gegenüber in einer Kinderposition verharren, und Brüder, die ihre Schwestern »bevatern«.

Ohne daß zwangvolles Zurechtbiegen nötig wäre, lassen sich viele Parallelen ziehen zwischen der Struktur der Lübecker Familie Mann und dem familiären Milieu, das ich am Beispiel von Narziß und Athena beschrieben habe.[7]

1869 heiratete der Kaufmann und Firmeninhaber Thomas Johann Heinrich Mann im Alter von 29 Jahren die knapp achtzehnjährige Julia da Silva Bruhns, eine Schönheit von exotischem Reiz, die als Tochter eines Lübecker Auswanderers und einer Einheimischen in Brasilien zur Welt gekommen war. Dort hatte Julia da Silva ein paar Jahre in ungezwungener Freiheit gelebt, bis sie – fünfjährig – ihre Mutter verlor. Der Vater brachte sie und ihre Geschwister

7 Im Folgenden beziehe ich mich vor allem auf Marianne Goch, »Carla Mann (1881-1910). Eine biographische Skizze«, in: Luise F. Pusch (Hg.), *Schwestern berühmter Männer. Zwölf biographische Portraits*, Frankfurt a. M. 1985; Donald A. Prater, *Thomas Mann, deutscher Weltbürger*, München etc. 1995; und vor allem auf Marianne Krüll, *Im Netz des Zauberers. Eine andere Geschichte der Familie Mann*, Frankfurt a. M. 1994, einer eindrücklichen Darstellung und psychoanalytischen Deutung des Mannschen »Familienromans.« Marianne Krüll stellt dort drei Generationen der Familie dar und geht auch in überzeugender Weise auf die Geschwisterbeziehung der mittleren Generation ein. Da es ihr aber um die Komplexität der gesamten Familie geht, ist der Bruder-Schwester-Aspekt, der hier im Mittelpunkt steht, dort weniger ausgearbeitet, obwohl er der Autorin keineswegs entgeht.

daraufhin nach Lübeck, quartierte Julia zusammen mit ihrer Schwester in einem Mädchenpensionat ein und kehrte zurück auf seinen fernen Kontinent.

Für Julia da Silva Bruhns wurde Brasilien zum Land ihrer verlorenen Träume und des verlorenen Vaters. Lebendig, erotisch und phantasiebegabt, wäre sie gern Schauspielerin geworden. Man redete ihr diese Idee aber als nicht standesgemäß aus, und so ging sie den Weg, der ihr offenstand – sie heiratete einen seriösen Geschäftsmann, der sie von der Tristesse ihres Pensionärinnen-Daseins befreite. Die Ehe scheint sie gleichwohl bald als Gefängnis erlebt zu haben, aus dem sie sich durch die Entfaltung gesellschaftlichen Glanzes, durch Musizieren und durch gelegentliche Affären herauszuretten versuchte.

Der Ehemann Thomas Johann Heinrich Mann stammte aus einer »Vernunftsehe«. Sein Vater war früh Witwer geworden und hatte zwei junge Söhne zu versorgen. Er heiratete nochmals, um »seinen kleinen Kindern eine Mutter zu geben«.[8] Die Söhne aus erster Ehe machten ihrer Stiefmutter das Leben nicht leicht, und es gab viele Spannungen, denen sich der Vater dadurch entzog, daß er »fast den ganzen Tag im Geschäft«[9] war. Um so wichtiger werden der jungen Mutter in dieser unguten Atmosphäre ihre eigenen Kinder, vor allem der Sohn Thomas Johann Heinrich, gewesen sein. Der durchlief die übliche Ausbildung und übernahm als Dreiundzwanzigjähriger – unter Überspringung der Erbfolge – die väterliche Firma. In dieser Position scheint viel auf dem jungen Mann gelastet zu haben. Denn als Firmenchef wurde er »zum Ernährer seiner Mutter, seiner Geschwister, seiner Halbbrüder – von allen Seiten wurde er bedrängt, alle standen miteinander im Streit, den er auffangen und beschwichtigen sollte,

8 So die Enkelin Julia Mann, Thomas Manns Schwester; Krüll, op. cit., 45.
9 Krüll., op. cit. 47.

und gleichzeitig sollte er ein erfolgreicher Geschäftsmann sein.«[10]

Ein »Kephissos« also, der die Bürde seiner Verantwortung zu tragen hatte, und eine »Leiriope,« die im Grunde noch zu jung und zu lebenslustig war, als daß sie sich schon dauerhaft hätte binden sollen. Diese beiden hatten in 22 Ehejahren fünf Kinder: Heinrich (geb. 1871), Thomas (geb. 1875), Julia (geb. 1877), Carla (geb. 1881) und den Nachzügler Viktor (1890).

Heinrich und Thomas Mann

Heinrich, dem Erstgeborenen, galt die besondere Aufmerksamkeit seines Vaters, sah der doch in ihm den Firmenerben. »Sein Geschäft war, Getreide zu kaufen, es zu lagern und es zu verschiffen«, schreibt der Sohn in seiner Autobiographie. »Als Knaben nahm er mich auf die Dörfer mit. Damals hoffte er noch, ich könnte ihm nachfolgen. Er ließ mich ein Schiff taufen, er stellte mich seinen Leuten vor.« Allerdings: »Das alles schlief ein, als ich zuviel las und die Häuser der Straße nicht hersagen konnte.«[11] Die Mutter war zum Zeitpunkt von Heinrichs Geburt noch keine zwanzig Jahre alt und konnte »mit ihrem ersten Kind, so scheint es, nicht viel anfangen. Sie interessierte sich offensichtlich für alles andere mehr als für ihn. Sie scheint ihn heftigen emotionalen Wechselbädern ausgesetzt zu haben, die ihn verunsicherten und verstörten.«[12] So benutzte sie den kleinen Heinrich in einem Moment als Zeugen und Mitverschwörer ihrer Flirts, mit denen sie hinter dem Rücken ihres Mannes beschäftigt

10 Krüll, op. cit., 48.
11 Heinrich Mann, *Ein Zeitalter wird besichtigt. Erinnerungen*, Frankfurt/M. 1988, 240 (Heinrich Mann Studienausgabe in Einzelbänden).
12 Krüll, op. cit., 56.

war, um ihn im nächsten Augenblick zum Sündenbock für ihr eigenes schlechtes Gewissen zu machen. Rebellierte er auf seine Art gegen das mütterliche Doppelspiel, dann drohte sie mit Vaters Strafvollzug, und der kleine Sohn, zu stolz, als daß er die Mutter an den Vater verraten hätte, zog sich trotzig zurück.

Dann, nach vier Jahren, wurde Thomas geboren, was für Heinrich eine weitere Ungerechtigkeit bedeutete. Denn hier erwuchs ihm der Rivale, zunächst einmal um die Liebe der Mutter: Unbestritten war Thomas Julia Manns Liebling. Der Zweitgeborene war sich später seiner Sache ziemlich sicher. Er schreibt: »Ich glaube, daß ich, der Zweite, ihrem Herzen am nächsten war«, und Julia Mann bestätigt diesen Eindruck, wenn sie ihm *diesen* Geburtstagsgruß zukommen läßt: »Meine innigsten Glückwünsche [...] spreche ich ganz besonders zu dem Tage aus, wo vor so u. so viel Jahren mein kleiner Herzensjunge das Licht der Welt erblickte u. mir vom ersten Augenblick an so große Mutterfreuden machte, die nie aufhörten und immer größer und reicher wurden. So daß ich nächst Gott meinem Tommy danke für all das, wodurch mein Mutterherz freudig u. mit Stolz erfüllt wurde.«[13] Des Vaters erinnert sich Thomas Mann als eines fernen, stets mit wichtigen Geschäften befaßten Mannes, dem er eher mit angstvoller Achtung als mit Liebe begegnete: »[...] unser Verhältnis zu ›Mama‹ war sehr viel vertraulicher und inniger als das zu ›Papa‹, der eine ziemlich entrückte, auch gefürchtete, ungeheuer beschäftigte Respektsperson war, dabei aber erzieherisch stärkeren Eindruck machte als jene.«[14]

Schon aus diesen wenigen Zitaten wird eines deutlich: Als Kind sah Heinrich zwei aufmerksame väterliche Augen auf sich ruhen. Der Vater war manchmal zwar ungerecht, aber

13 Krüll, op. cit., 63.
14 Krüll, op. cit., 64.

spürbar, und er war stolz auf den Vier- oder Fünfjährigen, in dem er den zukünftigen Firmenchef sah. Der Heranwachsende enttäuschte ihn dann, und Heinrich Mann litt sein Leben lang darunter, daß der Vater ihm die Anerkennung für sein Künstlertum verweigert hatte. Immerhin aber fand der Sohn in seinem Vater in frühen, prägenden Jahren einen manchmal zwar verzerrenden, letztlich aber wohl fördernden Spiegel für die eigene männliche Identität. Auch seine Mutter muß ihm – zumindest in der ersten Zeit – ein Gefühl von Wichtigkeit gegeben haben, wenn dieses Gefühl auch verwirrend war. Sie vereinnahmte ihn, ließ ihn viel zu tief eintauchen in die erotisierte Atmosphäre um sie herum und setzte ihn aufs Trockene, wann immer die Situation für sie zu heiß wurde. Das muß in ihm erstens Bewunderung für die schöne, begehrenswerte Mama, zweitens Verwirrung und Wut angesichts ihrer Unzuverlässigkeit und drittens ein Gefühl eigener Bedeutung geweckt haben.

Bei solchen Prägungen mischt sich eine große Lust und Neugier auf männlich-sexuelle Experimente einerseits mit einer Sehnsucht nach weiblich-mütterlicher Reinheit, die die kindliche Liebesfähigkeit nicht sexualisiert, und andererseits mit Abscheu und Verachtung gegenüber den als abstoßend erlebten mütterlichen Grenzüberschreitungen. An der Oberfläche, im Verhalten, wird später eine ausgeprägte Ambivalenz den Frauen gegenüber charakteristisch sein: Für diesen Mann ist die Sexualität das Hauptmedium der Kommunikation zwischen den Geschlechtern. Weil er unbewußt lebenslang auf der Suche nach selbstloser Mutterliebe ist und sich gleichzeitig dieses Kindheitswunsches bis zur Unspürbarkeit zu schämen gelernt hat, erhebt er sein Reinheitsideal zu den Sternen – oder zu den sexuell tabuisierten Schwestern –, begnügt sich mit den irdischen Lüsten, erlebt diese aber immer wieder als schmuddelige Wiederauferstehung des eigenen Unbehagens an der begehrlichen Mutter und wird enttäuscht erkennen, daß keine Frau gleichzeitig rein und sexuell stimulierend ist. Wenn man so will, war Heinrich Mann ein »Zeus«-Typ, der mit Männern rivalisierte und kämpferisch seinen Standpunkt vertrat und mit dieser Haltung auch die Frauen beeindruckte. Nicht ohne Stolz schreibt er als 75-Jähriger in seinen Erinnerungen: »Als Siebenjähriger drohte ich mit hinaufgereckter Faust dem lieben Gott, wenn er mir nicht den Willen täte. Worauf er ihn mir tat und ich zufrieden war. Man ist robust mit sieben Jahren.«[15]

Betrogen allerdings wurde er in seiner Familienkonstellation um seine weibliche, liebevolle, seine »Anima«-Seite, und als Folge davon scheint er die einen Frauen als Heilige in einer Idealwelt belassen, die anderen als Huren verachtet zu haben. »Es war mir keine Liebe beschieden«, schrieb er später seiner Freundin Inés Schmied, »und nichts, was mir geliebt zu werden wert schien. Aus Mangel an Zärtlichkeit behauptete ich, nur auf Sinnlichkeit komme es an; und behauptete es umso lauter, je weniger ich es innerlich glaubte.«[16]

Thomas Manns Prägung scheint spiegelverkehrt gewesen zu sein: Den Vater erlebte er entrückt, belastet, beschäftigt, seinen Zweitgeborenen eher mit strengem als mit freundlichem Blick betrachtend, und das wird sich auf sein männliches Selbstgefühl ausgewirkt haben. Anders als bei Heinrich scheint in diesem Vaterblick weder Stolz noch die anspornende Aufforderung zu großen Sohnestaten gelegen zu haben, sondern eher Müdigkeit und Strenge. Männliche Unterstützung kam von diesem Vater nicht, und so wird sich der Sohn allein gefühlt haben mit der Frage, wie man zu einem »richtigen Mann« wird. Die Mutter hingegen schaute ihn mit hellen Augen und offenem Herzen an, einem Herzen, das ihn einschloß und das ihn als Lebens- und Freudenspender will-

15 Heinrich Mann, op. cit., 225.
16 Hans Wysling (Hg.), *Thomas Mann, Heinrich Mann: Briefwechsel 1900-1949*, Frankfurt a. M. 1984, XLIII.

kommen hieß. Julia Manns Vereinnahmung ihres zweiten Sohnes scheint weniger konflikthaft und verzerrt als diejenige Heinrichs gewesen zu sein, ungebremster auch angesichts des offenbar im Rückzug befindlichen Gatten. Thomas, so liest sich der Geburtstagsbrief, war ein Teil ihres Selbst. Seine Anpassung an die Mutter darf man sich dementsprechend vordergründig scheinbar ungetrübt vorstellen. Er war ihr zärtlicher Kronprinz, ihr »kleiner Herzensjunge«, der ihr Klavierspiel ebenso genoß wie die Geschichten, die sie ihm erzählte. Solche Männer sind, wie Narziß, um ihre Männlichkeit betrogen worden, und ihre Opposition leben sie im Verborgenen. Sie werden sich keinem Menschen – und schon gar keiner Frau – wirklich offenbaren, sie werden ihre Partnerin aber brauchen als Stütze ihres zerbrechlichen männlichen Selbstbewußtseins, ihres »Animus«. Die Sehnsucht nach einem Vater lebt fort in der Wahl einer tatkräftigen »männlichen« Frau und kann sich auch – wie dies von Thomas Mann bekannt ist – in mehr oder weniger ausgeprägt homoerotischen Strebungen zeigen.

Heinrich Mann hatte also etwas, was Thomas Mann nicht hatte: die Erlaubnis, ein aktiver, Stellung beziehender Mann zu sein. »Bei mir überwiegt das nordisch-protestantische Element,« schreibt Thomas Mann, »bei meinem Bruder das romanisch-katholische. Bei mir ist also mehr Gewissen, bei ihm mehr aktivistischer Wille. Ich bin ethischer Individualist, er Sozialist – und wie sich der Gegensatz weiter umschreiben und benennen ließe, der sich im Geistigen, Künstlerischen, Politischen, kurz in jeder Beziehung offenbart.«[17] Lange schaute der Jüngere auf den Älteren, wie er *es* machte. Und obwohl der Nobelpreisträger Thomas Mann – spätestens seit Heinrich Manns Roman *Die Jagd nach Liebe* – die Werke des älteren Bruders eher abstoßend als anziehend fand und obwohl er *wußte*, daß er der

17 Wysling, op. cit., XLIII.

größere Schriftsteller war, scheint er in seinem emotionalen Erleben lange der »kleine Bruder« geblieben zu sein, der seine Verachtung dem Bruderwerk gegenüber allenfalls seinem Tagebuch oder einem verläßlichen Kritiker anvertraute.[18] Gefühlsmäßig jedoch konnte er anscheinend bis in seine letzten Lebensjahre hinein kaum fassen, daß er seinen »großen Bruder« in den Augen der Welt längst überholt hatte: »Dabei war mein inneres Verhalten zu dem Älteren und seinem abweisenden, geistesstolzen Werk immer das des aufblickenden kleinen Bruders [...] Unbeschreiblich aber war meine Erschütterung, und wie ein Traum erschien es mir, als Heinrich mir kurze Zeit vor seinem Tode eines seiner Bücher mit den Worten widmete ›Meinem großen Bruder‹, der den ›Doktor Faustus schrieb.‹ Wie? Was? Der große Bruder war doch immer er gewesen!«[19] Bei Heinrich Manns Beerdigung gab er dem toten Bruder das schillernde Kompliment zurück: »Auf der Schleife des Kranzes, mit dem er das frische Grab Heinrich Manns geschmückt hatte, war zu lesen: ›Meinem großen Bruder in Liebe.‹«[20]

Wenn also Heinrich Mann ersehntes und beneidetes väterliches Vorbild für den jüngeren Bruder war, so hatte natürlich auch Thomas Mann etwas, worum ihn Heinrich Mann beneidete: die Gewißheit, geliebter Mittelpunkt zu sein im Leben der Mutter und die Sprache der Musikalität und der zärtlichen Nuancen zu kennen, die Thomas im nahen Umgang mit ihr hatte erlernen dürfen. Heinrich versteckte seinen Neid auf den »Kleinen« hinter einem Panzer der Herablassung. Erika Mann, Thomas Manns älteste Tochter, berichtet: »Weich, verwundbar, liebebedürftig, [...] in ständiger Notwehr gegen die Gemeinheit des

18 Marcel Reich-Ranicki, *Thomas Mann und die Seinen*, Frankfurt/M. 1994; darin: »Thomas und Heinrich Mann. Der König und der Gegenkönig.«

19 Wysling, op. cit., XX.

20 Reich-Ranicki, op. cit., 152.

Lebens, hatte Thomas keine Waffe gegen den kühlen Hochmut des Bruders, der im Grunde wohl ebenso prinzlich-lebensängstlich gestimmt war wie er. Stumm, wie Klaus-Heinrich [aus *Königliche Hoheit*] erlitt er die manchmal bis aufs Blut verletzenden Ausfälle des Älteren – sie entsprangen der äußersten Gereiztheit derer, die früh gezeichnet sind und es schwer haben in ihrer ›strengen, schwierigen, sehnsüchtigen Einsamkeit.‹«[21]

So hatte der Haß der beiden, der in dem langdauernden Zwist ihrer späteren Jahre an die Oberfläche kam, ebenso alte Wurzeln wie die Brüderlichkeit, zu der beide Dichter im Alter zurückfanden. Vorher aber mußten sie durch die gemeinsame Bruderhölle. Mit der Treffsicherheit von Geschwistern, die aus intimer Kenntnis genau wissen, wo die schmerzhaftesten Verletzungen des anderen sind, streuten sie einander Salz in die Wunden. Beide erwarteten vom anderen einen gütigen, anerkennenden Blick auf ihr jeweils Heiligstes, ihr Eigenes, ihr Vermächtnis an die Welt, auf ihr Werk. Beide also wollten vom Bruder im Grunde einen väterlichen Segen für ihr Schriftstellertum, und den verweigerten sie einander über die Summe vieler Jahre. Thomas Mann fühlte sich von Heinrich Mann verhöhnt und verachtet in seinem Streben, nicht nur Dichter, sondern moralische Instanz für seine Leser sein zu wollen. Mit einem Wort des »bürgerlichen Künstlers« Adalbert Stifter versuchte er, dies dem Bruder einzuschärfen: »Meine Bücher sind nicht Dichtungen allein, sondern als sittliche Offenbarungen, als mit strengem Ernste bewahrte menschliche Würde haben sie einen Wert, der länger bleibt, als der poetische.« Für Heinrich Mann war dieses »Ethos« angesichts der menschlichen Katastrophe des Weltkrieges Pathos, Ästhetisierung echten menschlichen Fühlens und Leidens. In einer niemals abgeschickten, aber in voller Brisanz überlieferten brieflichen

21 Wysling, op. cit., XVIII.

Abrechnung schreibt er, bezugnehmend auf des Bruders »Ethos«, das ihm Hochnäsigkeit, Selbstschutz und Selbstmitleid, mit einem Wort dürrer Narzißmus ist: »Selbstprüfung, Kampf erleben noch einige neben Dir, wenn schon bescheidener; aber dann auch Reue u. neue Thatkraft: nicht nur eine ›Behauptung‹, die so große Umstände nicht verlohnt, nicht nur das ›Leiden‹, um seiner selbst willen, diese wüthende Leidenschaft für das eigene Ich. Dieser Leidenschaft verdankst Du [...] die völlige Respektlosigkeit vor allem Dir nicht Angemessenem, eine ›Verachtung‹, die lokker sitzt wie bei keinem, kurz, die Unfähigkeit, den wirklichen Ernst eines fremden Lebens je zu erfassen. ... Die Stunde kommt, ich will es hoffen, in der Du Menschen erblickst und nicht Schatten, u. dann auch mich.«

Thomas und Julia Mann

Es wäre verlockend, Heinrich und Thomas Mann auf der Ebene des Brüderkonfliktes weiter nachzuspüren.[22] Hier aber geht es um *Dina* und ihre Brüder bzw. um Julia und Carla in ihrer Beziehung zu Heinrich und Thomas Mann – um das Paradigma des Mannschen Kinderzimmers also, das bewohnt war von Brüdern *und* Schwestern.[23] Heinrich war acht und Thomas vier Jahre alt, als ihre Schwester Julia, genannt Lula, zur Welt kam. Vier Jahre darauf wurde Carla geboren, die dann für neun Jahre – bis zur Geburt Viktors – die Jüngste im Hause war.

Söhne, die schwesternlos aufwachsen, wünschen sich eine Schwester, und diese Phantasieschwester stellen sie sich

---

22 Das haben andere getan. Ich verweise auf den einführenden Essay von Hans Wysling im zitierten Briefwechsel und auf den genannten Aufsatz von Marcel Reich-Ranicky.

23 Viktor kam zur Welt, als Heinrich 19 und Thomas 15 Jahre alt, dem Kinderzimmer also schon entwachsen waren.

als Inkarnation der Weiblichkeit vor, als weibliche Vervollständigung ihrer eigenen Persönlichkeit: als einen Menschen, der liebe- und hingebungsvoll an ihnen hängt.
Ebenso träumen brüderlose Töchter von einem Bruder als
lebendiger Verwirklichung ersehnter Männlichkeit – von einem starken »Mann«, der sie versteht, sie beschützt, der
ihnen das Leben erklärt, wenn sie verwirrt, und der sie tröstet, wenn sie traurig sind. Ist dann die Schwester, der
Bruder, leibhaftig da, dann verwickeln sich diese idealisierten Traumbilder in die Realität der Beziehung. Für das
kleine Mädchen ist der Vater ein erwachsenes, entrücktes,
meist mit Geldverdienen außer Hause beschäftigtes Ideal,
der Bruder aber ist leibhaftig da. Für den kleinen Jungen ist
die Mutter in der Normfamilie zwar näher und eher erreich-
bar, aber noch mehr Zeit verbringt er mit seiner Schwester –
und sie mit ihm. Bruder und Schwester sind in ihren frühen
Jahren eigentlich immer zusammen, sie erwerben während
dieser Zeit eine intime Kenntnis voneinander und können –
wenn alles gut geht – lernen, ihre projektiven Wunschvor-
stellungen, die sie voneinander haben, von dem zu trennen,
wer der Bruder, die Schwester *wirklich* ist.[24]

Im Kinderzimmer der Familie Mann scheint diese Trennung nicht gelungen zu sein. Die Geschwister blieben offenbar gefangen in wechselseitigen Erwartungshaltungen, die
der Realität nicht standhielten: Die Brüder fühlten sich verpflichtet, ihre Schwestern die Dinge des Lebens zu lehren,
und diese ließen sich dazu verführen, ihren Brüdern zu glauben. Zu spät merkten sie, daß sie mit der Hingabe an die
Brüder ihr eigenes Leben verraten hatten.

Niemand weiß, was geworden wäre, wenn der Vater
nicht gestorben wäre, als Heinrich zwanzig, Thomas sech-
zehn, Julia vierzehn, Carla zehn und Viktor ein Jahr alt

---

24 Auf diesen Aspekt hat vor allem Horst Petri aufmerksam gemacht.

waren. Thomas Johann Heinrich Mann hielt in seinem Testament fest, welche Führung er nach seinem Tod für seine Kinder wünschte: Alle sollten etwas *Praktisches* lernen. Entsprechend sei Heinrichs dichterischen Neigungen »entgegenzutreten«; denn: »Zu gründlicher, erfolgreicher Thätigkeit fehlen ihm m. E. die Vorbedingnisse.« Thomas sei demgegenüber von seinem Wesen her vernünftig, er habe »ein gutes Gemüth und wird sich in einen praktischen Beruf hineinfinden«. Und: »Von ihm darf ich erwarten, daß er seiner Mutter eine Stütze sein wird.« Julia, »meine älteste Tochter wird strenge zu beobachten sein. Ihr lebhaftes Naturell ist unter Druck zu halten.« Für seine jüngere Tochter sieht er demgegenüber einen unkomplizierten Lebensweg voraus: »Carla ist m. E. weniger schwierig zu nehmen und wird neben Thomas ein ruhiges Element bilden.« Viktor ist erst einjährig und damit eine stille Hoffnung: »Unser kleiner Vicco [...], das Kind hat so gute Augen.« Auch die eigene Ehefrau wird testamentarisch »bedacht«. Sie wird in einer Weise zur »Stärke« ermahnt, die ahnen läßt, daß der Lübecker Senator ihr in diesem Punkt nicht traute: »Allen Kindern gegenüber möge meine Frau fest sich zeigen und alle immer in Abhängigkeit behalten [...] Die Geschwister haben sich untereinander lieb und lieben ihre Mutter alle innig. Darauf baue ich meine ganze Hoffnung. Sie wird in Erfüllung gehen, wenn meine Frau nicht schwach sich zeigt.«

Es ist erstaunlich, daß sich letztlich neben Viktor nur die Tochter Julia, die Thomas Johann Heinrich Mann besonders streng bewacht wissen wollte, an seinen Willen hielt und später ein »praktisches«, bürgerlich-konventionelles Leben führte. Heinrich, Thomas und Carla folgten ihren künstlerischen Neigungen, und ihre Mutter war »schwach« genug, es mit Stolz zuzulassen.

Man weiß nicht, warum der Vater seiner ältesten Tochter Julia so barsche Abschiedsworte ins Buch ihres Lebens schrieb – keine Zärtlichkeit, keine Weichheit, nur Strenge, nur einen kurzen Imperativ. Julia wird zu jener Zeit mit ihren vierzehn Jahren im Stadium von »Frühlings Erwachen« gewesen sein, und so stelle ich mir vor, daß Thomas Johann Heinrich Mann in der erblühenden Knospe die erotisierende Wirkung wiederentdeckt haben mag, mit der seine Frau so gern spielte und die sie in seinen Augen als »schwach« und gefährdet erscheinen ließ.

Authentische Zeugnisse von Julias Hand fehlen, und so ist es nicht leicht, sich ein Bild von ihrer frühen Prägung zu machen. Der Vater ihrer Kindheit scheint mit ähnlicher Strenge auf sie und ihre weiblichen Eskapaden geblickt zu haben, wie er auf seinen Zweitgeborenen geschaut hatte: auch Julia wird er eine entrückte, hart arbeitende Respektsperson gewesen sein. Im Vaterblick auf die Tochter mag aber weniger die Aufforderung gelegen haben, sich im Leben einen erfolgreichen Platz zu erobern, als die Erwartung, sie solle zu einer moralisch integeren, ehefähigen, attraktiven, dabei aber nicht verführerischen jungen Frau heranwachsen. Julias Mutter, ihr weibliches Vorbild, war aber gerade das nicht. Alle Zeugen und Biographen sind sich darüber einig, daß sie es liebte, mit ihren Reizen zu spielen. Sie gab zu allerhand Klatsch Anlaß, und bald nach dem Tod des Ehemannes kanzelte sie der Pastor von St. Marien mitsamt ihrer Nachkommenschaft öffentlich als »verrottet« ab.[25]

Wie mag diese Mutter das kleine Mädchen bei seiner Geburt begrüßt haben? Sie gab ihm ihren Namen. Das war vielleicht Konvention, denn Thomas und Heinrich waren ihrerseits nach dem Vater benannt worden. Aber sicher wollte die Mutter damit auch ausdrücken, daß sie die Tochter als ein Abbild von sich selbst, als Fortsetzung der weiblichen Linie sah. Hat sie sich über die Geburt eines Mädchens gefreut, nachdem sie nun ja schon zwei Buben hatte?

25 Goch, op. cit., 501.

Man darf es annehmen, aber sicher ist es nicht. Alle Manns waren offenkundig zeitgeistentsprechend »Animus«-infiziert. Selbst einem so beredten Dichter wie Thomas Mann fehlten die Worte, als es darum ging, Männeridealisierung und Frauenverachtung beim Namen zu nennen. Über diesen zentralen Punkt schrieb er aus Anlaß der Geburt von Erika, seiner ältesten Tochter, leicht verschämt an seinen Bruder Heinrich: »Es ist also ein Mädchen: eine Enttäuschung für mich, wie ich unter uns zugeben will, denn ich hatte mir sehr einen Sohn gewünscht und höre nicht auf, es zu thun. Warum? ist schwer zu sagen. Ich empfinde einen Sohn als poesievoller, mehr als Fortsetzung und Wiederbeginn meinerselbst unter neuen Bedingungen. Oder so. Nun, er braucht ja nicht auszubleiben. Und vielleicht bringt mich die Tochter innerlich in ein näheres Verhältnis zum ›anderen Geschlecht‹, von dem ich eigentlich, obwohl nun Ehemann, noch immer nichts weiß.«[26]

Viel klarer drückt Thomas Manns Ehefrau Katia, einzige Schwester von vier Brüdern und eine Vatertochter par excellence, die Verachtung des eigenen Geschlechtes in ihren *Ungeschriebenen Memoiren* aus. Mit der Direktheit einer Neunzigjährigen gibt sie ihren Interviewern zu Protokoll: »Es war also ein Mädchen, Erika. Ich war immer verärgert, wenn ich ein Mädchen bekam, warum, weiß ich nicht. Wir hatten ja im Ganzen drei Buben und drei Mädchen, dadurch war Gleichgewicht. Wenn es vier Mädchen und zwei Buben gewesen wären, wäre ich außer mich geraten. Mein Mann war viel mehr für die Mädchen. Obgleich er ein Mädchen für nichts Ernsthaftes hielt, war Erika immer sein Liebling.«[27]

Julia Mann mag also Freude an der kleinen Tochter gehabt haben oder enttäuscht gewesen sein, oder sie mag

26 Wysling, op. cit., 62.
27 Katia Mann, *Meine ungeschriebenen Memoiren*, Frankfurt a. M.
    1976, 29.

beides miteinander empfunden haben. In jedem Fall verstärkte die kleine Julia erstmals das weibliche Element in der Familie. Heranwachsend wird sie sich von ihrer Mutter abgeschaut haben, worum es im Leben einer Frau ging: Um das Führen eines großen Hauses, um das Aufziehen von Kindern, um die Wirkung auf Männer, nicht aber um die Entfaltung von Selbständigkeit. Das verboten der Zeitgeist und ihre Identität als höhere Tochter. Schon als kleines Mädchen fand sie im übrigen den Logenplatz im Herzen ihrer Mutter besetzt durch den Bruder Thomas; und auf demjenigen im Vaterherzen saß damals sicher noch Heinrich. Für sie wird eine der Nebenlogen übriggeblieben sein, von der aus sie gut beobachten konnte, daß sie als Mädchen weniger Anspruch auf Respekt und auf eine eigene weibliche Identität hatte als ihre Brüder, daß sie also »nichts Ernsthaftes« war. Sie wird die übliche Lektion erlernt haben, daß der Lebenssinn einer Frau darin bestand, Männer zu idealisieren und zu unterstützen, und daß weibliche geistige und erotische Wünsche sich allenfalls im Verborgenen erfüllen konnten. Sie sah ihre Brüder aufs Gymnasium gehen, sie sah sie experimentieren, rivalisieren, Puppentheater spielen, schauspielern, musizieren, andere Personen nachahmen, dichten, streiten, und sie sah, wie Mutters bewundernder Blick auf diesen beiden ruhte. Sie sah auch, wie die Mutter mit ihrem eigenen geistig-künstlerischen Potential umging. Ihre schöne Stimme, mit der sie Schumann-Lieder sang, erklang nur im Haus, ihr kultiviertes Klavierspiel erfreute vor allem den kleinen Thomas und manchen Gardeoffizier, der zum Musizieren und Teetrinken in den Salon gebeten wurde, und die Erzählungen und Kindheits-Erinnerungen, die sie schrieb, waren gleichfalls nur für den Hausgebrauch bestimmt. »Für die Welt,« sagte sie, »werden Heinrich und Thomas genug Schönes schreiben.«[28]

28 Goch, op. cit., 504.

So war Julia-Lula von klein auf umgeben von farbigen, schöpferischen Menschen. Die Luft, die sie atmete, zuerst im Elternhaus in Lübeck, dann in der vaterlosen, ungebundenen Atmosphäre der mütterlichen Wohnung in München, war voller Gestaltungsfreude. In diesem Milieu wird sie ihre eigene schöpferische Kraft gespürt haben, aber gleichzeitig fehlte ihr die Erlaubnis, dieser Spur ernsthaft zu folgen. Sie soll Verse geschrieben haben, die aber nicht überliefert sind. So wird sie das Bedürfnis, etwas Eigenes zu gestalten, unterdrückt und statt dessen im wesentlichen auf ihre Brüder geschaut haben; sie wird sie um ihre Freiheit beneidet und sie in ihrer Schöpferkraft bewundert haben, und für ihre eigenen Fähigkeiten fand sie offenkundig kein Gefäß.

Der von der Mutter so sichtbar ausgezeichnete Thomas wurde zu ihrem Lieblingsbruder, und der wird sich die Verehrung der jüngeren Schwester freundlich haben gefallen lassen. Denn sicher konnte er angesichts seines schwankenden Selbstgefühls und seiner unerfüllten Sehnsucht nach Heinrichs väterlich überhöhter Bruderliebe schwesterliche Unterstützung für seinen schwierigen Lebensentwurf gebrauchen. Er bekam diese Unterstützung und hielt es offenbar für überflüssig, daß seine Schwester eigenständige geistige Ambitionen entfaltete: »So läßt er sich von Julia 1897 einen ausführlichen Bericht über das Schicksal seiner Tante und ihrer Tochter (Tony Buddenbrook und Tochter Erika) anfertigen, als Vorstudie zu den Buddenbrooks. Julia schreibt in nüchternem Berichtsstil 28 Seiten eines Schulheftes voll, und Thomas macht davon erfolgreichen Gebrauch«, bedankt sich im übrigen damit, daß er ihr den dritten Teil der Buddenbrooks widmet; »als Julia jedoch zur gleichen Zeit Privatunterricht in Latein nimmt, ist Thomas belustigt«.[29]

29 Krüll, op. cit., 110; Goch, 504.

Die hier spürbare Mischung aus brüderlicher Solidarität und brüderlicher Überheblichkeit drückt Thomas Mann auch bei anderer Gelegenheit aus. Als Heinrich Mann tief gekränkt reagiert, weil die damenhafte Julia seiner unbürgerlichen Freundin Inés Schmied die kalte Schulter zeigt, erklärt der jüngere dem älteren Bruder – sozusagen von Mann zu Mann –, daß er mit seiner Wut der kleinen Schwester zu viel der Ehre antäte: »Laß mich Dir hauptsächlich das Eine sagen, daß Du die Sache in der steilen und grellen Art behandelst, die zu Deinem Genie gehört, die aber für den kleinen menschlichen Wirklichkeitsfall ›Lula‹ viel zu streng, zu geistreich, zu leidenschaftlich ist. Um Deiner eigenen Gesundheit und Nervenkraft willen die wahrhaft zu wertvoll ist, als daß sie sich solcher Lappalien wegen verzehren dürfte, bitte ich Dich herzlich, die Angelegenheit ruhiger, viel ruhiger, anzusehen!«[30]

Auch die Mutter ließ immer wieder wissen, daß es der Lebenssinn der Töchter sei, für Männer da zu sein, sie zu faszinieren und gleichzeitig als Dame des Hauses und gute Mutter zu beeindrucken. Allerdings legte sie ihren Töchtern hier einen dicken Stein in den Weg – ihren eigenen Hunger nach Liebe. Wie schwer es der älteren Julia Mann fiel, die Rolle der begehrenswerten Frau zu Gunsten ihrer Töchter aufzugeben, und wie schwierig das für die Töchter war, berichtet Katia Mann: »In München, wohin sie und ihre Kinder nach dem Tod von Senator Mann zogen, war sie noch recht lebenslustig. Sie hatte einen Kreis von verschiedenen Herren, Kunsthistoriker, ein Numismatiker und andere, und diese Herren schwankten eigentlich immer, ob sie den Töchtern den Hof machen sollten oder der Mutter. Und die Töchter litten ein bißchen darunter, daß die Mutter immer noch solchen Wert auf das Weibliche legte und Verehrer hatte. Im Hause verkehrte auch ein Dr. Löhr, ein sehr gebil-

30 Wysling, op. cit., 96.

deter, netter Mann von kleiner Statur, und der schwankte, glaube ich, auch immer zwischen Mutter und Tochter Lula. [...] Er hat sich dann doch mit der Tochter vermählt. Diese Heirat war jedoch keine Liebesheirat, sondern eher Vernunftsheirat. Er hatte eine sehr gute Stellung als Bankdirektor.«[31]

Julia zog sich also zurück auf eine sichere Eheinsel, und dort verdorrte sie. Heinrich verachtete sie wegen ihrer konventionellen Lebensweise, fühlte sich im übrigen auch von ihr wegen seines unangepaßten, über viele Jahre grell-sexuellen Schreib- und Lebensstils verachtet, und brach mit ihr. Thomas hielt ihr die Treue, und aus seinen Tagebuchnotizen läßt sich ihr zunehmendes Unglück ablesen. Er beschreibt sie nach acht Ehejahren mit dem klein gewachsenen, 15 Jahre älteren Gemahl und nach der Geburt dreier Töchter so: »Lula [...] soll erschöpft und gealtert sein, woran zu einem großen Teil, wie ich erst jetzt sehe, ihr mesquines Männchen schuld, dessen Lieblingsthemen bekanntlich Krieg, Krebs und Hungertuch sind. Kurz, Lula verdient viel Mitleid.«[32] Julias Elend deutete er also nicht als Folge einer falschen Weichenstellung in ihrer Entwicklung, sondern als Schuld des Partners, der vor den Mannschen Familienansprüchen versagte.

Solange es ging, stillte Julia Löhr ihren Hunger mit Affären, daneben auch mit Morphium, sowie – vor allem – mit der Aufrechterhaltung einer glänzenden Fassade. Sie führte ein großes Haus und gab viele Gesellschaften. Dann starb Dr. Löhr, und sie verlor durch die Inflation das Familienvermögen, womit auch die großbürgerliche Pracht zusammenbrach. Thomas Manns Mitgefühl wandelte sich angesichts des weiteren Werdeganges der Schwester, den er als moralischen Verfall ansah, in Abscheu: »Es scheint, ihr Magen-

31 Katja Mann, op. cit., 32.
32 Wysling, op. cit., 91.

Operateur ist ihr Liebhaber«, schreibt er an Heinrich, und er empfindet »Ärger und dégoûtierte[s] Mitleid«.[33] Für das Leid in diesem Abstieg fehlen ihm die Worte, er hält es sich durch Verächtlichkeit vom Leib. Ähnlich berichtet Viktor Mann in seinem Erinnerungsbuch, Julia sei in ihrer Verarmung immer scheuer, immer zurückhaltender, und »in bedrückender Weise unecht«[34] geworden.

Man kann sich vorstellen, daß Julia Mann während ihrer Kindheit die Bewunderung des erfolgreichen Bruders über Wut und Schmerz hinweghalfen, als Frau kein Recht auf eine eigenständige Suche nach Lebenssinn zu haben. Später betäubte sie diesen Schmerz durch Großbürgerlichkeit. Am Ende ihres Lebens – sie war fünfzig Jahre alt – hatte sie in den Augen der männlich-brüderlichenen Welt versagt, sie war »dégoûtant«. Und weil sie sich mit eben diesen männlich-brüderlichen Augen maß und beurteilte, blieb, so stelle ich mir vor, nur noch ätzende Scham und Selbstverachtung. Sie vergiftete sich nicht mit einem Schlafmittel – sie wählte eine brutale, eine »männliche«, eine »wütende« Todesart. Sie erhängte sich.

Golo Mann überliefert, dieser Selbstmord sei durch einen treulosen Liebhaber ausgelöst worden. Und er fügt hinzu: Thomas Mann »war tief erschüttert davon; nicht, weil der Tod der längst peinlich gewordenen Verwandten einen Verlust bedeutet hätte, sondern, so hörte ich ihn zu meiner Mutter sagen, weil er ihn als einen Blitz empfand, der dicht neben ihm niedergegangen war«.[35] Julia Löhr hatte die Familiensolidarität verraten und damit auch den Bruder in seiner Beschützerrolle zutiefst in Frage gestellt. Heinrich Mann, so Golo Mann weiter, habe bei der Beerdigung zu

33 Zit. nach Krüll, op. cit., 172.
34 Viktor Mann, *Wir waren fünf. Bildnis der Familie Mann*, Frankfurt/M. 1994, 441.
35 Golo Mann, *Erinnerungen und Gedanken. Eine Jugend in Deutschland*, Frankfurt/M. 1991, 220 f.

Thomas Manns Schwiegervater gesagt: »Meine Schwester war die inkarnierte Konvention. Daran lag ihr mehr als an allem anderen: nicht aufzufallen; zu erscheinen, wie man muß. Daran ging sie zugrunde.«[36] Erst mit ihrem Tod scheint es, so die bittere Bilanz, Julia Mann-Löhr gelungen zu sein, ihre Eigenständigkeit zu zeigen und ihr auf Anpassung beruhendes Lebensmuster außer Kraft zu setzen. Erst mit ihrem Tod rebellierte sie gegen die brüderliche Herablassung, ein »kleiner menschlicher« – oder weiblicher – »Wirklichkeitsfall« zu sein. Erst mit ihrem Tod wies sie den Anspruch ihres Lieblingsbruders zurück, sich als Teil seiner selbst – familienkonform und angepaßt – zu verhalten.

Heinrich und Carla Mann

Carla kam vier Jahre nach Julia zur Welt. Sie war zehn Jahre alt, als der Vater starb. Der sah sie in seinem Testament geistesverwandt mit Thomas, »weniger schwierig« als ihre Schwester und in der Familie als »ein ruhiges Element«. Vielleicht wäre auch aus ihr eine typische höhere Tochter geworden, wären die Dinge ihren bürgerlichen Gang gegangen. So aber erlosch der strenge, Moral und weibliche Bescheidenheit einfordernde Blick des Vaters, als Carla noch ein Kind war, und statt dessen gerieten konträre Verlockungen und Erwartungen in das Spektrum des Mädchens.

Ein Bild der vier Geschwister aus dem Jahre 1883 scheint mir in seiner Anordnung charakterisierend. Die sechsjährige Julia sitzt kerzengerade auf dem Boden und schaut eher mißmutig in die Kamera. Daneben steht Thomas, dessen Blick ins Weite geht. Voller Lebendigkeit hingegen der zwölfjährige Heinrich, zärtlich die kleine Carla im Arm hal-

36 Krüll, op. cit., 259.

tend. Und die scheint es zu genießen – sie schaut fröhlich und unternehmungslustig aus ihrer Babywäsche.[37]

Carla wuchs in dieselbe künstlerisch-bürgerliche Familien-Atmosphäre hinein wie ihre Schwester Julia. Anders aber als diese wurde sie allem Anschein nach früh von ihrem zehn Jahre älteren Bruder »adoptiert«. Der Älteste hatte gesehen, wie sich sein jüngerer Bruder die Bewunderung der Schwester Julia zu sichern begann, und das mag ihn ihr gegenüber vielleicht schon damals kühl gestimmt haben. Erst hatte sich die Mutter von ihm ab- und Thomas zugewandt, und jetzt machte die Schwester es ihr nach. Heinrich und Julia brachen später »fürs Leben«.[38] Ob in diesen frühen Geschwister-Rivalitäten Wurzeln zu finden sind für die spätere Kälte?

Jedenfalls muß die Koalition zwischen Thomas und Julia Heinrich seine Einsamkeit spürbar gemacht haben, und so mag er früh den Neuankömmling in sein Herz geschlossen haben. Sie sei ihm »das geliebteste Wesen« gewesen, wird er als alter Mann schreiben.[39] Und *er* wurde zu *ihrem* verehrten und bewunderten Lieblingsbruder, so bewundert, daß sie ihr Leben – so scheint es zumindest von außen – auf dem Altar seines Künstlertums opferte.

Zweifelsohne hat Heinrich Mann bei Carla, wie die Psychoanalytikerin und Familienbiographin Marianne Krüll darlegt, nach dem frühen Tod Thomas Johann Heinrich Manns die Rolle eines »Ersatzvaters« gespielt.[40] Das ist kaum anders vorstellbar, denn wenn ein Vater, eine Mutter stirbt, dann springen die Kinder in die Bresche und übernehmen Funktionen des verstorbenen Elternteils. So scheint es ganz natürlich, daß Heinrich von seiner Mutter entweder dazu ermuntert wurde, Carla zu unterstützen und zu leiten, oder daß er diese Aufgabe von sich aus übernahm. Dieser

37 Krüll, op. cit., Abb. 22.
38 So Thomas an Heinrich Mann; Wysling, op. cit., 138.
39 Heinrich Mann, op. cit., 225.
40 Krüll, op. cit., 135.

Ersatzvater hatte freilich keine väterliche Abgeklärtheit zu bieten, sondern, ganz im Gegenteil, eine noch ganz wilde, unabgegrenzte Sexualität und flammende Überzeugungen im Hinblick auf einen freiheitlichen, ungekünstelten Lebensstil, mit dem er auf die kleine Schwester eingewirkt haben wird. Der wird es im übrigen nicht entgangen sein, wie sehr Heinrich die Schwester Julia wegen ihrer bourgeoisen Anpassung verachtete. Außerdem konnte sie in seinen Romanen nachlesen, mit welch ätzender Schärfe er die doppelte Moral des Bürgertums verurteilte, die er ja früh am Beispiel seiner Mutter erfahren hatte.

Viele jüngere Schwestern fühlen sich von ihren älteren Brüdern übersehen, und lebenslänglich kämpfen sie mit den wechselnden Besetzungen ihrer Freunde und Ehemänner einen alten Kampf um die brüderliche Aufmerksamkeit. Carla *hatte* diese Aufmerksamkeit, und ich denke, daß ihr diese Prägung jene verführerische und begehrenswerte Ausstrahlung verliehen hat, die alle, die sie kannten, bezeugen. Kleine Schwestern, die von ihren älteren Brüdern mit Aufmerksamkeit, Freundlichkeit, vielleicht auch mit bewunderndem Bruderblick (es muß kein flagranter Inzest sein) wahrgenommen werden, empfinden dies naturgemäß als Vertrauensbeweis, und sie wollen sich dieses Vertrauens würdig zeigen. Heinrich Mann liebte und bewunderte seine Schwester Carla wegen ihrer Schönheit, ihrer Lebendigkeit und der Hingabe, die sie für ihn empfand, und sie nahm diese Aufmerksamkeit mit wacher Empfindung entgegen. Eindrücklich sind Bildvergleiche der Acht- und Zehnjährigen mit solchen der Zwölf- und Dreizehnjährigen. Die frühen Bilder zeigen ein Knabengesicht mit kurzgeschnittenen Haaren, die späteren eine früh erblühte Schönheit mit langwallenden Locken.[41] Dazwischen

---

41 Vgl. Krüll, op. cit., Abb. 38 und 40, sowie Goch, op. cit., Abb. auf S. 508 und 522.

liegen der Tod des Vaters und die »Adoption« durch Heinrich.

Viktor Mann bezeugt glaubhaft, daß Carla schon als Dreizehnjährige Eindruck auf ihre männliche Umgebung machte und sich zu einer veritablen Verführerin entwikkelte: »Carla war aus einem bleichsüchtig-mageren Backfisch ein sehr hübsches Mädchen geworden und erprobte ihre Wirkung an jedem männlichen Objekt, das keck oder bescheiden daherkam.«[42] Wagte sich aber ein Verehrer zu weit vor, dann konnte ihr weibliches Interesse schnell umschlagen in verletzende, hämische Verächtlichkeit. »Einer namens Buckel«, erzählt Viktor Mann, »ging in seiner Passion so weit, mich als Postillon d'amour zu benützen.« Er habe den damals vier- oder fünfjährigen Viktor mit einer Radfahrmedaille bestochen, Carla einen Brief zu überbringen, was der kleine Bruder gern getan habe. Er, Viktor, sei aber empört gewesen, als Carla »den Brief der ganzen Familie vorlas und alle über Herrn Buckels sicher nur freundlich gemeinte Mitteilungen lachten«.[43] Ein anderes Mal wollte, so nochmals Viktor Mann, ein vierschrötiger Bayer Carla mit der Tatsache beeindrucken, daß er die Zugspitze bestiegen hatte. Woraufhin ihm die Schwester zweier bereits berühmter Schriftsteller mit der »Bühnenstimme einer arrivierten Heroine« erklärte, »daß ihr nur die Kunst, nicht aber die Kletterkunst an einem Manne imponieren könne, daß sie, die künftige Künstlerin, nach Lorbeer trachtete und nicht nach Edelweiß«. Nachdem sie den lästigen Verehrer solchermaßen vertrieben hatte, habe sie sich über das Sofa geworfen und ihr Lachen in einem Kissen erstickt.[44]

Solche Überheblichkeit einem – wenn auch ungeliebten – Menschen gegenüber ist nur vorstellbar als Gegenpol zu einer fulminanten Idealisierungs-Bereitschaft. Und diese ist

42 Viktor Mann, op. cit., 53 ff.
43 Op. cit., 32.
44 Op. cit., 55.

ein sicherer Hinweis auf ein eigenes Identitäts-Vakuum: Die eigene Leere und Ratlosigkeit wird aufgefüllt durch Träume vom köstlichen Traum-Mann, vor dem jeder Erdenbürger kapitulieren muß. Durch ihre Familie, insbesondere durch Heinrich, lernte Carla früh, Ansprüche an sich und ihre Mitwelt zu stellen, denen auch attraktivere Kandidaten als Herr Buckel oder der Bergsteiger nicht gerecht werden konnten. Gleichzeitig aber fehlte ihr der Boden, auf dem sie eigene Erfahrungen hätte machen, eigene Beziehungen und eigene Ideen ausprobieren, sich irren, daraus lernen, kurz, ihren eigenen Stil hätte finden können. Magisch verschmolzen mit dem großen Bruder, maß sie ihre Lebensentscheidungen und die Menschen, die ihr begegneten, an *ihm* und seinen Ansprüchen, lernte aber nicht, ihre eigenen Werte zu entwickeln.

Der früheste »Geliebte« eines Mädchens ist sein Vater, und das wird auch bei Carla so gewesen sein. Zwar, Thomas Johann Heinrich Mann war als Vater erst fern und dann tot. Diese Lücke wurde aber vordergründig herrlich geschlossen, denn an die Stelle der grauen väterlichen Eminenz rückte der schöne, große, starke Bruder. Der war da, er war nah, und er interessierte sich für die kleine Schwester, erzählte ihr – so stelle ich mir vor – von seinen Ideen, Träumen, Lebenserfahrungen: Von seinem Leiden an der bürgerlichen – auch familiären – Verlogenheit, von seiner Sehnsucht nach Wahrhaftigkeit, vielleicht auch von seinen sexuellen Obsessionen und seiner Suche nach Reinheit. Wenn dem so war – und die weitere Entwicklung läßt dies als plausibel erscheinen –, dann versuchte er, an Carla die Lösung eines eigenen, für ihn unlösbaren Lebensproblems zu delegieren: Wie nämlich für eine Frau das Paradoxon zu entwirren sei, zum einen ein lebendiger, authentischer, unkonventioneller Mensch zu sein, zum anderen aber den Männern gegenüber die reine, gütige, überlegene Engelsgestalt seiner Phantasie zu bleiben; eine Frau, die ihn davor bewahrte, an die süßlich schwere, verlockende aber auch verschlingende und empörende Atmosphäre des mütterlichen Salons erinnert zu werden?

Carla Mann wird keine andere Wahl gehabt haben, als ihre ungestillte Vatersehnsucht auf diesen so freundlichen, so überlegenen Bruder zu übertragen. Ihn wird sie verehrt und ihn wird sie zu ihrem inneren Leitstern gemacht haben. Aufgewertet durch seine Aufmerksamkeit, wird sie ihm zugehört und sehr genau registriert haben, wie sie zu sein und sich zu geben habe, damit sie seinen Ideen gerecht werde. Unter seiner Obhut wird sie begonnen haben, seine Lebensart zu der ihren zu machen und in seinem Glanz zu glänzen.

Das alles ist nicht die bare Vermutung. Es entspricht zum einen psychologischer Gesetzmäßigkeit, und zum anderen läßt es sich daraus erschließen, daß Heinrich Mann Romane und Theaterstücke schrieb, in denen er seine Schwester bis in die Einzelheiten ihrer weiblichen Haltung hinein porträtierte, bis hin zu solch intimen Details, daß es sie vor männlicher Sexualität ekelte. Der Roman *Die Jagd nach Liebe* ist ein vielzitiertes Beispiel. Heinrich Mann zögerte auch nicht, Carlas unglückliche Liebschaften zu Literatur zu machen und in seinen Werken wörtlich aus Briefen abzuschreiben, in denen sie ihm ihre Dramen schilderte – er erhielt dazu sogar ihren ausdrücklichen schwesterlichen Segen.[45]

Für Heinrich Mann war die Welt der Kunst und des Theaters der eigentliche Ort der Wahrheit. Die Frauen, von denen er sich angezogen fühlte, waren Sängerinnen und Schauspielerinnen. Carla, die gebürtige höhere Tochter, hatte in ihrem Münchener familiären Milieu, neben einer »schwachen« Mutter, einer »konventionellen« Schwester und zwei weltgewandten, bekannten und zunehmend erfolgreichen Brüdern ebensowenig wie ihre Schwester Julia eine wirkliche Chance, ihren Lebensentwurf aus sich selbst

45 Krüll, op. cit., 145.

heraus zu erschaffen und zu gestalten. Vielleicht wäre ihr ein bürgerliches Leben, zu dem es sie am Ende zog, gar nicht so schlecht bekommen. Doch dieser Weg war durch Heinrichs – und damit auch durch ihre – Verächtlichkeit dieser Welt gegenüber versperrt. Wurde sie hingegen Schauspielerin, dann konnte sie vor den Wertmaßstäben ihres Bruders bestehen, und sie konnte für diesen Plan auch auf die Sympathie ihrer Mutter rechnen, die ja in ihrer Jugend denselben Traum geträumt hatte. Damit war freilich die brüderliche Delegation nicht aus der Welt und die Kernfrage nicht beantwortet: Wie konnte Carla das vom großen Bruder gestellte Rätsel lösen, zum einen eine lebendige, authentische, antibürgerliche Frau zu sein, zum anderen aber den Männern gegenüber dem reinen, gütigen, überlegenen Objekt ihrer Phantasie zu entsprechen? Und das in ihrer Position als Frau, die ein solches männliches Orakel als bare Münze nehmen mußte; die auf Grund ihrer Geburt, ihrer familiären Prägung und des Zeitgeistes gar nicht anders konnte, als ihre eigene Erlösungssehnsucht abhängig zu machen von dominierender Männermacht?

So war denn die Realität nicht auf Carla Manns Seite, sie war auf brutale Weise gegen sie. Carla war offenbar kein Theaterkind. Als ebenso anspüchliche wie behütete Tochter war sie auf die rauhe Wirklichkeit eines Provinztheater-Betriebes mit Chaos und Korruption nicht vorbereitet. Sie wollte zwei Dinge: Sie wollte eine *große* Schauspielerin werden – so groß, wie die Sippe es von ihr erwartete –, und sie wollte ihr eigenes, bzw. das von ihrem Bruder geforderte Theater machen, wollte »viele Leben spielen und damit die Phantasie des Bruders anregen und widerspiegeln. Er würde Rollen erfinden, die sie spielen konnte, sie wollte spielen und leben, was der Bruder beschrieb.«[46] Sie wollte auf Heinrich Manns Flugbahn fliegen und ihn von dort aus fei-

46 Krüll, op. cit., 136.

ern, eingebettet in die sinnliche und doch unberührbare Welt seiner Brüderlichkeit. »Ich sehe sie«, schreibt Heinrich Mann nach ihrem Tode, »aufrecht in dem langen, eng angeschmiegten Kleid, wie sie damals getragen wurden. Sie bewegte die Arme, Schenkel, Hals, ließ ihre Stimme klingen, ihr Gesicht sich verwandeln und sprach mit der Zuversicht ihrer zwanzig Jahre. ›Du schreibst,‹ sagte sie. ›Wer Dich liest, sieht Menschen. Ich will selbst zu sehen sein, mich ihnen wirklich vorführen. Dasselbe wie Du, mit Deinem Geist allein, bin ich in ganzer Gestalt.‹«[47]

Ob sie abschätzen konnte, was sie riskierte? Was sie wagte, ohne doch auf ihrem eigenen Boden zu stehen? Gesehen, *wirklich* gesehen und dabei nicht mißbraucht zu werden? Ein solches Wagnis setzt weibliche Stärke und weibliche Sicherheit voraus. Dazu fehlte ihr aber die notwendige Eigenständigkeit, eine Eigenständigkeit, die mit der Kraft zur Abgrenzung einhergeht; mit der Kraft, *Nein* zu sagen, wenn das Angebot für die eigene Seele zerstörerisch ist, es nur dann zu akzeptieren, wenn es statt Zerstörung Freude und Bereicherung verheißt; eine Eigenständigkeit also, die mit der Fähigkeit verbunden ist, sich brüderlichen Anspruchs-Dämonen zu verweigern, die außerhalb des eigenen Seelengartens lauern.

Carla Mann konnte nach allem, was man weiß, diesen Dämonen eine solche Verweigerung nicht entgegensetzen. Der Theaterkritiker Theodor Lessing, ein Bekannter aus Göttinger Theatertagen, bescheinigte der jungen Schauspielerin boshaft eine »resignierte Chaiselongueexistenz, mit heroischer Sehnsucht nach einem Millionär, mit der Politur ihrer sehr schönen Hände und vieler Romanlektüre«.[48] Ihre Familie führte ihr Scheitern auf mangelnde Begabung zurück. Vielleicht war dem so. Daneben aber wird ihr die für

47 Goch, op. cit., 516.
48 Goch, op. cit., 526.

dieses Geschäft notwendige dicke Haut gefehlt haben, eine vitale Durchsetzungskraft, ein eigener Wille, eine eigene Konzeption. Was sie tat, sah sie mit den Augen ihrer Brüder, und sie sah es mit Selbstverachtung. Viktor Mann erzählt: Carla »hatte ihre fanatisch betriebene Ausbildung zur Schauspielerin beendet und war in ihr erstes Engagement gereist, das sie selbst als richtige Schmiere bezeichnete, bei der man aber alles zu spielen bekäme. ›Man muß ganz unten anfangen,‹ hatte sie gesagt, und ich hatte [als potentieller Landwirt] Vergleiche mit dem Kuhhüten und Mistladen angestellt.«[49]

Carla kam in ihren wechselnden Engagements mit den familiären Ansprüchen nicht zurecht, nicht in Zwickau, nicht in Düsseldorf, nicht in Schlesien, nicht in Flensburg und auch nicht in Göttingen oder Mühlhausen. Sie selbst scheint gewußt zu haben, daß sie am Schluß unterliegen würde. Auf ihrem Schreibtisch stand in allen ihren Theater-Unterkünften ein Totenschädel, in dem sie das Gift aufbewahrte, mit dem sie sich schließlich tötete. Heinrich Mann fand das offenbar »literarisch« – er nahm dieses Element in einen seiner Romane auf.

Vorher aber, vor ihrem Tod, gab es Verstrickungen, Verwirrungen, und es gab Liebesgeschichten, die das Reinheits- und Sinnlichkeits-Dilemma widerspiegelten. In Düsseldorf hatte Carla einen Freund, einen Millionär, der sie emotional verhungern ließ, indem er oft und gern über die »Seelenfreundschaft« sprach, die er mit ihr anstrebte. In Schlesien liebte sie einen Schauspieler-Kollegen, dem es, wie sie an Heinrich schrieb, zunächst gleichfalls um eine »rein-seelische« Liebe ging. Zwar gab dieser Mann sein Reinheits-Streben irgendwann auf, aber auch diese Beziehung führte zur Trennung.

Heinrich Mann war ein aufmerksamer Begleiter und um

49 Op. cit., 184.

so interessierter, als Carlas Affären unter nicht wesentlich veränderten Vorzeichen – Namen zum Beispiel – in seine Romane und Erzählungen einflossen. Auch aus Carlas letzter, tödlicher Liebe machte er Literatur – er schrieb das Theaterstück *Die Schauspielerin.* Das ist befremdlich, soll hier aber nicht als Indiz für schiere männliche Ausbeutung weiblichen Leidens verstanden sein, sondern eher als Aspekt brüderlicher Versuche, mit dem Entsetzen über diesen Tod zurechtzukommen. Für das Drama *hinter* dem Drama sind Aufzeichnungen aus Heinrich Manns Notizbuch überliefert, die ebenso als Deutung des schlimmen Geschehens wie auch als Konzept für das zu verfassende Stück verstanden werden können. Diese Notizen legen Zeugnis dafür ab, wie sehr der Suizid *dieser* Schwester den Bruder umtrieb.[50] Den Aufzeichnungen ist allerdings nicht leicht zu folgen. Läßt man sie auf sich wirken, so wird zum einen die Qual erlebbar, die der Bruder über das Sterben der Schwester erlitt. Zum anderen fühlt man Verwirrung und Widersprüche. Lese ich richtig, so ist Heinrich Mann bei aller Betroffenheit auch enttäuscht. Carla hat den Widerspruch zwischen Reinheit und Lebendigkeit nicht lösen können. Sie gab sowohl dem Theater wie auch den Männern ihren Körper, aber nicht ihre Seele, und das war in seinen Augen ihre todbringende Schwäche.

Aus weiblich-psychologischer Sicht ist eine solche Spaltung gut verständlich. Zu früh und ungebremst war Carla der männlich-sexuellen Ausstrahlung ihres Bruders ausgeliefert. Sie empfand diese Ausstrahlung als selbstverständlichen Aspekt ihrer Wirklichkeit, aber unbewußt machte diese Sphäre ihr angst. Die typische Reaktion auf eine solche ungelebte, unaussprechliche, ja, undenkbare Ambivalenz ist Ekel – ein körperlich erlebbares Schütteln, wenn eine Bezie-

50 Für den Selbstmord der Schwester Julia sind in seinem Erinnerungsbuch keine Reflexionen überliefert.

hung sich sexuell zuspitzt. Früher nannte man solche Empfindungen »hysterisch«, heute verstehen wir sie eher als Schutz gegen frühe sexuelle Überflutung, gegen sexuellen Mißbrauch also. Es sieht so aus, als habe Carla Mann Erlebnisse dieser Art gehabt. Jedenfalls suchte sie im Älterwerden den ihr erreichbaren »mütterlichen« Schutz – das »Frauenzimmer«. Um dem dominierenden sexualisierten Bruderbild, so denke ich, zu entkommen, suchte sie sich zwar keine Frauen – denn die verachtete sie als konventionell; aber sie suchte sich Partner mit weiblichen Selbstanteilen, Partner, die weniger männlich-fordernd als »mütterlich« auf sie eingingen, die aber in den brüderlichen – und damit auch in ihren eigenen – Augen »schwach« waren. Ihrem Dilemma, daß sie das, was sie brauchte, verachten mußte, und das, was sie glaubte sein zu müssen, nicht aushielt, diesem Dilemma konnte sie nicht entkommen. Das zeigte sich in ihrem Theaterspiel, und es zeigte sich in ihren Männerbeziehungen.

Aber zurück zu Heinrich Manns Notizen. Danach wäre Carla am Selbstekel über ihre sexuelle Haltlosigkeit zerbrochen: »Dem Körper was des Körpers«, paraphrasiert er das schwesterliche Schauspielerinnen-Leben, »rasche Liebesanfälle, die man im Grunde verachtet. Exaltation, an die man nicht ganz glaubt. Bewußtsein der Unvereinbarkeit mit einem anderen Wesen, und der Künstlichkeit. Stolz darauf, Verachtung des Selbstbetruges, der Schwäche, des Gemüthes; Degagirtheit vom *Leben*.«[51] Mit einer Mischung aus Sarkasmus und Anteilnahme verfolgt er sodann Carlas Versuche zur Selbstrettung in einer Ehebeziehung: »Mit 27 der Überdruß. Es wird Zeit, Wärme ins Leben zu bringen; ein Obdach zu suchen, bevor die hochgemuthe Widerstandskraft vollends verlorengeht.« Diese »Obdachsuche« empfindet der Bruder mit ironisch gefärbter Enttäuschung als

51 Krüll, op. cit., 219.

Sieg des verachteten Bürgertums über Schönheit und Kunst: »Übt mit Ausdauer Klavier, um ihren Mann zur Violine zu begleiten. ›Die Leute denken, ich kann nicht nähen‹ ... Auf Photographien mit ihm ist sie schlecht frisiert, hat das Gesicht einer guten Frau, befriedigt, mit etwas hängendem Fleisch im Gesicht, ruhig, ohne Kampf.«[52] Heinrich Mann ist zwar enttäuscht, aber er fühlt jetzt, daß die Schwester keine Vollblutschauspielerin ist, daß sie die Schauspielerin eher *spielt* als sie zu sein: »Sie hat von allem gewußt und nichts war ihr nahegekommen.« Die Ursache für Carlas Unglück sieht er letztlich in ihrer Unfähigkeit zur Hingabe, die er nicht als Versuch zur Selbstrettung, sondern als Schwäche interpretiert. Aus Angst vor dem wirklichen Leben, vor wirklichen Männern habe sie sich einen schwachen Mann ausgesucht: »Er [der Verlobte] ist schwach. ›Die arme Carla, sie hat Niemand.‹ Sie hat einen Schwachen gewählt, *um zu leben*; das war ihr lebensfeindlicher Komödianteninstinkt; sie reservierte sich auch diesmal wieder, wo sie sich doch endgültig hinzugeben gedachte.«[53] Viktor Mann schließt sich dieser Sichtweise an. Als er Carlas gänzlich aufgelösten Freund an ihrem Totenbett trifft, denkt er: »›Weich bist du, butterweich. Und deinetwegen hat Carla Mama und uns das angetan.‹ Aber ich spürte eine Schwäche in den Kniekehlen und ein Würgen im Hals. Und langsam legte ich meine Arme dem Mann um die zuckenden Schultern.«[54]

Carlas Wahl war auf Arthur Gibo gefallen, einen elsässischen Industriellensohn, den sie während ihres Engagements in Mühlhausen kennengelernt hatte. Als Schauspielerin erschien sie Gibos Familie nicht standesgemäß, und seine Mutter kämpfte heftig und letztlich mit Erfolg um ihren Sohn. Ebenso berührend wie beklemmend liest sich ein Brief, in dem Carla sich verzweifelt nach Art eines kleinen

52 Krüll, op. cit., 219.
53 Krüll, op. cit., 221.
54 Viktor Mann, op. cit., 266.

Mädchens an Heinrich in der Rolle eines allmächtigen »Zeus«-Vaters wendet, er möge die zukünftige Schwiegermutter mit der Kraft seiner Worte umstimmen: »Lieber Heinrich, bitte schreibe jetzt doch einen Brief an die Mutter Gibo. ... Also bitte schreibe einen netten Brief, ein bischen sentimental. Sage, daß du mich gut kennst und weißt, daß ich nichts Böses tue und niemand schaden will. Daß ... du weißt, wie sehr wir aneinander hängen, und daß es wohl kaum möglich sein wird, uns zu trennen. Daß sie aber ruhig die Heirat zugeben kann, zumal ich mehr Vermögen habe als er, und ihn also wirklich nur aus Liebe heiraten kann. Daß schon sehr viele Schauspielerinnen gute und treue Frauen geworden sind, und daß eine Frau, die das Leben kennt, sicher eine bessere Hausfrau wird als ein kleiner Backfisch, der von nichts weiß. Du kannst auch schreiben, daß meine Familie für mich eine glänzende Partie gewünscht hätte, daß man sich aber der Herzensneigung fügen muß, und daß du überzeugt seist, daß es zu Arthurs und zu meinem Glück sei, und daß ich bestimmt seiner Familie kein Leid zufügen werde, usw. Also einen recht einfachen, geduldigen, u. ziemlich langen Brief, dann wird die arme Frau beglückt sein [...] Bitte schreibe *sofort*, und antworte mir auch gleich.«[55]

Heinrich Mann hatte keine Zeit mehr, sich für diesen Liebesdienst einspannen zu lassen, denn zehn Tage später war Carla Mann tot. Arthur Gibo hatte sie wegen einer Affäre zur Rede gestellt, die sie während ihrer gemeinsamen Zeit mit einem verheirateten Mann gehabt hatte. Carla hatte diesen Treuebruch zugegeben, und Arthur Gibo hatte das zum Anlaß genommen, sich von ihr loszusagen. Er lief aus dem Haus, und Carla wähnte sich für immer verlassen. Sie schrieb ihm – sonst schrieb sie niemandem – einen Abschiedsgruß: »Je t'aime. Une fois je t'ai trompé, mais je

55 Krüll, op. cit., 223.

t'aime.« Dann nahm sie das Gift aus dem Totenschädel und tötete sich.

Heinrich Mann erlebte diesen Tod mit Fassungslosigkeit und Verzweiflung. Er hatte sich immer verantwortlich gefühlt für seine Schwester, und jetzt fühlte er sich schuldig. Thomas Mann empfand Carlas Selbstmord – wie später den Suizid der Schwester Julia – als Bedrohung der eigenen Existenz, und in sein Entsetzten mischte sich Gekränktheit. Würde es 1927 ein Blitz sein, der dicht neben ihm eingeschlagen hatte, so empfand er jetzt, wie er an den Bruder schrieb, »daß durch Carlas That unsere Existenz mit in Frage gestellt [ist]. Anfangs sagte ich immer vor mich hin: ›Einer von uns!‹ Was ich damit meinte, verstehe ich erst jetzt. Carla hat an niemanden gedacht, und Du sagst: ›Das fehlte auch noch!‹ Und doch kann ich nicht anders, als es so empfinden, daß sie sich nicht hätte von uns trennen dürfen. Sie hatte bei ihrer That kein Solidaritätsgefühl, nicht das Gefühl unseres gemeinsamen Schicksals. Sie handelte sozusagen *gegen eine stillschweigende Abrede*. Es ist unaussprechlich bitter. Mama gegenüber halte ich mich. Sonst weine ich fast immer.«[56]

Wie Julia Mann-Löhr gelang auch Carla Mann die Lösung von der Familie, von den Brüdern, nur zum allerhöchsten Preis. Heinrich und Thomas Mann spürten wohl, daß die Schwestern mit ihren Selbstmorden einen Teil ihrer an die männlichen »Manns« verströmten Seelen zurückholten. Das Recht dazu räumten sie ihnen freilich nicht ein. Thomas Mann sah die Ursache für Julias Scheitern in ihrem »mesquinen Männchen«, und Heinrich Mann gab letztlich dem »schwachen« Verlobten und Carlas eigener »Schwäche« die Schuld an ihrem Tod. Schon Josephs Brüder hatten Dinas Unglück nicht in den eigenen Besitzansprüchen verwurzelt gesehen, sondern in der »unwürdigen« Liebe des

56 Wysling, op. cit., 111 f.

»zappeligen« Sichem zu ihrer Schwester. Es ist eine alte Geschichte, doch ist sie immer neu: Brüder, die ihren Schwestern gegenüber in eine Vater-Position geraten, haben die Tendenz, die männlichen Anteile ihrer Schwestern zu unterdrücken und zu verachten, ob diese Anteile sich nun im Versuch geistiger Verselbständigung zeigen, wie bei der »Komödiantin« Carla, oder in einem kleinwüchsigen Ehemann, wie bei der »inkarnierten Konvention« Julia. Daß sie über diese Verachtung den geschwisterlichen Respekt verlieren, merken sie oft erst, wenn es zu spät ist.

3

Die Perspektive, aus der ich das Mannsche Geschwister-Drama beschrieben habe, wird in diesem wie auch in anderen Fällen häufig eingenommen: die Brüder auf der »Täter«- oder Gewinner-Seite – nicht nur Heinrich, sondern auch Thomas Mann machte aus Carlas Sterben Literatur[57] –, die Schwestern auf derjenigen der »Opfer« oder Verliererinnen. So berechtigt dieser Standpunkt ist, so ist es doch bemerkenswert, daß dieses Bild eher selten aus umgekehrter Optik betrachtet wird. Selten wird nach dem Preis gefragt, den die *Brüder* für ihre Vormachtstellung bezahlen, und selten nach dem – natürlich fragwürdigen – Profit, den die Schwestern aus der Delegation ihres Narzißmus an die Welt der Männer erzielen.

Diese umgekehrte Optik zeigt Brüder, die in dem unbewußten Konflikt gefangen bleiben, die Verantwortung für ihre Schwestern ein Leben lang tragen zu müssen, die dessen im Grunde irgendwann überdrüssig sind, die sich diesen Überdruß aber nicht eingestehen können und die darüber verächtlich oder selbstverächtlich werden. Für diese Brüder

57 Krüll, op. cit., 225.

wird Verantwortungsgefühl eine tragende Säule ihrer späteren Frauenbeziehungen sein. Liebe wird für sie bedeuten, sich mit voller Kraft einzusetzen und brauchen zu lassen für das scheinbare oder tatsächliche Wohlergehen ihrer Schwestern und Frauen. Damit nehmen sie mehr auf sich, als sie realistischerweise bieten können. Gerät das Lebensschiff der Schwester oder Frau trotz aller Bemühungen in ein unglückliches Fahrwasser, dann buchen sie es auf die »Schwäche« der Schwester (oder des Schwagers) ab, oder sie empfinden Schuld der Frau und Verachtung sich selbst gegenüber. Sie denken: »Wenn ich nicht so schwach, so abwesend, negativ, unklar oder was auch immer gewesen wäre, dann wäre das Unglück nicht passiert.« Viktor Mann spiegelt diese Facette eindrücklich in dem Sinne, daß Heinrich Mann die Macht besessen hätte, Carla zu retten – wenn er denn anwesend gewesen wäre: »Einer hätte mehr, viel mehr vermocht [als Viktor Mann, der kleine Bruder]: Heinrich. Aber er war in Südtirol. Noch als alter Mann in seinem ›Zeitalter‹ hat er sich Vorwürfe deswegen gemacht. Gänzlich ungerechtfertigt. Eher müßte ich mir vorwerfen, ihn nicht verständigt zu haben, denn ich wußte, was er für die Schwester bedeutete.«[58]

Solche Schuldgefühle sind zwar gut zu verstehen, aber sinnlos, denn sie gehen von der paradoxen Verpflichtung des Bruders aus, bei der Schwester Vaterstelle zu vertreten. Selbst noch jung und unausgereift, geraten diese Brüder – aus welchen Gründen auch immer – in eine Situation, die ihnen ein Ausmaß an Überlegenheit abverlangt, das sie zwar stolz macht, das sie de facto aber nicht haben. Wie schwer eine solche irreale Last drücken kann, lernte ich von einem Kollegen – ich möchte ihn hier Peter nennen –, mit dem ich eine therapeutische Begegnung im Rahmen eines von mir geleiteten Weiterbildungs-Workshops hatte. Peter hatte eine

58 Viktor Mann, op. cit., 261.

jüngere Schwester gehabt, die vor einiger Zeit an Krebs gestorben war. In seinem Kopf »wußte« er zwar, daß er diesen Tod nicht hätte verhindern können, und doch quälten ihn Schuldgefühle. Er *hätte* ihr wirksamer helfen, *hätte* mehr für sie da sein müssen.

Dann erzählte er seine Geschichte. Er wuchs während des Krieges allein mit seiner Mutter und seiner Schwester auf – der Vater war Soldat. Seine Mutter war aufmerksam um ihn besorgt, und er hat diese Zeit in guter Erinnerung. Dann aber kam sein Vater zurück, und plötzlich interessierte sich die Mutter nicht mehr für die Kinder, sondern nur noch für ihren Mann. Beide Eltern verbrachten viel Zeit miteinander und überließen die Kinder sich selbst. Die fühlten sich zunehmend vereinsamt und schlossen sich eng aneinander an. Peter empfand sich mehr und mehr für seine Schwester verantwortlich, er beschützte sie und sorgte dafür, daß es ihr gut ging. Die beiden seien, so erzählte er, wie »Brüderchen und Schwesterchen« im Grimmschen Märchen gewesen, zwei traurige Kinder, die außer einander nichts hatten auf der Welt. Peter beklagte sich nicht. Er hatte seine Schwester geliebt, und die Bereitschaft, sich für Frauen verantwortlich zu fühlen, war zu einem selbstverständlichen Teil seiner Persönlichkeit geworden. Später hatte er eine »Schwester« geheiratet, eine Frau, der gegenüber er eine innige Vertrautheit spürte, aber keine Leidenschaft. Nach vielen und im wesentlichen guten Ehejahren war ihm dann eine Frau begegnet, die wußte, was sie wollte, die selbständig und selbstbewußt war. Staunend entdeckte er, daß er für diese Frau liebenswert war, ohne daß er viel für sie tat und ohne daß sie ihn »brauchte«. Darauf war er nicht vorbereitet. Er war fasziniert, und ihm wurde bewußt, daß er seit langem eine heimliche Sehnsucht nach einem solchen weiblichen Gegenüber in sich trug. Das brachte natürlich viele Schwierigkeiten in sein Leben, und aus diesem Grunde hatte er mit mir arbeiten wollen.

Wir einigten uns, daß wir das Problem mit einer Pesso-Struktur angehen würden,[59] und Peter begann mit Hilfe der Gruppenmitglieder, die Familien-Szene seiner Kindheit zu gestalten: Die beiden Eltern, gänzlich miteinander beschäftigt, auf der einen, er und seine Schwester – ein kindliches Spiegelbild – auf der anderen Seite. Ich fragte ihn, wie er sich in dieser Szenerie fühle, und er antwortete, er spüre Wut auf seine egozentrischen Eltern. Er fand Wege, diese Wut auszudrücken, und wieder fragte ich ihn, wie es ihm jetzt ginge. Er fühle sich etwas wohler und etwas freier, sagte er, war aber sichtlich weit entfernt von jenem erschöpften, befreiten Aufatmen, das sich einstellt, wenn der eigentliche Kern des Problems getroffen ist. Hier nämlich war der Kern nicht das Elternpaar bzw. die treulose Mutter – diese Ebene hatte Peter schon früher durchgearbeitet –, sondern die Schwester. Er begann nun zu erforschen, wie sich damals wohl die Nähe des Zehn- oder Zwölfjährigen zu der Sechs- oder Achtjährigen angefühlt haben mochte. Als ich ihn danach fragte, empfand er zunächst nicht viel. Die Sorge um die Schwester schien ihm so selbstverständlich wie die Luft, die er atmete. Aber genau das war der Punkt. Er atmete nicht oder doch nur so viel, wie unbedingt nötig. Darauf angesprochen spürte er, wie schwer und gelähmt er sich in seinem Körper erlebte, und allmählich entdeckte er, daß diese Schwere mit der Last der Verantwortung zu tun hatte, die die Eltern dem kleinen Jungen aufgebürdet hatten. Je tiefer er atmete, desto deutlicher meldete sich das alte »Körperwissen« um den wahrhaftigen Sachverhalt der Überforderung, das der kleine Junge damals hatte betäuben müssen. Jetzt geriet Peter damit in Kontakt, und er spürte den Konflikt seiner Kindheit: Er erinnerte sich, wie lästig ihm seine Beschützerrolle manchmal gewesen war und wie gern er

---

59 Diese Therapie-Richtung wird im nächsten Kapitel erklärt; vgl.
275

seine Schwester in solchen Momenten los gewesen wäre. Aber dann hatte sie ihn traurig und hilflos angeschaut, und obwohl diese Appelle sich bleischwer anfühlten, wollte er kein schlechter Mensch sein. Er bekam Schuldgefühle und tat, was seine Schwester zu brauchen schien. Natürlich war er daneben auch stolz darauf, daß die Kleine so viel Vertrauen in ihn setzte, und er fühlte sich kompetent und überlegen.

Stolz und Überforderung hielten sich auch jetzt, während der therapeutischen Arbeit, die Waage, und Peter fühlte sich in einer Sackgasse. Wie konnte er seine Brüderlichkeit bewahren und doch mehr Freiheit für sich selbst erobern? In meinem Gegenübertragungs-Spektrum regte sich ein Gefühl der Sehnsucht nach behütenden, verantwortungsvollen Eltern, und so fragte ich ihn, ob er sich seine Schwester vorstellen könnte zwischen zwei »idealen Eltern« – leibhaftigen Symbolisierungen unbewußter kindlicher Bedürfnisse[60] –, die liebevoll um die Schwester besorgt wären; ob er einmal ausprobieren wolle, wie ein solches Bild auf ihn wirke? Er war dazu bereit und schuf die Szene so, wie er sie fühlte: In beträchtlichem Abstand von ihm saßen die »idealen Eltern«, mit zärtlicher Aufmerksamkeit der Tochter zugewandt, alle Peter den Rücken zukehrend, versunken in ihrer Dreiheit. Peter betrachtete die Gruppe lange, und nun atmete er wirklich tief. Zuerst konnte er es nicht fassen, und dann spürte er eine ungewohnte Leichtigkeit und Fröhlichkeit. Seine Schwester war in den besten aller Hände, und er konnte tun, was *er* wollte. Jetzt merkte er, wieviel Raum in seinem Innern durch die brüderliche Verantwortlichkeit besetzt gewesen war und wie groß die Lust war, diesen Raum anders zu nutzen. Er wählte sich aus der Gruppe einen »idealen Freund«, und die beiden Zwölfjährigen würden

---

60 Die »idealen Eltern« sind ein tragendes Element in der Pesso-Therapie; vgl. dazu unten, 280 f.

nun zusammen ohne schlechtes Gewissen auf Abenteuer-Jagd gehen.

Von vielen Schwesterbrüdern hörte ich ähnliche Geschichten – dasselbe Thema mit vielen Variationen: Ältere Brüder, die von ihren Eltern dazu angehalten wurden, Vaterstelle an den jüngeren Schwestern zu vertreten, und die sich heute mit Schmerz und Scham daran erinnern, daß sie damals ihre Schwestern zum Ausgleich als zwar lieb, aber auch ein bißchen doof empfunden hätten. Jüngere Brüder, die ihre Schwestern zunächst bewunderten, es dann aber als gottgegeben hinnahmen, daß man sie, die Jungen, aufs Gymnasium schickte, während die Mädchen »heirateten«, und die es dann als Lauf der Welt ansahen, daß sie ihre Schwestern im Bereich von Leistung und Ansehen überholten. Andere jüngere Brüder, die ihren älteren Schwestern lästig waren, die aber gleichwohl die erwartungsvollen Elternaugen auf sich gerichtet wußten und denen es zur ernsten Pflicht wurde, den Mädchen gegenüber Führungsqualität zu entwickeln und zu zeigen. Brüder schließlich, die Schwestern *und* Brüder hatten und die sich mit ihrem Bruder oder ihren Brüdern zusammentaten und sich männlich vereint bald darüber klarwurden, daß Frauen – Schwestern – zwar liebenswerte, aber im Grunde bemitleidenswürdige Geschöpfe seien.

Bei all diesen Brüdern schlug die gefühlte Pflicht, statt einer kameradschaftlich-geschwisterlichen eine Eltern-Kind-Beziehung der Schwester gegenüber zu gestalten oder von dieser nicht schwesterlich, sondern elterlich bevormundet zu werden, natürlicherweise oft ins Gegenteil brüderlicher Rachegelüste um: Die Schwester wurde gepiesakt oder bloßgestellt. Traurig dabei ist, daß sie alle Brüder waren, die damals keine oder nur wenig Chancen hatten, mit Hilfe ihrer Schwestern das weibliche Geschlecht zu entdecken; die vielmehr das erlitten – und erst viel später wiederentdeckten –, was Thomas Mann als Verlust eines näheren Verhältnisses zum »anderen« Geschlecht beklagt, »von dem ich eigentlich, obgleich nun Ehemann, noch immer nichts weiß«.

Und die Schwestern? Ihre Opferposition wurde dargestellt, aber wo steckt der Schein-Profit? Die Angst, die eigene Frau zu stehen, sitzt tief. Auch in aufgeklärter, nicht eigentlich frauenfeindlicher Zeit ist es für uns Frauen immer noch leichter, uns in Selbstverachtung oder in die männerverachtende Ecke der Frauenbewegung zu flüchten und aus dieser sicheren Position unsere Pfeile auf die verständnis- und gefühllose Männerwelt abzuschießen, als uns in eigener Verantwortung dem kühlen Gegenwind männlicher – oder auch weiblicher – Konkurrenz zu stellen.

Diese Angst vor Rivalität und Wettbewerb ist fest verwurzelt. Märchen und Mythen berichten von Schwestern, die sich vertrauensvoll vom Bruder an der Hand nehmen und in den wilden Wald führen lassen. Konkurriert die Schwester hingegen, was selten genug zum Thema wird, dann ist das Ende tödlich. Im Bechstein-Märchen *Das klagende Lied* wird die Geschichte zweier Königskinder erzählt, einer Schwester und ihres um ein Jahr jüngeren Bruders:[61] »[...] eines Tages stritten die beiden Königskinder miteinander, welches von ihnen beiden König werden sollte, denn der Bruder sagte: ›Ich bin ein Prinz, und wenn Prinzen da sind, kommen die Prinzessinnen nicht zur Regierung‹; die Tochter aber sprach dagegen, ›Ich bin die erstgeborene und älteste, *mir* gebührt der Vorrang.‹« Die Kinder fragten ihre Mutter, die Königin, wie sie den Streit beenden könnten. Diese zeigte ihnen eine Blume und schickte die beiden in den Wald: Wer von ihnen diese Blume zuerst finden würde, der sollte Königin oder König sein. Es war dann das

---

61 Ludwig Bechstein, *Sämtliche Märchen*, München 1965, 487-493.

Mädchen, das die Blume fand, während der Bruder lange vergeblich suchte. Als er aber sah, daß seine Schwester ihn besiegt hatte, geriet er so in Wut, daß er sie erschlug. Er nahm der toten Schwester die Blume ab und brachte sie seiner Mutter, ganz so, als habe er sie gefunden. Im Schloß wartete man dann lange vergeblich auf die Rückkehr des Mädchens, und schließlich mußte man annehmen, daß es im Wald umgekommen sei. Man beweinte es, und der Junge wurde König. Das Märchen erzählt dann noch von einer späten Rache. Die aber machte die Schwester auch nicht mehr zu einer lebendigen Königin.

Es gibt moderne Märchen, Frauenkrimis, die den Spieß umkehren und deren Bestseller-Auflagen vermuten lassen, daß sie den Geist der Zeit und die Wut der Zeitgenossinnen erfassen. Diese Krimis führen das Märchen vom *Klagenden Lied* zu einem männerfeindlichen, frauenfreundlichen Ende. Ich denke zum Beispiel an Ingrid Nolls herzerfrischende Moritat *Die Häupter meiner Lieben.* Hier wird die Geschichte von Maja erzählt, einer jungen Frau, die zu ihrem Leidwesen ständig in die unangenehme Situation gerät, Hand anlegen zu müssen, wenn Männer sich anschicken, ihr oder ihrer Freundin Cora das Leben schwer zu machen: Zuerst trifft es ihren Bruder Carlo, einen geschniegelten, vor Arroganz triefenden Jüngling, natürlich Mutters Herzblatt, den Maja leider mit todbringender Waffengewalt daran hindern muß, ihre Freundin Cora zu vergewaltigen. Dann muß ihr Vater dran glauben, ein versoffener Künstler, dessen Prinzessin Maja ursprünglich war und den der Tod deswegen ereilt, weil er in recht widerwärtiger Weise auf ihre töchterliche Sorgepflicht spekuliert. Schließlich erwischt es den Mann von Cora, der eigentlich nicht weiter gestört hat, dessen Ableben aber freien Zugang zu seinen Konten und einen unabhängigen Lebensstil für Maja und Cora garantiert.

Maja ist das alles eigentlich nicht recht – sie empfindet

ihre Morde eher als schicksalshafte Notwendigkeit. So viel
Ethik wird belohnt. Am Ende landet sie nicht im Knast, sondern als sympathische, reifende junge Frau in einer angenehmen Florentiner Villa. Hier denkt sie nach getanen
Taten darüber nach, wie sie wohl zu einem freundlicheren,
versöhnlichen Umgang mit Brüdern, Vätern und Männern
kommen könnte, und sie findet, daß sie noch einen »sehr
langen Marsch« vor sich habe.[62]

Der Diogenes-Verlag hat das Buch mit einem eindrücklichen Gemälde der italienischen Barock-Malerin Artemisia
Gentileschi geschmückt, »Giudetta e la fantesca« – »Judith
und ihre Dienerin auf der Flucht« aus dem Jahre 1613. Zwei
junge Frauen schauen, nicht verletzt, aber wachsam in den
Bildhintergrund. Judith hat ein Schwert geschultert, und die
Dienerin trägt einen Korb, in dem der abgeschnittene,
schon grünlich gefärbte Kopf des Holofernes liegt. Der Einfall, das mörderische Märchen mit diesem Bild zu illustrie-
ren, ist im übrigen nicht launig, sondern gezielt. Die
Künstlerin Gentileschi ist die Säulenheilige von Ingrid Nolls
Geschichte. Sie ist die Lieblingsmalerin von Majas Freundin
Cora, und in ihrem unangepaßten Werdegang ist sie ein ver-
ehrtes Vorbild der beiden Freundinnen.

Ingrid Noll hat Fiktion und Wirklichkeit kunstgerecht
aufeinander abgestimmt. Denn die historische Artemisia
Gentileschi paßt in die Geschichte der beiden männer-
mordenden Freundinnen ebenso wie in die hier gegebene
Bruder-Schwester-Thematik. Artemisia war eine »große
Schwester«, die Älteste einer nachfolgenden Brüderhorde,
deren Mutter starb, als sie elf war, die später in die Fußstap-
fen ihres Vaters – eines begnadeten Malers – trat und die
dann selbst eine anerkannte Malerin wurde. Allerdings,
vorher wurde sie als junges Mädchen von einem Kollegen
ihres Vaters vergewaltigt. Sie wollte diesen Mann heiraten,

---

62 Ingrid Noll, *Die Häupter meiner Lieben*, Zürich 1994, 280.

wurde aber von ihm – er war bereits verheiratet – verlassen und strengte daraufhin, unterstützt von ihrem Vater, einen Prozeß an. Sie wurde durch dieses in aller Öffentlichkeit durchgeführte Verfahren zwar beschmutzt und von männlichen Malerkollegen verhöhnt, setzte sich als Künstlerin aber gleichwohl durch. Um des Anstands willen ließ sie sich verheiraten, trennte sich aber bald und zog allein zwei Töchter groß. In ihrem Werk dominieren unübersehbar abgeschnittene Männerköpfe – unter der zeitgenössisch akzeptablen Themenstellung »Judith und Holofernes« oder »Samson und Dalilah.«[63]

In meiner Praxis begegnen mir viele Schwestern, die sich von ihren Brüdern zwar weder ermordet fühlen noch sie umbringen wollen, die aber schwesterliche Haßlieben pflegen und die sich über lange Zeit nicht vorstellen können, mit ihren Brüdern zu konkurrieren. Das liegt durchaus nicht immer daran, daß sie die »kleine Schwester« oder weniger gut ausgebildet sind. Diese Frauen kommen ins Vorgespräch und wirken auf den ersten Blick selbstbewußt und schmerzfrei. Sie haben eine Familie oder leben mit ihrem Freund zusammen, sie haben einen guten Beruf, der Partner kümmert sich arbeitsteilig um den Haushalt, sie sind feministisch orientiert und strahlen die zeitstilkonforme Männerverachtung aus. Kurzum, alles scheint perfekt zu sein, so daß ich mich und sie fragen muß, warum sie überhaupt die Schwerarbeit einer Psychotherapie auf sich nehmen wollen. Oft wissen sie es selber nicht, aber plötzlich kommen ihnen Tränen, weil im Gespräch ein versteckter Schmerz über einen wichtigen, ungelebten Teil ihrer Persönlichkeit berührt worden ist. In der Therapie zeigt sich dann allmählich, was es mit diesem Teil auf sich hat: Diesen Frauen fehlt die tief

63 Einblicke gibt das Buch von Susanna Stolzenwald, *Artemisia Gentileschi. Bindung und Befreiung im Leben und Werk einer Malerin*, Stuttgart etc. 1991.

gefühlte Erlaubnis, den geistigen Teil ihrer Persönlichkeit selbständig zu leben, was um so kränkender ist, als sie sich diese Erlaubnis vordergründig längst geholt haben. Nur glauben sie selbst nicht daran, und sie wissen nicht, daß sie nicht daran glauben.

Ich erinnere mich an eine junge Frau, attraktiv, begabt, intelligent, mit Universitätsabschluß, die eine Anstellung in einem extrem schwierigen sozial-therapeutischen Bereich gefunden hatte. Obwohl sie ihre Arbeit liebte, fühlte sie sich unzufrieden, unausgefüllt und ausgenutzt. Ihre Teamkollegen empfand sie – wie mir schien zu Recht – als unqualifiziert und unselbständig, und die Arbeitsbedingungen als unklar und wenig zweckdienlich. Das therapeutische Vorgehen schien ihr zwar gut gemeint, aber unprofessionell und kontraproduktiv. Sie machte viele Verbesserungs-Vorschläge, erstellte sogar ein neues Arbeitskonzept, drang damit aber nicht durch und wurde, ganz im Gegenteil, vom Team mehr und mehr als besserwisserische Außenseiterin erlebt. Ich hatte bald das Gefühl, daß sie ihre Intelligenz, ihre Sensibilität und Begabung an ihrem Arbeitsplatz nicht voll einsetzen konnte und sich unter ihrem Preis verkaufte. Sie aber schien es nicht so zu empfinden. Zunehmend stellte sie nicht mehr die Kollegen oder die Betriebsstruktur sondern sich selbst in Frage und machte sich, um den Kontakt zu den Arbeitkollegen nicht vollends zu verlieren, klein und hilflos. Sie zweifelte an der Berechtigung ihrer Kritik an den Arbeitsverhältnissen und beschimpfte sich, daß sie nicht genug Nähe, Positivität und Wärme geben könne. Darüber wurde sie immer depressiver.

Diese Haltung der Selbstverachtung war, wie wir dann allmählich zu verstehen lernten, ein Muster. »Miriam« war als ältere zweier Geschwister von ihren Eltern freudig begrüßt worden, war aber erst eineinhalb Jahre alt, als ihr Bruder geboren wurde. Schnell war sie also entthront, und schnell erlernte sie das »Große-Schwester-Syndrom.« Sie unterstützte ihre vielfältig eingespannte, weniger intellektuell als praktisch orientierte Mutter, wo sie nur konnte, hütete und beschützte den kleinen Bruder und fühlte sich für sein Wohlergehen verantwortlich. Gleichzeitig war sie Vaters Liebling, der sie als seine kleine Vertraute behandelte und stolz war auf ihre Intelligenz, während er seine Ehefrau in allen intellektuellen Belangen eher mit Herablassung behandelte. So lernte Miriam früh, den aufs Praktische gerichteten Sinn ihrer Mutter zu verachten. Gleichzeitig entdeckte sie, daß auch sie sich keine »dummen Fragen« erlauben durfte, ohne daß es hämische väterliche Kommentare gab. Sprachlos aber machte es sie, als sich zunehmend auch ihr kleiner Bruder einmischte und sie zusammen mit dem Vater von oben herab zu belehren begann. Zuerst wehrte sie sich wütend, allmählich aber resignierte sie und sah zu, wie der Bruder ihr über den Kopf wuchs, körperlich und, wie es ihr schien, zunehmend auch geistig. Sie begann, die neue Situation zu akzeptieren und sich in schwierigen Lebenslagen hilfesuchend an den »großen Bruder« zu wenden. Darüber wurde sie älter, machte ihre Examina, bewährte sich in ihrem Beruf, leistete gute Arbeit, aber stets empfand sie sich als »klein« und suchte den Beistand eines »großen Bruders.« Wurde sie von ihren Vorgesetzten gelobt, so freute sie das zwar, aber sie konnte nicht so recht daran glauben und verschwand schnell wieder im sicheren, aber einengenden Hafen ihrer depressiv gefärbten Kleinheits- und Hilflosigkeits-Phantasien.

In der Therapie wiederholte sich dieser Zug. Miriam arbeitete exzellent. Sie machte gute Fortschritte, aber immer wieder gab es Stunden, in denen sie wie ausgelöscht war: in denen sie sich in Verzweiflung darüber redete, wie inkompetent sie sei, und in denen sie für mich unspürbar wurde. Allmählich lernten wir, daß diese Nichtigkeits-Vorstellungen ihr Schutz gegen die Angst und Scham waren, die sie fühlte, wenn sie nicht gut vorbereitet in die Stunde kam, wenn sie »nichts zu sagen hatte«. In solchen Stunden wurde ich zu einer Mischung aus forderndem Vater und spöttischem Bruder. Oder anders ausgedrückt: ihr Selbstentwertungs-Dämon war am Werke – das Relikt väterlich-brüderlicher Demütigungen –, der ihr einflüsterte, sie wisse nichts, sie könne nichts, sie sei ein dummes Mädchen und ebenso dumm wie ihre Mutter.

Langsam enttarnte sie ihre Selbstverachtung als ihren ärgsten Feind und begann, aggressive Strategien gegen diese brüderlich-männliche Optik zu entwickeln. Das bekam und bekommt ihr gut. Sie hat sich ein befriedigendes Arbeitsfeld geschaffen, sie fühlt sich wohl im Kreis kompetenter Kollegen, und sie lernt, mit deren Wertschätzung und Kritik erwachsen umzugehen. Nicht zuletzt kann sie inzwischen den etwas hochnäsigen Bruder ihrer Kindheit trennen von dem erwachsenen Mann, der dieser Bruder jetzt ist. Dieser Mann verzichtet gern auf die Rolle des »großen Bruders«, und sie entdeckt erfreut, daß er sie achtet und mag, auch wenn sie sich zu ihrer vollen Größe aufrichtet.

Ich lernte von Miriam wie von vielen anderen Klientinnen, daß es nicht schwer ist, die eigenen Selbstverachtungs-Mechanismen als Schutz gegen die Verpflichtung zu durchschauen, zu einer streitfähigen, unabhängigen Frau zu werden; zu einer Frau, die die eigenen Fähigkeiten nicht geringer achtet und nutzt als diejenigen der »Brüder«. Dies um so mehr, als das Bild der selbständigen Frau ja zum kulturellen Credo unserer Zeit gehört. Ich lernte aber auch, wie viel es kostet, dieses Credo in eine *wirklich* eigenständige Haltung umzusetzen. Ich lernte, wie schwer der Männerschatten auf den Frauen lastet und wie viel Kraft und Mut notwendig ist, sich aus ihm zu lösen; wie schwer es für Frauen mangels entsprechender Erfahrungen ist, im vielleicht gar nicht so strahlenden Licht der eigenen Persönlichkeit zu bestehen. Ich lernte, wie viel einfacher es vordergründig scheint, ein drittes Kind zu gebären und damit den Traum vom eigenen Leben für weitere Jahre auf die immer länger werdende Bank der Selbstverwirklichung zu schieben, oder sich hinter Frauenidealisierung und Männerverachtung respektive hinter Selbstverachtung und Männeridealisierung zu verschanzen. Und schließlich lernte ich, wie befreiend es ist, die Wut und die Trauer über den drohenden Selbstverlust wirklich zu spüren und dazu zu nutzen, den Grauschleier der Selbst- oder Männer-Verächtlichkeit zu zerreißen.

Das macht einsam, aber es macht auch frei und stolz. »Es kann«, sagt Christiane Olivier im Hinblick auf kuschelig-verlockende Partnerschaften, »immer nur kurze regressive Momente geben, der Rest ist das manchmal schmerzhafte Erkennen der zu ertragenden Unterschiedlichkeit, des einzuhaltenden Abstands.«[64] Dieser in Stolz und Schmerz eingehaltene Abstand zwischen den Geschlechtern bietet Raum für Selbstachtung und für Achtung den »Brüdern« oder »Schwestern« gegenüber, ob diese Geschwister nun wirkliche Schwestern oder Brüder, oder ob sie Partnerinnen/Partner oder Kollegen/Kolleginnen sind. In jedem Fall ist das Wissen um Selbstachtung und Achtung ein guter Humus für einen Boden, auf dem neben Einsamkeit und Trauer Lebenssinn und Lebensfreude, echter Kontakt und reife Liebe gedeihen.

64 Olivier, op. cit., 115.

»Und willst du nicht mein Bruder sein, so schlag ich dir den Schädel ein«

Verachtung und Scham in der Psychotherapie

Der von Christiane Olivier geforderte »einzuhaltende Abstand« – das ist auch die Grundvoraussetzung, aus der heraus Psychotherapie erwachsen muß, sofern sie Nutzen bringen soll. Denn: Psychotherapie heißt dem Wortsinn nach »Dienst an der Seele« oder »Ehrerbietung der Seele gegenüber.« Diejenigen, die von Amtes wegen mit der Seele umgehen, die Psychotherapeuten, sollen dies – so die ethische Anforderung – sorgfältig, umsichtig, ehrfürchtig tun. Sie sollen wissen, daß die Seele aus empfindsamem Stoff gemacht ist, und sie sollen sich davor hüten, leichtfertig oder gar zerstörerisch mit diesem zarten Gespinst umzugehen. Es soll ihnen klar sein, daß die Mehrzahl ihrer Klienten auf Grund schlimmer Erlebnisse in früher Kindheit eine – meist heimliche – Angst hat vor Nähe und sich gleichzeitig nach Nähe sehnt; es soll ihnen selbstverständlich sein, daß sie als Therapeuten sich weder anmaßen dürfen, den ihnen Anempfohlenen diese Nähe aufzudrängen noch ihre Klienten wegen ihrer Ängste vor eben jener Nähe zu beschämen; sie sollen vielmehr in langer, vertrauensstiftender Arbeit sowohl Angst und Mißtrauen als auch Sehnsucht und Vertrauen in Ehrfurcht begrüßen und respektieren. Sie sollen all diese Kräfte fördern und es aushalten, daß während einer länger andauernden Psychoptherapie bei ihren Klientinnen und Klienten kindliche Züge an die Oberfläche gelangen. Sie sollen es dann ertragen, wie sie im Rahmen des rückwärts, in die Zeit der Kindheit und frühen nähefeindlichen Prägung gewandten therapeutischen Prozesses zu großmächtigen, guten oder bösen Gestalten werden, zu überlegenen Elternfiguren, die alles durchschauen, alles verstehen, alles können; die wissen, was den Klientinnen und Klienten fehlt, warum sie nicht glücklich sind in ihrem Leben; die eine genaue Vorstellung davon haben, wie der Weg zum Glück – zum richtigen Partner, zum Sinn des Lebens, zur inneren Zufriedenheit – verläuft.

Psychotherapeuten, die diesen Namen verdienen, werden diese ihnen übertragene Macht nicht mißbrauchen. Sie werden sich von den Klienten nicht dauerhaft anstecken lassen und werden an ihrer Aufgabe festhalten, diesen bei der Suche nach deren eigener Wahrheit und deren eigenen Nähebedürfnissen beizustehen. Sie wissen, daß die auf sie übertragene Macht eine Leihgabe ist, die sie – wie es gute Eltern ihren Kindern gegenüber tun – mit zunehmender Reifung ihrer Patienten diesen wieder zurückgeben dürfen und müssen. Mit einem Wort, eine wirkliche Psychotherpeutin, ein wirklicher Psychotherapeut hat nicht das Bestreben, seine oder ihre Klientinnen oder Klienten in eigenen Visionen aufgehen zu lassen; vielmehr hat er und sie das viel bescheidenere, wenn auch schwer erreichbare Ziel, ihnen dabei zu helfen, daß sie zu *den* Menschen werden, die sie sind.

Es mag etwa 25 Jahre her sein, daß ich – zunächst als Klientin – vorsichtig anfing, mich auf die Welt der Psychotherapie einzulassen, erst im Rahmen einer Selbsterfahrungsgruppe, dann mit einer Psychoanalyse. Später folgten Ausbildungen, verschiedenen Gesprächs- und Körpertherapien und – parallel zu all dem – zahlreiche, teils ausbildungorientierte, teils aus eigener Neugier besuchte Workshops. Dabei hatte ich reichlich Gelegenheit, das skizzierte therapeutische Idealbild zu überprüfen und auf seinen Realitätsgehalt hin zu befragen. In all diesen Jahren habe ich integere Therapeutinnen und Therapeuten getroffen. Niemals fand ich jemanden, der seine Arbeit ausschließlich als »Job« mit dem Ziel betrieb, die notwendigen Brötchen zu verdienen. Alle waren engagiert und wollten in meinem Leben etwas Gutes bewirken, alle wollten mir helfen. Das gelang mal mehr, mal weniger gut, was jeweils an der mich mehr oder weniger überzeugenden Persönlichkeit meiner Therapeutinnen und Therapeuten oder an der von ihnen angewandten Technik bzw. vertretenen Schule lag, mit deren Instrumentarium sie mal besser, mal schlechter den Zugang zu meinem Inneren fanden.

Solche Unterschiede der Schulen, der Technik, der persönlichen Neigungen sollen hier nicht das Thema sein. Vielmehr möchte ich, der eingeschlagenen Richtung folgend, die Auswirkungen der Verachtung oder des »pathologischen Narzißmus« mit seinen vielfältigen Idealisierungs-, Verschmelzungs-, Entwertungs- und Beschämungs-Facetten in der Psychotherapie betrachten. Die Psychotherapie ist ja eigentlich zur Bearbeitung dieser Empfindungs- und Verhaltensweisen gedacht, wird aber vielfach durch die mal mehr, mal weniger subtile Anwendung der beschriebenen narzißtischen Mechanismen unterwandert und ad absurdum geführt. Um hier nicht ins Uferlose zu geraten, will ich das folgende ganz persönlich halten und mich auf Verächtlichkeits-Erfahrungen stützen, die ich selbst bei einigen meiner therapeutischen Exkursionen gesammelt habe. Ich möchte hierbei nicht den Eindruck erwecken, als wollte ich gewisse Schulen als »verächtlich« an den Pranger stellen und andere als »respektvoll« idealisieren. Obwohl in diesem Bereich entsprechende Nuancierungen durchaus möglich sind, gilt in erster Linie, daß jeder therapeutische Zugang so integer oder so verführerisch ist, wie die Therapeutinnen und Therapeuten, die sich seiner bedienen.

Das in diesem Sinne eindrücklichste Erlebnis hatte ich mit dem amerikanischen Psychotherapeuten Bob Hoffman und dem von ihm erschaffenen »Quadrinity-Prozeß«, einer Therapieform, die die abgespaltene »Vierheit« der Aspekte von Körper, Intellekt, Spontaneität[1] und spirituellem Selbst zu einer integrativen, gesunden, das Fühlen und Handeln der Persönlichkeit bestimmenden Einheit zu machen sich anerbietet. Bob Hoffman hatte sich, wie er uns während des Workshops erzählte, jahrelang mit einer Psychoanalyse herumgequält, hatte auf der Couch seine Symptome erkannt, hatte sie auf Kindheitstraumata zurückgeführt und schulmäßig »durchgearbeitet«. Nach etlichen Jahren verstand er sie nun zwar, aber er konnte sie nicht fühlen, konnte sich weder Schmerz noch Wut öffnen, sondern nahm nur wahr, daß alle Energien in Form von Gedanken in seinem Intellekt steckenblieben, ohne daß sich dadurch seine Sehnsucht nach einem reicheren und sinnvolleren Leben erfüllte. Aus dieser Enttäuschung heraus entstand der Hoffman-Quadrinity-Prozeß – in der offiziellen Lesart mit den Großbuchstaben HQP abgekürzt.

Der HQP ist ein siebentägiger Workshop, der der Selbstfindung dient und der innerhalb dieser Woche ein anspruchsvolles Programm anbietet – ich zitiere:

1. Wiedererlangung der Liebe, die unser Geburtsrecht ist. Das positive Selbst, die gute Seite, wird gestärkt, damit es die negative, die Dunkle Seite, überwinden und kontrollieren kann.

2. Uns zu reinigen von verdecktem oder offenem Haß gegen uns selbst, gegen unsere Eltern ... oder andere Menschen, um so die Projektionen dieser Gefühle auf die Gesellschaft zurückzunehmen.

---

1 Hoffman nennt diesen Aspekt »das emotionale Kind«

3. Uns Verständnis, Mitgefühl, Vergebung, Akzeptanz und Liebe uns selbst, unseren Eltern und anderen Menschen gegenüber zu lehren.
4. Familien liebevoll vereinigen.
5. Stabilen, dauerhaften Frieden.
6. Körper und »Geist« (emotionale, intellektuelle und spirituelle Aspekte) zu harmonisieren und zusammenzuschließen, um Selbstheilung sowohl auf der physischen als auch auf der geistigen Ebene zu erreichen.
7. Alle Formen von Abhängigkeit und unsozialem Verhalten zu beenden, indem die ihnen zugrundeliegenden Ursachen angesprochen werden.[2]

Das Kernstück des HQP ist die Rücknahme negativer Projektionen ins eigene Selbst und ihre Umwandlung in positive, liebevolle Energien. Das ist ein großes und gutes Ziel. Psychotherapeuten aller Schattierungen wissen, wie schwer es ist, in der Therapie den Dschungel scheinbarer äußerer Feinde – der Gesellschaft, der Politiker, der fremdländischen, schwarzen, gelben oder braunen Ausländer, der Moslems, Christen, Eltern, Geschwister, Partner oder Kinder – zu durchforsten; und sie wissen, wie schwer es für ihre projektiv empfindenden Klienten ist, Abgrenzungen zu schaffen zwischen dem, was Mir von Dir real angetan wird, und dem, was Ich an Bosheit, Feindschaft und Haß auf Grund meiner negativen Kindheitsmuster statt in Mir selbst in Dir sehe. Daß der HQP damit warb, diese in meiner Praxis Jahre dauernde Schwerarbeit in einer Woche zu bewältigen, machte mich skeptisch, aber auch neugierig.

Ort der Handlung war ein idyllisches, zu einem Nobel-Hotel umgebautes Jagdschloß inmitten einer anmutigen österreichischen Landschaft. Die Regeln, nach denen wir während der Quadrinity-Woche zu leben hatten, schienen

2 Zit. nach Bob Hoffman, *Entfaltung der Liebe. Der Quadrinity-Prozeß zur Aussöhnung mit dem inneren Kind*, Basel 1994, 18.

allerdings eher einem Trappisten-Kloster entlehnt zu sein: Keine Unterhaltung mit anderen Teilnehmern während des Essens oder sonst während der spärlich bemessenen Freizeit; keine Telefonate; Unterbringung in Zweier-Zimmern mit fremden, von der Leitung bestimmten Zimmerpartnern; auch hier Redeverbot; kein Sex natürlich und kein Alkohol.

Ich will hier keine extensive Schilderung jener sieben Tage folgen lassen, sondern mich auf nur eine Szene beschränken. Zu den Einführungsritualen gehörte ein Gespräch mit Hoffman selbst oder einem seiner Mitarbeiter. Als ich an der Reihe war, schien mir das Ganze zunächst recht theatralisch: Ein großer, düsterer Raum, ein langer Tisch, an dem sechs oder sieben Mitarbeiter saßen, und davor zwei Stühle. Der eine war für Hoffman bestimmt, der andere für mich, und zwar derart, daß der Meister Blickkontakt zu seinen »Jüngern«, ich diese hingegen im Rücken hatte. So saß ich denn, Aug' in Auge mit Hoffman, und augenblicklich stellte sich bei mir die Assoziation ein, ich wäre hier statt in einen Psychotherapie-Workshop in ein Tribunal geraten. Das ganze Arrangement war offenkundig weniger auf Selbstfindung als auf Einschüchterung hin angelegt.

Dann begann die Befragung. Was ich hier wolle, wollte Bob Hoffman wissen. Die Versöhnungsarbeit mit meinen negativen Elternaspekten weiter vorantreiben, antwortete ich, ferner an meiner Liebesfähigkeit arbeiten und vor allem einen besseren Zugang zu meinem spirituellen Selbst gewinnen. Er: das seien Pseudo-Ziele. Ich hätte von wirklicher Liebe keine Ahnung, sei im Gegenteil tief in Negativität befangen. Ich: Da müsse er sich täuschen, ich hätte bereits viel an mir gearbeitet und könne sehr wohl einschätzen, daß ich mich gegenüber früheren Zeiten im positiven Sinne verändert hätte. Darauf warf er seinen Mitarbeitern einen auffordernden Regieblick zu, und die brachen gehorsam in einen höhnischen Chor des Gelächters aus. Dann wieder Er: Was

ich denn beruflich machte. *Was? Psychotherapeutin sei ich?*
Diese Leute seien die Allerschlimmsten. Die hätten den
Kopf voller Theorien und Leere im Herzen. Mit ihren End-
los-Therapien würden sie den Klienten nur das Geld aus der
Tasche ziehen, ohne wirkliche Änderung zu bewirken. Wie
viele Jahre denn meine Therapien durchschnittlich liefen?
Schon merklich lahmer antwortete ich, daß ich mich durchaus für eine akzeptable Therapeutin hielte und daß ich der
Meinung sei, charakterliche Umstrukturierung brauche
ihre Zeit. Er: Wenn das, was ich da sagte, wirklich wahr sei,
dann wäre ich nicht in seinen Quadrinity-Prozeß gekommen. Er könne mir den wirklichen Grund meines Hierseins
sagen. Im tiefsten Innern würde ich fühlen, daß ich mich
selbst betröge, daß ich mit negativer Liebe an mir hinge und
daß ich mit meinem Gerede von Spiritualität und Liebe nur
meine innere Leere übertünchen wolle.

Langsam begann mir zu dämmern, daß ich diesem Bom-
bardement auf die Dauer nicht gewachsen war, und ich
merkte, wie ich zunehmend erstarrte, mich klein, hilflos und
sprachlos fühlte. Zwar soufflierte mir mein Therapeutin-
nenhirn, daß dies ein – wenn auch übles – Spiel sei, mit dem
Hoffman wohl auf schnellem Wege eine negative Übertragung zuwege bringen und diese später positiv nutzen wolle.
Aber statt zu sagen, daß ich mich nicht in dieser Weise ma-
nipulieren ließe, oder statt meine Sachen zu packen und zu
gehen, blieb ich wie angenagelt auf dem Armesünder-Bänk-
lein sitzen und ließ mich weiter entwerten.

Das entsprach der Strategie des Kursleiters. Der drehte,
nachdem er mich kleingekriegt hatte, plötzlich den Spieß
um und zeigte seine Sonnenseite. Ich selbst hätte es in der
Hand, sagte er, aus der Negativität, die ich just in diesem
Moment offen zur Schau stellte – in dem Punkt gab ich ihm
recht –, herauszukommen; er und seine Mitarbeiter wären
gern bereit, mir dabei zu helfen. Dann rutschte er mit seinem
Stuhl fast auf Tuchfühlung an mich heran, streckte mir sein

Gesicht entgegen und fragte mich, was ich in seinem Blick sähe. Ich sah nichts als zwei große braune Augen, die recht unruhig hin und her flatterten. Da saß er nun mit seinem vorgestreckten Kopf und wartete darauf, daß ich das Wort »Liebe« sagte, oder vielleicht sogar »wahre, positive, echte Liebe.« Und ich wartete – mit fest verschlossenem Herzen – darauf, daß die Prozedur endlich ein Ende nehme.

Bob Hoffman hat eine Vision. Er möchte die auseinanderstrebenden Teile von Körper, Intellekt und Spontaneität von projektiven Altlasten reinigen und damit den Weg zum vierten, dem höchsten Aspekt seiner Quadrinität öffnen: zur Spiritualität, zur spirituellen Liebe. Hoffman hat lange – das beschreibt er in seinem Buch – darauf hingearbeitet, hier einen Weg zu finden, und dann hatte er eine Erleuchtung: »Meine Hoffnungen«, schreibt er, »sollten sich erfüllen! 1976 wurde mittels Inspiration eine geführte Visualisierung empfangen und später gestaltet, die die Erfahrung vermittelt, im Licht zu sein. Diese revolutionäre geistige Offenbarung, die wir ›Lichtreise‹ nennen, führt in das bewegende, freudige, von Liebe durchdrungene Erlebnis, ein Teil des Lichtes zu sein.«[3] Hoffmans visionärer Mensch weiß, daß er eine dunkle Seite hat, aber er hat gelernt, wie er mit ihr umgehen kann. Er weiß, wie er seinen »Schatten« umwandeln kann in positive Energie, die ihn immer wieder »ins Licht« führt und ihn damit zu einer Persönlichkeit werden läßt, die im ewigen Kampf zwischen den Mächten des Lichtes und denen der Finsternis auf der Seite von Liebe, Versöhnung und Verständnis steht bzw. sich immer wieder auf diese Seite durchzukämpfen vermag. Ich empfinde diese Vision als tief und eindrücklich. Im Umgang mit den Menschen, die sie mir verkaufen wollten, erfuhr ich aber Lähmung, Verachtung, Manipulation; es wurde versucht, mir

3 Hoffman, op. cit., 63.

das Recht auf die eigene Einschätzung meiner persönlichen Entwicklungsmöglichkeiten streitig zu machen. Nur eine Antwort galt auf alle Fragen: diejenige, die der HQP vorschrieb.

Wir haben es hier mit dem klassischen Konzept des Gurus – oder etwas böser ausgedrückt – des Fundamentalisten zu tun. Bob Hoffman mag privat ein netter Mann sein – er hat diesen Ruf. Als Seelenfänger (ich möchte ihn nicht als »Psychotherapeuten« im oben umschriebenen Sinne bezeichnen) ist er ein Diktator. In dieser Funktion ist er gänzlich mit seinem Quadrinity-Prozeß verschmolzen, und diese Verschmelzung überträgt er wie jeder Diktator, der sein Handwerk versteht, auf sein »Volk«. Es geht dabei darum, dem »Volk« in aller Deutlichkeit dessen Bedürftigkeit, Schwäche und mangelnde Leistungsfähigkeit vor Augen zu halten. Je geschickter der Diktator das tut, desto mehr Zerknirschung und Verzweiflung wird sich auf seiten des »Volkes« einstellen. Ist die Stimmung auf dem Tiefpunkt angelangt, dann wird der Guru-Diktator sich selbst als strahlende Leitfigur präsentieren. Er wird sich als Retter aus Not und Pein darstellen und denjenigen, die ihm zu folgen bereit sind, Freundlichkeit und Aufmerksamkeit schenken. Dabei wird er allerdings eines unterlassen – und dies ist der Grund, warum er ein Guru und kein Psychotherapeut im Sinne eines Menschen ist, der Ehrfurcht vor der individuellen Seele seines Gegenübers hat. Er wird nämlich den Hinweis unterschlagen, daß er auf manipulative Art einen Idealisierungsprozeß herbeigeführt hat, bei dem das aus »gut« und »böse« bestehende Gesamtselbst in der Weise gewichtet ist, daß der Guru die Seite von Kompetenz und Macht, das »Volk« die der Inkompetenz und Bedürftigkeit besetzt. Er, der Guru, wird einige der wichtigsten psychotherapeutischen Schritte unterlassen und unterdrücken, die einem von seinen negativen Kindheitsmustern geplagten und verfolgten Menschen den Weg zum Erwachsenwerden zeigen: Er wird nicht daran arbeiten, zusammen mit seinen Klienten den Prozeß der Idealisierung zu erkennen, und er wird es versäumen, ihnen ihre Tendenz, ihn auf ein Podest zu heben und zu bewundern, als Bestandteil eines Verhaltensrepertoires verständlich zu machen, über das ein drei- bis sechsjähriges Kind verfügt.

Ein Guru-Rattenfänger hat es mit erwachsenen Menschen zu tun, die zwar ihre ungelösten kindlichen Abhängigkeiten mit sich herumtragen, die aber mit der Sehnsucht zu ihm gekommen sind, diese alten Bindungen zu lösen. Das kann nicht dadurch geschehen, daß sie das alte, infantile, überdimensionale Vaterbild gegen dasjenige eines neuen Guru-Diktators und seiner Doktrin eintauschen und damit letztlich als arme Toren dastehen, so klug bzw. so abhängig wie zuvor.

In meinem HQP sorgten Hoffmans Mitarbeiter in einer Mischung aus Zuwendung und Einschüchterung dafür, daß die Klienten während jener sieben Tage abhängige Kinder blieben, die taten, was ihnen aufgetragen war. Wurde Protest laut, so wiesen die »Lehrer«, wie sie sich bezeichnenderweise nannten, auf die Defizite ihrer Schützlinge hin, auf ihre negativen Beziehungsmuster und auf ihr mangelndes Liebespotential. Damit schürten sie nicht nur die ohnehin vorhandene Urangst der Klienten, schlechte Menschen und für die Welt der Liebe verloren zu sein, sondern sie erreichten auch schnell wieder das erwünschte Ungleichgewicht zwischen Macht und Ohnmacht, zwischen Groß und Klein. Rebellierte jemand in einem Ausmaß, das die Mitarbeiter überforderte, dann wurde er oder sie zum Meister geschickt. Der hatte nach Art eines Vaters, der für die Seinen »nur das Beste will«, für alle Attacken entweder ein schmerzliches Lächeln ob der verirrten Seele oder einen strengen Blick. Das Äußerste, wozu Hoffman sich in so einem Fall, soweit ich sehen konnte, hinreißen ließ, war eine Äußerung nach dem Motto, hier handele es sich leider um einen hoffnungslosen Fall. Ich habe während jener Tage nie erlebt, daß er den Kursteilnehmern eigene Kompetenz eingeräumt hätte, daß er einen Konflikt entweder auf der Erwachsenen-Ebene akzeptiert und seinen Teil auf sich genommen oder daß er das anstehende Problem ernsthaft im Sinne der Aufarbeitung eines individuellen Kindheitstraumas durchgearbeitet hätte. Es war der HQP mit seinen groben Rezepten, der immer recht hatte.

Wie es unter solchen Umständen nicht anders zu erwarten ist, stellte sich im Laufe der Woche bei den Teilnehmern allmählich die Atmosphäre einer Schulklasse ein, die unter der Last der gestellten Aufgaben und Prüfungen wie auch unter der strengen Kontrolle ächzte; und dies in einer Mischung aus Trotz, Sarkasmus, Durchhaltewillen und jener, durch das auf Idealisierung hin angelegte Setting genährten verführungsbereiten Hoffnung, »es« (das Glück? die Liebe? die Reife? die Zufriedenheit? die Überlegenheit?) am Schluß doch noch zu bekommen.

Zuvor aber galt es, negative Aspekte von Müttern und Vätern zu erschlagen, Kämpfe zwischen Intellekt und Emotion durchzuführen, die Eltern mit Mitgefühl zu Grabe zu tragen, ihnen zu verzeihen und sie lieben zu lernen, sich selbst tot im Grab zu erleben, das eigene spirituelle Selbst zu visualisieren und vieles mehr.[4] Dabei reichte es nicht, sich durch die Vielzahl der gestellten Aufgaben hindurchzuplagen. Das wichtigste war, daß die Teilnehmer bei den jeweiligen Arbeiten die »richtigen«, HQP-konformen Gefühle erlebten, wobei diese »Richtigkeit« von den Mitarbeitern mit einer Art Jungschem Assoziations-Tests kontrolliert wurde. Hatte ich wirklich meinen internalisierten Haß erschlagen und meiner Mutter vergeben? War meine Rührung beim (simulierten) Begräbnis meiner Eltern echt? Hatte ich

4 Einen guten Einblick in diese Aspekte des HQP gibt das genannte Buch.

vielleicht gemogelt? Oder hatte ich zwar ein echtes Gefühl, aber eines, das dieser Aufgabe nicht entsprach, sondern erst bei der nächsten Übung fällig war?

Wie auch immer, die Tests waren leicht zu durchschauen, und es war klar, was man den »Lehrern« sagen mußte, damit sie einen passieren ließen. Das Redeverbot bot zudem die beste Voraussetzung dafür, daß man untereinander eine zwar verdeckte, gleichwohl aber lebhafte Kommunikation unterhielt, die – typisch Schule – Erfahrungen mit der Mentalität der Mächtigen und den nervenschonendsten Umgang mit den Jungschen Tests zum Thema hatte. Die einen schummelten, die anderen ließen es bleiben, und am Schluß war es so, wie es in der Schule (meistens) ist. Alle »kamen durch«, alle erhielten ein Diplom mit goldblitzendem Siegel, das schwarz auf weiß menschliche Reife und Integrationsfähigkeit bescheinigte, und dann fuhr man mit gestärktem Falschem Selbst nach Hause. Es hat mich nicht besonders erstaunt, daß ich bald darauf in meiner Post in regelmäßigen Abständen Einladungen fand, doch bitte an der neuesten Fassung des HQP teilzunehmen. Man habe auf Drängen der Teilnehmer noch bessere, noch hilfreichere, noch tiefer gehende Varianten und noch fähigere Kursleiter gewonnen, die bereit wären, mich weiter auf dem eingeschlagenen guten Weg zu begleiten.

Wenn ich die ganze Sache bilanziere, so fällt das Ergebnis zwiespältig aus. Ich habe während dieser Tage etwas bekommen, was mein Leben vertieft und bereichert hat. Ich habe tatsächlich einen besseren Zugang zu meiner Spiritualität gewonnen, und dafür bin ich dankbar. Außerdem bin ich, nachdem das Erlebnis nun bereits etliche Jahre zurückliegt und ich Zeit genug hatte, mich davon zu erholen, froh um die Chance, einmal gleichsam unter dem Mikroskop miterlebt zu haben, wie diktatorische Strukturen »in nuce« entstehen können. Vom »Dienst« an meiner Seele, von Respekt oder »Ehrerbietung« ihr gegenüber habe ich in Bob

Hoffmans Quadrinity-Prozeß allerdings nichts erfahren können.

Die Ausbildung zur Bioenergetischen Therapeutin IIBA nach Alexander Lowen

In meinem nächsten Beispiel geht es weniger diktatorisch zu, aber auch hier war die Verachtung eine ebenso unbewußte wie atmosphärisch prägende Protagonistin in einer Inszenierung, die mir viel gegeben, die mir aber auch etlichen Schaden zugefügt hat.

Es geht um die Ausbildung zur Bioenergetischen Therapeutin, die von Alexander Lowen und einigen seiner Mitarbeiter erarbeitet worden ist und die für Gruppen von zwölf bis fünfzehn Mitgliedern angeboten wird. Mir gefiel sowohl die Vorstellung, mit dem Körper zu arbeiten, als auch das Gruppen-Setting – das Lernen zusammen mit Kollegen –, und so entschloß ich mich dazu, diesem Angebot zu folgen.

Um die Aspekte von Herabsetzung und Respektlosigkeit, die ich in jenen Jahren erfuhr, sinnvoll darstellen zu können, möchte ich zunächst etwas über die Ursprünge der Bioenergetik sagen – denn die genannten Negativ-Aspekte haben alte Wurzeln. Alexander Lowen, der Begründer der Bioenergetischen Analyse als Therapieform, ist ein direkter Schüler von Wilhelm Reich und damit Enkelschüler Sigmund Freuds. Dementsprechend finden sich in der Bioenergetik viele der Psychoanalyse, und noch mehr der Arbeit Wilhelm Reichs entnommene Elemente. Von Freud stammt – was Reich immer wieder betont hat[5] – der Grund-

---

5 *Wilhelm Reich über Sigmund Freud*, Hg. von der Produktionsgemeinschaft Schrift, Ton und Bild, Schloß Dätzingen o.O., 1976, 10 et passim. Es handelt sich um die Umschrift eines Interviews, das Reich dem New Yorker Leiter des Sigmund Freud-Archivs Kurt Eiss-

ansatz, der sogenannte »Ökonomische Gesichtspunkt«.[6] Mit dieser Formulierung wies Freud den Weg für Reichs Sichtweise, daß psychische Gesundheit *auch* abhängig ist vom haushälterischen Umgang mit den Triebenergien. Neurosen, so Freud und nach ihm Reich, seien neben anderem unter dem Aspekt zu verstehen, daß der Energiefluß entweder blockiert ist und damit zu einem Triebstau führt, oder daß zu viel Energie fließt und damit Triebüberflutung entsteht. Während Freud diese körperorientierte Spur dann aber nicht weiter verfolgte, tat Reich dies mit um so größerer Intensität. Sie führte ihn zu seinem grundlegenden Konzept der »funktionellen Identität von Körper und Seele«, ferner zur Lehre vom Charakterpanzer sowie zu den »Charakterstrukturen«, einem Modell, das die körperliche und psychische Entwicklung als zusammenhängenden Prozeß darstellt. *Und* sie führte ihn zur Hypothese dessen, was er »Orgonenergie« nannte und womit er eine Kraft meinte, die er sowohl in der Atmosphäre wie auch im menschlichen Organismus vermutete und mit deren heilsamer Wirkung der Mensch im Orgasmus in Kontakt käme; dies freilich unter der Voraussetzung, daß er in der sexuellen Begegnung gänzlich loszulassen und sich liebevoll hinzugeben verstünde. Das in dieser orgastischen Hingabe erlebbare »ozeanische Gefühl« sei Quell der Lebenskraft und Freude und gleichzeitig ein selbsttätig wirksames Mittel, sich stets von neuem von den psychischen Frustrationen und körperlichen Verpanzerungen des Alltags zu befreien.[7] Die Fähig-

ler im Oktober des Jahres 1952 gewährte. Im folgenden zitiere ich dieses Buch unter Eissler, op. cit.

6 U.a. Sigmund Freud, *Triebe und Triebschicksale*, Studienausgabe, Bd. 3, 112, 140. et passim; *Jenseits des Lustprinzips* (1920), in: Studienausgabe, Bd. 9, 231.

7 Vgl. hierzu vor allem Wilhelm Reich, *Charakteranalyse*, 3. Auflage, erstmals veröffentlicht 1933, Frankfurt a.M. 1981; hier die 1933 entstandenen Teile I und II, sowie der 1945 entstandene Teil III:

keit zu dieser im Sexualakt erlebbaren »ozeanischen« Gefühlsebene war für Reich *der* Ausdruck für körperlich-seelischer Gesundheit. Dem Menschen, der sich dieser Art von Gesundheit erfreute, wurde eine Art körpertherapeutischer Ritterschlag zuteil: er verfügte nach der Reichschen Lehre über einen »genitalen Charakter«. Ich weiß nicht, warum Reich der körpertherapeutischen Nachwelt dieses Danaergeschenk hinterlassen hat. Vermutungen kann ich freilich nicht unterdrücken. Die Vehemenz, mit der er daran festhielt, wie auch das Verachtungspotential, das in dieser Fiktion steckt, lassen mich annehmen, daß er damit eigene – vielleicht freudianisch-psychoanalytische – Demütigungen betäuben wollte.

Wie auch immer. Dem eminent hilfreichen Konzept von den Charakterstrukturen nebst seiner unglücklichen Fixierung auf den »genitalen Charakter« war Reichs Beobachtung vorausgegangen, daß Menschen sich, je nachdem, zu welchem Zeitpunkt, auf welche Weise und in welchem Ausmaße sie in ihrer Kindheit traumatisiert worden waren, kennzeichnend voneinander unterschieden. Frühe Störungen führten zu Panzerungen im oberen, spätere Verletzungen zu Verspannungen im unteren Körperbereich. In jedem Fall aber war Reichs therapeutisches Vorgehen von der Zielsetzung bestimmt, die Panzerung – ob im Kopf-, Hals-, Schulter-, Brust-, Zwerchfell-, Bauch- oder Beckenbereich – durchzuarbeiten und seine Klientinnen und Klienten in die »genitale« Charakterstruktur hineinwachsen zu lassen. Idealiter galt für die früh wie auch die später traumatisierten Patienten das Ziel, sich durch Einsicht und durch Körperübungen auf die genitale Stufe im Sinne des Inbegriffes psychophysischer Gesundheit hinzuentwickeln. Reichs the-

»Von der Psychoanalyse zur Orgonbiophysik.« Vgl. ferner David Boadella, *Wilhelm Reich*, München 1980. Speziell zu Panzerung und Segmenten: Konrad Oelmann, *Anatomie für Bioenergetische Analytiker*, Selbstverlag, o. J.

rapeutische Strategie war mithin vehement zielgerichtet, wobei das Ziel weniger von den Klienten und deren Bedürfnissen, als von Reichs Konzept einer gelösten und gelassenen Genitalität bestimmt war.[8] Das hatte Folgen.

Die Bioenergetik wurde von Alexander Lowen – zunächst in Zusammenarbeit mit einem zweiten Reich-Schüler, mit John Pierrakos – aus Reichs Lehre, d. h. aus den Konzepten der funktionellen Identität von Körper und Seele, der Charakterpanzerung, der Charakteranalyse und der Ausrichtung auf wachstumsorientierte Zielvorstellungen entwickelt. Neue Ideen kamen hinzu: »Grounding« zum Beispiel und »Containment«. Manches auch wurde fallengelassen. Worum Reich mit allem Einsatz gekämpft hatte – einen naturwissenschaftlich stichhaltigen Nachweis dafür zu erbringen, daß Freuds als psychisches Erleben dargestellte Libido und das als Orgon- oder auch als Bioenergie bezeichnete, physikalisch nachweisbare »Strömen« aus ein und demselben Stoff seien, daß hier also eine wissenschaftlich nachweisbare Verbindung zwischen Körper und Seele bestünde, war für Lowen kein Thema. Er schrieb: »Es ist zu diesem Zeitpunkt nicht wichtig, die endgültige Form dieser Grundenergie zu kennen. Wir arbeiten mit der Hypothese, daß es im menschlichen Körper eine fundamentale Energie gibt, ob sie sich nun in psychischen oder in physischen Phänomen oder in Bewegungen des Körpers manifestiert. Diese Energie nennen wir einfach ›Bioenergie‹.«[9]

Als weniger naturwissenschaftlich denn therapeutisch interessierter Pragmatiker gestaltete Lowen Reichs hypothesenreiches Gedankengebäude zu einer praxisorientierten Therapieform um. Zum Kernstück geriet die von Lowen sorgfältig durchgearbeitete und modifizierte Lehre von den Charakterstrukturen und der Charakteranalyse. Statt

8 Eissler, op. cit., 85.
9 Alexander Lowen, *Körperausdruck und Persönlichkeit*, München 1981, 33.

Reichs sechs Haupttypen[10] erschuf er ein System von fünf Charakterstrukturen, wobei er als Richtschnur den Zeitpunkt wählte, zu dem die entscheidende Traumatisierung erfolgte. Damit gelang ihm, »die psychische und die somatische Entwicklung des Menschen in ein klar verständliches, zusammenhängendes funktionelles Entwicklungsmodell integriert zu haben, das bis heute seine Gültigkeit bewahrt hat. Vielleicht zum ersten Mal konnte die menschliche Entwicklung zusammenhängend als ein organismisches Wachstum verstanden werden, wo Körper und Psyche sich nicht getrennt sondern untrennbar verbunden formen.«[11] Im folgenden gebe ich eine kurze Übersicht:

Der Mensch mit einem *schizoiden Charakter* wurde vor, während oder bald nach seiner Geburt traumatisiert; der Schmerz, den er sein Leben lang abwehren muß, ist das nonverbale Gefühl, in der Welt nicht willkommen zu sein. Er kompensiert diesen Schmerz durch Rückzug nach innen und die Haltung »Ich brauche euch nicht.« Sein Körper ist extrem angespannt. Das energetische Hauptpotential ist im Kopf zentriert, er hat starke Blockierungen im Augen- und Hals-Segment, und Extremitäten, Rumpf, Brust und Bekken sind energetisch unterversorgt.

Der von der *oralen Charakterstruktur* geprägte Mensch erlebte verletzende Zurückweisungen zu einer Zeit, zu der er schon Abhängigkeit spüren und Sehnsucht empfinden konnte. Er hat ein Verlassenheitstrauma und fühlt, daß er nicht liebenswert ist. Die Abwehr läßt sich so in Worte fassen: »Weil ich es nicht wert bin, Liebe von Euch zu fordern,

10 Es handelt sich um den phallisch-narzißtischen, den passiv-femininen, den männlich aggressiven, den hysterischen, den zwanghaften und den masochistischen Charakter.

11 Peter Schindler, »Woher wir kommen – wohin wir gehen. Zur Geschichte und Entwicklung der Bioenergetischen Analyse«, in: Zwischen Himmel und Erde. Beiträge zum Grounding-Konzept, Basel 1996, 26.

gebe ich euch meine ganze Liebe in der Hoffnung, irgendwann meine Sehnsucht stillen zu können und meinerseits von euch geliebt zu werden.« Seine Blockierungen liegen im Mund-, Hals- und Schulter-Segment, wobei auch hier der Rest des Körpers zu wenig bioenergetische Durchpulsung erfährt.

Der Mensch mit einer *narzißtischen Charakterstruktur* wurde um sein Selbst betrogen. In einem Alter, in dem er sich als eigenständige Persönlichkeit erfahren, wo er »Ich« und »Nein« sagen wollte, wurde er – oft scheinbar liebevoll, in Wahrheit aber verführerisch und in egozentrischer Haltung – daran gehindert. Er empfand das als demütigend, konnte diese Demütigung aber nicht offen zeigen. Später wird er große Probleme mit Grenzen haben. Er wird nicht wissen, wer er ist, was seine Rechte sind und wo er zurückstecken muß. Er lernt, seine Verwirrung als kränkend zu erleben, sie zu verstecken und durch verführerisches und übertrieben entschiedenes Auftreten zu kompensieren. Zentrum seiner Spannungen ist der Brustkorb, der oft schwer gepanzert ist und wenig Energie zum Becken und zu den Beinen hindurchläßt.

Der durch eine *masochistische Charakterstruktur* geprägte Mensch durfte sich zwar ein Stück weit von seiner Bezugsperson trennen, aber sie blockierte ihn in seiner Autonomie. Überbesorgt verhinderte sie, daß er lernen durfte, selbständig zu experimentieren und zu handeln. Sein Geheimnis: Er hat kein wirkliches Zutrauen zu seinen Fähigkeiten und entwickelt daraus einen enormen Selbsthaß. Äußerlich wird er später zu freundlicher Unterwerfung neigen, innerlich aber oft vor Wut kochen, weil er sich stets von anderen bevormundet fühlt. Seine Hauptblockierung sitzt im Schultergürtel – bildlich gesprochen ist er der Packesel unter den Menschen, der anderer Leute Last schleppt: Ein schwer gebauter Mensch, breit und von langsamer Bewegungsart.

Der *rigid strukturierte Charakter* ist in seiner Sexualität traumatisiert. Als diese Menschen sich kindlich-neugierig für das andere Geschlecht zu interessieren begannen, wurden sie beschämt, bestraft oder verführt und mißbraucht. In ihrem Innern sind sie tief unsicher in Bezug auf ihre Geschlechtsidentität, was sie äußerlich durch den steten Beweis des Gegenteils zu kompensieren suchen: durch Promiskuität, Mißbrauch des anderen Geschlechtes, Rigidität. Körperlich sind sie häufig attraktiv, ihre Beckenmuskulatur ist jedoch bis zur Unspürbarkeit eingefroren.[12]

In der Ausbildung, die das *International Institute for Bioenergetic Analysis* an etlichen Orten der Welt – in vielen Ländern Europas, in Nord- und Südamerika, im Nahen Osten – anbietet, stellt die Lehre von den Charakterstrukturen gleichsam die Via regia zum Verständnis der Bioenergetik dar. Dagegen ist nichts einzuwenden, denn dieses Konzept ist ebenso einleuchtend wie hilfreich. Leider aber eignet es sich auch als scharfe Waffe, mißbräuchlich nutzbar in einem Kampf zwischen »Starken« und »Schwachen«, zwischen »Gesunden« und »Kranken«, zwischen »Infantilen« und »Genitalen«.

Die Bioenergetik-Ausbildung ist gegliedert in zwei Selbsterfahrungs- und drei klinische Jahre, wobei in den zwei ersten Jahren Charakteranalyse am praktischen Beispiel – nämlich an den Gruppenmitgliedern und ihren unterschiedlichen körperlichen und charakterlichen Eigenschaften – betrieben wird. Das sah in unserer Gruppe dann so aus: Nach einer theoretischen Einführung wurde jedes Mitglied gebeten, sich bis auf die Unterhosen auszuziehen, und es

---

12 Eine gute Übersicht über Lowens System der Charakterstrukturen bietet das Buch *Körperausdruck und Persönlichkeit*, München 1981: Zu einzelnen Charaktertypen: Alexander Lowen, *Depression*, München 1978; *Narzißmus*, München 1984; *Der Verrat am Körper*, München 1980; *Angst vor dem Leben*, München 1981.

begann das sogenannte »Bodyreading«, das Körperlesen. Man stand dann da, umringt von den anderen Gruppenmitgliedern und dem Lehrtherapeuten oder der Lehrtherapeutin, und diente – ähnlich einem »interessanten« Fall im Medizinkolleg – als Demonstrationsobjekt für gewisse Typika: Für die toten Augen und die bleichen Glieder des Schizoiden, für den flehenden Blick und die eingefallene Brust der Oralen, für den versteinerten Brustkorb und die schwachen Beine des Narzißten, für den paranoiden Gesichtausdruck und die in den Boden hineinwachsende Statur der Masochistin oder für die arrogante Fassade des Rigiden. Der jeweilige »Fall« wurde ausführlich diskutiert, Fragen wurden gestellt und beantwortet, nur der oder die Unglückliche, die dort vorn stand und sich nicht rühren durfte, wurde nicht gefragt, wie es ihm oder ihr bei dieser Prozedur eigentlich zumute war. Genau das, was alle angehenden Psychotherapeuten zu tun angehalten sind – einen Menschen vor jeder Art von Körper- und Seelenstriptease zu schützen –, wurde uns beim Bodyreading mit Selbstverständlichkeit zugemutet. Das war für viele von uns verletzend. Denn weil nach meiner Erfahrung die »funktionelle Identität von Körper und Seele« eine tiefe Wahrheit ist, so schämten sich die meisten bei dieser Prozedur genauso, wie sie es getan hätten, hätte man ihre Abwehrmechanismen und Abgründe mit gesprächs- oder tiefenpsychologischen Beweisführungen gleichermaßen schonungslos bloßgelegt. Mit dem Argument, auch ein Mediziner müsse seine Patienten bitten, sich auszuziehen, um die richtige Diagnose zu stellen, wurde etwelchen Bedenken begegnet. Von Übertragungs- und Gegenübertragungs-Gefühlen, von Sadismus und Masochismus, vom berechtigten Anspruch auf Integrität war nicht die Rede.

Das hatte Folgen für die Ausbildung und für das Klima in der Gruppe. Irgendwann hatte jedes Gruppenmitglied seine Diagnose, und es wurde zunehmend schwieriger, eine Meinung zu äußern oder ein Gefühl zu zeigen, ohne daß der Trainer oder die Gruppengeschwister weise mit dem Kopf nickten und fanden: »Natürlich, typisch narzißtisch, typisch schizoid, typisch masochistisch« oder was auch immer. Das wäre an sich nicht so schlimm gewesen, zumal sich damit ein weiters Feld von Witzeleien und Flaxereien ergab. Das eigentlich Verletzende war – so denke ich heute – die Reichsche Erblast vom genitalen Charakter, die als unausgesprochener kategorischer Imperativ hinter all dem stand und dem Schizoiden wie der Rigiden ins Ohr zu raunen schien: »Werde genital, denn erst dann bist Du ein ernstzunehmender Mensch und kompetenter Körpertherapeut.«

Durch die ganze Ausbildung zog sich wie ein grauer Schleier das ungute Gefühl, daß wir uns so, wie wir waren, neudeutsch ausgedrückt, nicht »okay« fühlten. An sich schien das absurd, denn Lowen hatte, und das ließ und läßt sich in seinen Büchern nachlesen, der Wucht der Reichschen Aussage, daß nur der genitale Charakter die Voraussetzung für ein erfülltes, glückliches Leben habe, die Spitze genommen. Er hatte bei der Beschreibung der einzelnen Charaktere nicht nur das jeweilige Leiden und die spezifische Negativität, sondern auch die besonderen Schönheiten und Reichtümer benannt: Die sensible Intelligenz des schizoiden, die Einfühlungsfähigkeit des oralen, den Wagemut des narzißtischen, die Treue des masochistischen und die Entschlußkraft des rigiden Charakters. Entsprechend ist auch seine Vision gegenüber Reich etwas modifiziert. Er möchte helfen, daß die Menschen ihre Lebenskraft, ihre »Bioenergie« wahrnehmen und sich dadurch und damit lebendig, erfüllt und (nicht nur im sexuellen Sinne) lustvoll fühlen. »Das Ziel der Therapie«, sagt er, »ist ein lebendiger Körper, fähig, die Lüste und Schmerzen, die Freuden und Sorgen des Lebens voll zu erfahren. Je lebendiger wir sind, desto mehr Erregung können wir in unserem Leben und in unserer Sexualität ertragen. Die Analyse von nicht zugegebenen

Konflikten, die Befreiung unterdrückter Gefühle und die Lösung von chronischen Muskelverspannungen und Blokkierungen erhöhen die Fähigkeit zur Lust in unserem Leben.«[13]

Trotzdem. Durch all die Ausbildungsjahre wehte eine stark positivistische Brise, die Reichs Botschaft mit sich führte, daß eigentlich erst der »genitale Charakter« jemand sei, der es verdiente, sich als Therapeut und Mensch selbstbewußt in dieser Welt zu bewegen und zu bewähren. Das brachte besonders die ohnehin leicht gebauten Schifflein der Frühgestörten, der Schizoiden, der Oralen und der Narzißten, aus dem Ruder. Statt zu lernen, bei sich selbst zu bleiben, wurden sie immer wieder mit ihren Defiziten und der noch zu leistenden Arbeit konfrontiert, und so schauten sie neidisch auf die »älteren Geschwister«, und die blickten mit milder Verachtung herab auf die zappeligen »Kleinen«. Gleichzeitig aber hatten auch die »Großen« mit ihrem Maß an Beschämung zurechtzukommen, und niemand von uns wußte, wie diese Double-bind-Situation zu lösen sei: zum einen diejenigen zu sein, die wir waren, und zum anderen jenes mystische Ding zu werden – jener erwachsene, glückliche, reife, eben genitale Charakter.

So erwies sich als eine Perspektive des ganzen Unternehmens – was wir uns erst viele Jahre später eingestanden –, daß unsere Wunden, die wir eigentlich hatten verstehen und womöglich hatten lindern wollen, zwar aufgerissen, dann aber nicht gepflegt worden waren. Vielmehr blieben sie offen und wurden zu einem schmerzenden, verätzten Ort der Beschämung. Statt der ersehnten Freiheit durch die Annahme der eigenen Schwächen entstand ein neues, lähmendes Macht-Ohnmachtgefälle im Sinne von gesund-krank, reif-infantil, glücklich-unglücklich.

Wenn ich auch hier Bilanz ziehe, so bin ich trotzdem zu-

---

13 Alexander Lowen, *Bioenergetik für jeden*, Gauting 1979, 16.

frieden, diese Ausbildung gemacht zu haben. Ich könnte mir heute nicht mehr vorstellen, mein psychotherapeutisches Handwerk ohne Einbezug des Körpers – des Atems, der muskulären Blockierungen und generell des Wissens um die körperlichen Entsprechungen psychischen Geschehens – auszuüben. Andererseits blieb ich nach der Ausbildung mit dem Gefühl zurück, »es« nicht geschafft zu haben, immer noch keine stabile Persönlichkeit und kompetente Therapeutin zu sein, die sich selbst und die Patienten sicher durch alle Abgründe begleiten könnte. Dabei aber wollte ich es nicht bewenden lassen. Ich wollte auf meinen Ohnmacht-Gefühlen und den damit verbundenen Enttäuschungen weder selbst sitzenbleiben noch diese an meine Patienten, die voller Hoffnung auf Besserung ihrer Leiden zu mir kamen, weitergeben. Deswegen suchte ich weiter und begann nochmals mit einer Ausbildung, die mich dann endlich aus dem Zirkel von Wachstumswunsch und Beschämungsangst befreite.

Doch zunächst möchte ich noch ein drittes Beispiel der ersten Art anfügen. Nicht, um meinerseits die entsprechende Schule bloßzustellen, sondern weil mir das Thema der Manipulation in der Psychotherapie durch unbewußt – scheinbar im Dienste der guten Sache – ausgeübte Idealisierungs- und Verachtungs-Strategien wichtig genug zu sein scheint.

Die Core Energetik von John Pierrakos

Wie Alexander Lowen war auch John Pierrakos Schüler und Lehranalysand von Wilhelm Reich. Beide hatten zunächst zusammen an der Entwicklung der Bioenergetik als Körpertherapie gearbeitet, waren später aber getrennte Wege gegangen. Während Lowen zu seiner Therapieziel-Vision eines reichen, lebensfreudigen, lebendigen Lebens gelangte, beschäftigte Pierrakos darüber hinaus der spirituelle Aspekt. Für Reich war – freudianisch ausgedrückt – das Libido-Prinzip der Königsweg gewesen, der zu einer höheren Geistigkeit führte. In einem Interview sagt er: »Freud lehnte die Existenz sogenannter ›ozeanischer‹ Gefühle [ab, nämlich], das [, was das] Gefühl der Einheit mit dem Ursprung und Gott, oder was die Leute Gott nennen, und der Natur, ein Grundelement aller Religionen und religiösen Gefühle ist, es sei denn, sie sind krank oder verfälscht. ... Ich hatte das Gefühl, daß er irgendwie den Begriff, der hinter aller guten Religion steht, nicht akzeptieren konnte. ... Ich meine hiermit die biologische Aktivität des Organismus, die ein Teil des Universums ist. ... Nun, meine Arbeit entwickelte sich genau in dieser Richtung.«[14]

Natürlich wußte Reich, daß der Weg zu dieser »guten Religion« steinig ist. Echte Hingabe an das eigene Selbst, an einen anderen Menschen, an die Natur, an die Kunst oder an sonst eine Aufgabe setzt Offenheit voraus und Freiheit von Negativität. Die Fähigkeit zu einer Liebe, die andere Menschen und andere Zielsetzungen nicht entwertet, sondern respektiert, ist die letzte Stufe eines langen Prozesses, der zunächst »durch die Hölle« geht. Für die Therapie gilt, daß Therapeut und Klient im Charakterpanzer des Klienten erst einmal die Schicht ausmachen, in der der alte projektionswillige Kinderhaß sein verstecktes, vergiftendes Dasein führt. Für Reich lag diese Schicht »in der Mitte« des Panzers, zwischen der alltäglich präsentierten Oberfläche und der tiefen Echtheit des wahren Selbst. Was er hierzu auf eine entsprechende Frage seines Interviewers sagt, trifft auch die Lehrmeinung von John Pierrakos:

Um zum Zentrum zu gelangen, wo das Natürliche, das Gesunde liegt, muß man diese mittlere Schicht durchdringen. Und in dieser mittleren Schicht ist Schrecken, nicht

14 Eissler, op. cit., 61.

nur das – auch Mord. Alles das, was Freud unter dem Begriff des Todestriebes zusammenzufassen versuchte, findet man in dieser mittleren Schicht. Er glaubte, das sei biologisch bedingt. Aber das stimmt nicht. Es ist ein künstliches Produkt der Kultur. Es ist eine strukturelle Bösartigkeit des menschlichen Wesens. Deshalb muß man durch die Hölle gehen, bevor man erreicht, was Freud ›Eros‹ nannte ... Durch die Hölle muß man! Das gilt sowohl für den Arzt als auch für den Patienten. In dieser Hölle ist Verwirrung, schizophrener Zusammenbruch, melancholische Depression. ... Aber warum sprechen wir überhaupt von der Lebenskraft? Es gibt nur einen Grund: um ihnen zu zeigen, warum niemand sich daran wagte oder versuchte, das biologische Zentrum zu erreichen, womit ich mich derzeit beschäftige. Bevor man dieses Zentrum erreichen kann, muß man sich mit Haß, Schrecken und Mord konfrontieren. ... Ein Stier ist verrückt und zerstörungswütig, wenn er frustriert wird. Mit den Menschen ist es genauso. Das heißt, bevor man zu den wahren Dingen gelangt – Liebe, Leben, Rationalität – muß die Hölle durchschritten werden.[15]

Pierrakos nimmt in seiner Core-, also »Kern«-Therapie diese Gedanken auf und systematisiert sie. Es geht ihm darum, fünf Ebenen menschlichen Seins zu erreichen: den Körper, die Emotionen, den Intellekt, den Willen und die Spiritualität – eine Fünfheit, die im wesentlichen Hoffmans »Quadrinität« entspricht. Wie Hoffman geht es auch Pierrakos um Integration dieser im neurotischen Menschen abgetrennt voneinander wirksamen Kräfte. Um jedoch zur Kern-Energie, der Quelle einer vorbehaltlosen Liebe, zu gelangen, muß der Klient zuerst seine »Maske« – Reichs äußere Panzerschicht – sowie das »Böse«, das in ihm steckt – Reichs mittlere Schicht –, kennen- und annehmen

---

15 Eissler, op. cit. 73.

lernen. Das Böse zeigt sich zunächst nicht als direkte Negativität, sondern körperlich als Stagnation, als energetischer Stillstand sowie psychisch als projektive Identifikation in dem Sinne, daß der Klient ein hohes Maß an Kontrolle aufwendet, um seine Negativität nicht in sich, sondern außen – bei seinen Mitmenschen – zu deponieren. Diese Stagnation und Projektion muß zunächst aufgelöst werden, um Zugang zur »Hölle« – zu Mordgelüsten und (Selbst-) Zerstörungswut im Sinne Reichs – zu gewinnen, was nach meiner Erfahrung Jahre beanspruchende harte Arbeit bedeutet. Je mehr der Patient nach und nach lernt, die schwarzen Seiten seines Charakters als eigene, unbewußte, nach außen gespiegelte Wirklichkeit zu erfahren, desto eher kann er auch seine innere Schönheit erkennen und sich damit dem »Kern«, seiner Liebesfähigkeit, nähern. Er kann lernen, dieser Kraft als dem eigentlichen und wesentlichsten Wegweiser seines Lebens Vertrauen zu schenken, und damit beginnen, jene Quelle zu nutzen, aus der heraus es sich nicht nur hingebungsvoll lieben und selbstverantwortlich handeln läßt, sondern die auch den Weg zeigt für spirituelles Wachstum. Pierrakos findet für diese höchste Entwicklungsstufe seiner Core-Therapie die schöne Formulierung,

　　… daß das Core nach Unendlichkeit strebt. Dies ist keine bloße Metapher. Die Energiemenge des Menschen erzeugt eine Bewegung nach außen, deren Widerhall gemäß der Theorie des sich ausdehnenden Universums kein Ende nimmt, ebenso wie die ihn umgebende Energie praktisch unerschöpflich ist. Wenn man das Bewußtsein des Menschen von seiner Energie als Maßstab nimmt, so glaube ich dem Zeugnis meiner eigenen Entwicklung, ebenso wie denen, die bei mir in Behandlung waren oder noch sind, und den erleuchteten Geistern aller Zeiten und Kulturen, daß es ein vereinigendes, kreatives Prinzip gibt, dem alle lebenden Wesen zustreben. Viele verehren es als

Gott. Ich verehre es als den Gott, der jeder Mensch ist.[16]

Ich war neugierig auf die Core Energetik. Mir gefiel, daß ein ernstzunehmender Arzt und Psychotherapeut den spirituellen Aspekt in sein System integrierte und daß er – wie ich hörte – sogar soweit ging, an der Aura zu arbeiten. Außerdem interessierte es mich, wie ein »abtrünniger« Bioenergetiker mit dem Problem des Panzers, der Abwehr, zurechtkäme. Ich hatte in meiner Ausbildung – durch Alexander Lowen selbst und durch manche meiner Trainer – viele harte, konfrontative körperliche und verbale Techniken kennengelernt, die auf den ersten Blick enorme Emotionen weckten und gewaltige Wirkungen erzeugten, die von außen sehr eindrucksvoll aussahen und die die Empfänger solcher Konfrontationen nach deren eigener Bekundung an einen neuen, besseren Ort zu bringen schienen. Fragte man sich oder andere Betroffene aber später, wie man ein solches Erlebnis verarbeitet habe, so wußte man oft nicht, wie man eigentlich an diesen »besseren Ort« gelangt war. Es zeigte sich in vielen dieser Fälle, daß der gute Ort längst wieder im Sumpf der Negativität versunken war. Der Grund: Die Ich-Funktion der Klienten war damals vom Therapeuten übernommen worden, das eigene Ich, die eigene Entscheidungsfähigkeit war nicht gefragt, sondern übergangen worden, der Therapeut hatte als Guru »gezaubert«, und der Klient hatte an dem Erlebnis mangels tieferer Einsicht nicht wachsen und dabei nichts lernen können. Das Kind in ihr oder in ihm war einmal mehr um sein Wachstum betrogen worden, und das brachte die alten, negativen Übertragungsmechanismen wieder an die Oberfläche. Und weil sich negative Übertragungsreaktionen auf massive Attacken manchmal

16 John Pierrakos, *Core Energetik. Zentrum deiner Lebenskraft*, Essen 1987, 222.

zwar spät, regelmäßig aber eben doch einstellen,[17] waren die oft erst lange nach dem jeweiligen Workshop bewußt erlebten Restbestände einer solchen Arbeit nicht selten Leere, Mißmut, Wut, Scham.

Wie also ging es bei Pierrakos zu? Mit dieser Frage machte ich mich eines Tages in den Süden Frankreichs auf, um an einem einwöchigen Workshop über Core Energetik teilzunehmen. Das Ganze spielte sich in einem riesigen Raum ab, in dem sich nach und nach etwa 60 Leute aus aller Herren Länder einstellten. Die Gruppenmitglieder waren von verschiedenster professioneller Herkunft – Schauspielerinnen, Versicherungsangestellte, Elektrotechniker, Kunsthistorikerinnen ... – und entsprechend unterschiedlichem Selbsterfahrungsstand: erfahrene Therapeutinnen und Therapeuten neben Menschen, die irgendwie und irgendwo der Schuh drückte; Leute, die wußten, was sie hier suchten, neben solchen, die »etwas erleben« wollten oder eine diffus gefühlte Leere zu füllen gedachten. »Oh Gott«, dachte ich und hatte es nicht leicht, mit meinem rasch an die Oberfläche drängenden Verachtungspotential zurechtzukommen.

Aber nicht nur ich hatte damit meine Probleme. Zwar war der Kurs weniger auf Demagogie angelegt, als ich dies im Hoffman-Prozeß erlebt hatte, aber die Respektlosigkeit, die Pierrakos vom ersten Moment an im Umgang mit der Gruppe an den Tag legte, war geradezu atemberaubend. John Pierrakos ist ein brillanter Mann. Er sieht einen Menschen und scheint dessen im körperlichen und psychischen Ausdruck eingeprägte Schwächen mit einem Blick zu erfassen. Ob das in jedem Fall so ist, ist sein Geheimnis und geht mich nichts an. Sicher aber ist er ein exzellenter Diagnostiker, der seinem Gegenüber – je nach dessen oder deren

17 Diesen – und nicht nur diesen – Gedanken verdanke ich dem Körpertherapeuten George Downing, bei dem ich über mehrere Jahre eine von Respekt getragene Supervisions-Ausbildung machen durfte.

Stand der Selbsterkenntnis – gegebenenfalls um Lichtjahre voraus ist, was er allerdings nach Guru-Art sofort ausnutzt, indem er es in konfrontative Deutungen ummünzt.

Mir ging es da wie vielen, nur daß ich seinen Gedanken folgen und sie einordnen konnte – ich schützte mich und kam auf diese Weise fast ungeschoren davon. Gefragt, warum ich hier sei und was ich wolle, sagte ich, mich interessiere seine Arbeit am spirituellen Selbst. Das sei, so Pierrakos, wohl kaum der wahre Kern meines Wollens. Vielmehr sei ich ein kontrollierender Mensch, der nicht wagte, sich in seiner Wahrhaftigkeit zu zeigen, ein Mensch, der diese Kontrolle auch anderen gegenüber ausübte, der sie damit plagte. Dies sei eine üble Sache, aber wenn ich wollte, könnte ich das hier ändern. Ich selbst empfinde mich in Maßen als kontrollierend, dachte mir meinen Teil und ließ mich auf Grund früherer Erfahrungen auf keine Streitereien ein.

Von Arbeit an der Aura war unter diesen Umständen natürlich nicht die Rede. Fast jeder Teilnehmer aber hatte die Chance, seine »Maske« zu zeigen, und durfte, wenn er konnte, »durch die Hölle« gehen, um von dort her einen Hauch der Core-Energie zu erspüren. Sich selbst schonte Pierrakos dabei nicht. Er arbeitete – sichtlich davon getrieben, möglichst viele Gruppenmitglieder in Kontakt mit ihrem Core zu bringen – bis zur Erschöpfung. Allerdings war ihm, um dieses Ziel zu erreichen, die Verachtung das probateste Mittel. Jeder mußte sich, ähnlich wie ich, aber in einem variantenreichen Spektrum – beschimpfen und auf körperliche oder psychische Eigenarten aufmerksam machen lassen – seien es dicke Beine oder ein dicker Bauch, ein infantiler Gesichtsausdruck oder eine ungeschickte Antwort. Manchen Teilnehmern war es z. B. nicht recht, auf intime Dinge – etwa auf ihr Liebesleben – befragt, vor den 60 Fremdlingen darüber zu plaudern, woraufhin sie hörten, daß sie nicht offen seien, sich versteckten, daß es hier darum ginge, die Wahrheit und nichts als die Wahrheit zu zeigen, und so wurden Äußerungen und Reaktionen herausgepreßt, zu denen viele dieser Menschen im Grunde nicht oder noch nicht bereit waren. Entsprechend sah man etliche weinend oder wütend im Abseits. Andere, die dieser Behandlung standhielten, hatten ihren Gewinn und am Schluß leuchtende Augen. Wie es ihnen später ergangen sein mag, weiß ich nicht. Ich jedenfalls, die ich mich, gewitzt durch frühere Erfahrungen, zurückgehalten hatte, mußte mich zu meiner eigenen Verblüffung ein paar Tage nach meiner Rückkehr mit Fieber ins Bett legen und brauchte drei Tage, bis ich die ganze Angelegenheit ausgeschwitzt hatte.

Natürlich war die Verächtlichkeit ein wohldurchdachter Teil von Pierrakos' therapeutischer Strategie. Wie Hoffman wollte er in ein paar Stunden erreichen, was in konventionellen Therapien Monate oder Jahre braucht – den Zusammenbruch der Abwehr, die Durchbrechung des Panzers. Während aber in einer auf das einzelne Mitglied bezogenen Gruppen- oder in einer Einzeltherapie viel Sorgfalt darauf verwandt wird, diesen Zusammenbruch so zu gestalten, daß der betroffene Mensch weder seine Einsichtsfähigkeit noch seine Selbstachtung verliert, ist diese so wesentliche Rücksichtnahme auf die Integrität der Klienten in einer Ruck-Zuck-Methode der beschriebenen Art nicht möglich. Es ist zu wenig Zeit, es sind zu viele hungrige Mäuler zu stopfen, und möglicherweise kommt ein Drittes hinzu: Weil sie von der Wahrheit ihrer Vision zu hundert Prozent überzeugt sind, halten Guru-Therapeuten es nicht für notwendig, die übliche und angemessene therapeutische Sorgfalt walten zu lassen.

Ohne hier im einzelnen über die Psyche von Guru-Therapeuten spekulieren zu wollen,[18] möchte ich doch einen Punkt anführen, der mir wesentlich zu sein scheint. Sowohl

18 Vgl. hierzu Edward Muller, »Über therapeutischen Mißbrauch«, in: *Verführung in Kindheit und Psychotherapie*, Basel ²1996, 36-44.

die Vision von Bob Hoffman als auch diejenige von John Pierrakos war gleichsam »von oben« abgesegnet worden. Hoffman war »durch Inspiration«, also auf dem Wege höherer Wahrheit, zu wesentlichen Elementen seines »Quadrinity-Prozesses« gekommen. Und Pierrakos hatte sich von Lowen und der Bioenergetik getrennt, nachdem er durch seine medial begabte Frau Eva eine Stimme aus jenseitigen Welten vernommen hatte, die ihm die Anweisung gab, den spirituellen Aspekt, das »höhere Selbst«, zum Kernpunkt seiner therapeutischen Arbeit zu machen. Die Sitzungen, in denen Eva Pierrakos diese Botschaften erhielt, sind in einem Buch festgehalten und lassen sich dort – für mein Gefühl mit Gewinn – nachlesen.[19] Ich empfinde es als berührend, daß Menschen wichtige Eingebungen durch Kanäle gewinnen, die sie intellektuell nicht kontrollieren können, und daß sie zu diesen Quellen ihres Handelns stehen. Gleichwohl müssen sie sich fragen lassen, ob ihnen die Herkunft ihrer Eingebungen das Recht gibt, therapeutisch fragwürdige Manipulationen zu praktizieren.

Beide Therapeuten, Hoffman und Pierrakos, sind nicht mehr jung, und der Wunsch, die eigenen Ideen in möglichst umfänglichem Maße an den Mann und die Frau zu bringen, mag eine treibende Kraft für ihr Handeln sein. Beide scheinen mir darüber hinaus jedoch in einem ungewöhnlichen Ausmaß mit der von ihnen vertretenen Lehre verschmolzen zu sein und dementsprechend extrem empfindlich – und als Abwehrposition dieser Empfindlichkeit eben herabwürdigend – auf Widerspruch oder Verweigerung zu reagieren. Ich könnte mir also vorstellen, daß ihr therapeutisches Sendungsbewußtsein dadurch weitere Unterstützung und Stärkung sucht und erfährt, daß sie sich zu einer nahezu messianischen Aufgabe berufen fühlen und daß diese Berufung sie

19 Eva Pierrakos, *Fear no evil. The path work method of transforming the Lower Self*, Madison (Virginia) 1992.

einerseits dazu zwingt, sich selbst das Äußerste abzuverlangen, daß sie sie andererseits aber im Dienste ihrer Mission dazu verführt, erwachsene Menschen wie unmündige Kinder zu behandeln. Es liegt auf der Hand, daß eine solche Haltung den Stoff hergibt, aus dem Sekten geschneidert sind. Diesen Weg weiterverfolgend, braucht es nur noch einige Stationen, um bei Mun, Hubbard oder Bhagwan anzukommen. Diese Leute beanspruchen für sich Gottähnlichkeit oder zumindest Gottesnähe, binden ihre Jünger aus der Position ihrer »Auserwähltheit« mit Glücksversprechungen und Heilsbotschaften an ihre Ideologie und drohen ihnen im Falle von Ungehorsam mit verhängnisvollen Konsequenzen, mit Unglück, mit Krankheit oder sogar mit Tod.

Die Rechnung, daß sich mittels einer erniedrigenden Kanonade der Respektlosigkeit die »wahre«, die hingebungsvolle Liebe als Kern des Lebenssinnes einstellt und auch noch bestehen bleibt, kann nicht aufgehen. Wenn bunt gemischt destruktives und heilendes Potential (über)machtbewußt auf Menschen losgelassen wird, die gekommen sind, weil sie sich in den Kreuz- und Querstraßen ihres Lebens verfahren haben, schürt das wegen der empfangenen Demütigung eher Rachegelüste als die Fähigkeit zu selbstloser Liebe. Schlimm ist das allemal, denn genau darum geht es: um die Erfahrung einer selbst*bewußten* und eben darum selbst*losen* Liebe.

Albert Pesso und die Psychomotor-Therapie

Patienten gehen zum Psychotherapeuten, weil sie in ihren Beziehungen gestört sind, was sich in der Therapie in der Regel auf ein Beziehungstrauma der Art zurückführen läßt, daß sie als Kinder zu viel oder zu wenig Liebe und Beachtung erfuhren. Alle Psychotherapeuten waren einmal Patienten (zumindest *sollten* sie es gewesen sein). Ergo sind Psychotherapeuten beziehungsgestörte Menschen, wobei diese Störungen in den meisten Fällen durch erfolgreich absolvierte Therapien Linderung erfahren haben. Das ist gut, denn wie sollten Therapeuten Menschen wirksam helfen können, von deren Leid sie auf einer tiefen, emotionalen Ebene nichts verstehen? Eine nur oberflächliche Kenntnis des eigenen Leides wird zur Bagatellisierung der Schmerzen führen, die die Patienten auszuhalten haben. Zu wenig leidensgeprüfte Therapeuten werden, weil ihnen die Erfahrung fehlt, Unglück in seiner ganzen Tiefe einfühlen und aushalten zu können, dazu neigen, Patienten mit Rezepten, vordergründigen Tröstungen oder falschen Geschenken abzufertigen. Die Therapie wird dabei entweder in die beschriebene Respektlosigkeit oder in Flachheit münden. Ich weiß nicht, ob beispielsweise Bob Hoffman über eine tiefe Kenntnis seines Leides verfügt; die Art jedenfalls, in der er mir nach jenem Anfangs-Gespräch seine hingebungsvolle Liebe schenken wollte, verrät jene Bereitschaft, falsche Geschenke zu machen; sein Geschenkangebot an mich war nichts anderes als eine veritable Respektlosigkeit gegenüber meinem Recht auf freie emotionale Meinungsäußerung – in diesem Fall auf meine tief verwurzelte Mißtrauensbereitschaft.

Nicht nur in einem Extremfall wie diesem lebt Psychotherapie von dem Axiom, die therapeutische Beziehung sei das probate Mittel der Heilung. Mit anderen Worten: Jemand, der aus guten Gründen menschliche Nähe fürchtet wie die Pest, wird von einem Therapeuten, der selber die Qual der Bindungsangst kennt, zu eben dem, zur Entwicklung einer nahen, intensiven Beziehung aufgefordert. Klienten werden dazu angehalten, ihre Therapeuten zu lieben, zu hassen, wütend auf sie zu werden, kurz, den gesamten Kanon der positiven und negativen Beziehungsschattierungen durchzuspielen. Das kann bei allem guten Willen für die Betroffenen sehr lähmend werden. Sie empfinden ihren Therapeuten oder ihre Therapeutin zwar als einen netten, sympathischen Menschen, aber warum sollten sie die Wut auf ihn oder sie bekommen? Warum sollten sie sich in sie verlieben oder ihn hassen?

Beharrt der Therapeut aus Unkenntnis seiner eigenen Beziehungsängste darauf, daß nur die Nähe zu *ihm* Heilung bringt, so kann das schlechte Folgen haben. Ich hatte selbst einmal einen Therapeuten, freundlich, sympathisch, einige Jahre jünger als ich. Dem erzählte ich – ich wußte damals selbst nicht, warum – Stunde für Stunde von Themen, die mich sehr beschäftigten, und von Aufsätzen, die ich darüber veröffentlichte. All das war denkbar weit entfernt von Psychotherapie – es ging um mittelalterliche Musikgeschichte. Mir war zwar der Grund für meine Beharrlichkeit nicht klar, ich fühlte aber doch, daß hier etwas für meine Seele Wichtiges zu entdecken war und daß ich nicht locker lassen durfte. Mein Therapeut, noch ziemlich neu im Geschäft, war angesichts meiner Erzählungen offenbar ebenso gelangweilt wie verzweifelt. Er fand, ich sollte nicht meine Aufsätze, sondern *ihn* wichtig finden, sollte mich in ihn verlieben oder wenigstens die Wut kriegen. Ich konnte mir das eine so wenig wie das andere vorstellen. Ich empfand ihn eher als einen begabten kleinen Bruder, der seine Sache gut zu machen versuchte, und sagte ihm das auch. Das wohlverpackte Verachtungspotential, das in meiner Übertragung mitschwang, blieb aber unbearbeitet im Raum stehen, so daß ich eines Tages wirklich die Wut bekam und wegging. Das Ganze war eine Enttäuschung, denn meine Bedürfnisse und Ängste, die um Wahrgenommen- und Anerkanntwerden kreisten, blieben ungesehen und unbeantwortet. Später nahm ich den Faden bei einer anderen Therapeutin wieder auf. Sie war nicht nur freundlich und sympathisch, sondern hatte auch ein offenes Herz, Phantasie und einen klaren Verstand. Wieder fing ich an, von meinen Aufsätzen zu reden. Aber statt mir das als Widerstand gegen Nähe zu ihr, meiner

Therapeutin, zu spiegeln, machte sie beide Ohren auf und bat mich, mehr zu erzählen. Was ich da schilderte, sei faszinierend, sie wüßte von diesen Dingen nichts. Mehr mußte sie gar nicht sagen. Ich fühlte mich plötzlich wie in einem warmen Regen. *Das* war es gewesen, wonach ich die ganze Zeit gesucht hatte. Ein Mensch, dem ich vertraute, den ich achtete und bewunderte, zeigte mir seine Wertschätzung. Und *weil* ich ihr vertraute und sie ernst nahm, konnte ich ihre Liebe und Wertschätzung als ein echtes Geschenk annehmen und sie dafür meinerseits lieben; *und* ich durfte diese kostbare Erfahrung zu meiner eigenen machen, ich durfte sie zu mir nehmen und in mein Selbst integrieren.

Ich scheine mir zu widersprechen. Vorhin habe ich mich gegen das Axiom der Nähe in therapeutischen Beziehungen mokiert, aber das Beispiel zeigt, daß die therapeutische Beziehung sehr wohl die Quelle ist, aus der heilender Balsam für das verletzte Selbstbewußtsein fließt. Dieser Widerspruch besteht nur scheinbar. Denn bevor eine vertrauensvolle Beziehung entsteht, muß das Mißtrauen erkannt, gewürdigt und bearbeitet werden. Dem betroffenen Menschen muß die Möglichkeit geboten werden, in Anerkennung seiner Bindungsangst und seines Bindungsmißtrauens eine Brücke zu bauen zum Vertrauen einem anderen Menschen gegenüber. Das ist nicht einfach. Denn: Beziehungsgestörte Menschen haben – aus ihrer Geschichte zu Recht – ein tiefes Mißtrauen im Hinblick auf Nähe-Angebote.

Ein Kind kann nur dann lernen, die Tiefenschicht seines wahren Selbst als Kern und Ursprung seiner eigenen Wahrheit zu erkennen und zu nutzen, wenn ihm seine Eltern diese Haltung vorleben, wenn sie liebe- und respektvoll mit sich selbst, mit ihrem Partner, mit ihren Kindern, aber auch mit ihrer Arbeit und mit ihren Begabungen umgehen.

Fehlt einem Menschen diese Erfahrung, so wird er sich zwar danach sehnen; aber er wird es nicht glauben und deswegen auch nicht aus vollem Herzen annehmen können, wenn ihm jemand – sei es ein guter Freund oder ein Psychotherapeut – seine Achtung, seinen Respekt, seine Liebe schenken möchte. Die Therapie eines solchen Menschen wird über lange Zeit geprägt sein durch das Pendeln zwischen den Polen der Sehnsucht und der Verachtung und des Mißtrauens. Der Weg durch die »Hölle« von Arroganz, Einsamkeit, Haß, Neid ist beschwerlich. Aber irgendwann wird die Wanderung leichter werden, weil sich am Ende aus all der Negativität die hellen, lichten, liebevollen Seiten der Persönlichkeit abzuheben beginnen. In ihrem Unbewußten wissen beziehungsvergiftete Menschen, daß ihnen niemand ihre harte Selbstfindung abnehmen kann, daß sie, um an sich selbst glauben zu können, ihren inneren Dschungel vielmehr mit geschärftem Bewußtsein selbst durchwandern müssen.

Deswegen auch mißtrauen sie Geschenken, denn die erleben sie als unecht und um des falschen Trostes willen gespendet. Diese Menschen haben einen sechsten Sinn dafür, ob ihr Therapeut aus ehrlicher Überzeugung spricht, oder ob er ihnen aus eigenem Unvermögen ein Rezept verpaßt. Über viele Jahre war genau dies mein Problem, und zwar nicht nur als Patientin, sondern auch als Therapeutin: Wie kann ich zu einer vertrauensvollen und dadurch heilkräftigen Beziehung gelangen? Wie kann ich die Klippe eines Beziehungsangebotes umschiffen, das für beziehungskranke Menschen zu oberflächlich und grobschlächtig ist, als daß sie es annehmen könnten, ohne in das seichte Fahrwasser eines zwar vielleicht feinsinnigen, aber letztlich langweiligen und beziehungslosen Intellektualisierens zu geraten? Wie kann ich – als Therapeutin – zusammen mit Menschen, die in ihrer Kindheit mit verwirrenden, falschen, verdrehten Beziehungsangeboten überschüttet worden sind und die nun ebenso sensibel wie verächtlich auf unechte Angebote reagieren, eine von Achtung und Vertrauen getragene Beziehung aufbauen?

Eine Antwort auf diese Frage bekam ich in einer Ausbildung, in der ich die Grundlagen der Psychomotorischen Therapie (Pesso System/Psychomotor) erlernte, die der amerikanische Psychotherapeut Albert Pesso entwickelt hat. Diese Antwort lautet in Kürze: Die Abwehrmechanismen der Idealisierung und Verachtung werden nicht zur Infantilisierung, sondern zur Reifung benutzt, indem beide dem Klienten als Bestandteil des eigenen Übertragungs- und Widerstands-Arsenals erkennbar werden. Idealisierende und verächtliche Übertragungsphänomene werden nicht aktiv auf den Therapeuten gelenkt, sondern bekommen denjenigen Platz in der Lebensgeschichte des Klienten, der ihnen zusteht. Der Therapeut wird aus dem Hauptstrom der Idealisierung – und damit aus der Guru-Anfälligkeit – herausgenommen, ohne daß die kostbaren Idealisierungs-Energien, die ja im Keim Liebesenergien sind, verlorengehen. Denn diese werden umgelenkt auf die sogenannten »idealen Eltern«. Dies sind »Gegenintrojekte« gegen diejenigen verletzenden und versagenden Aspekte der realen Eltern, durch die die Neurose entstanden ist. Die »idealen Eltern« verkörpern also die Erfüllung eines unbewußten Kinderwunsches, dessen sich die erwachsene Persönlichkeit auf der regressiven Ebene der Therapie bewußt wird. Hier kann sie symbolisch einen Neuanfang wagen – einen Gegenpol schaffen zum Wiederholungszwang, in dem sie jahrein jahraus mit den alten, feindlichen Introjekten haderte. Als Sender dieser positiven Kraft der »idealen Eltern« erscheint in der PS/P-Gruppentherapie nicht der Therapeut, sondern Gruppenmitglieder, die der Klient wählt und die diese »Rolle« für ihn »spielen«. Durch die als leibhaftig anwesend erfahrenen Menschen und die real gehörten und erlebten Stimmen, Gesten und Berührungen kann sich der Klient bildhaft und sinnlich neue, positive innere Objekte schaffen und mit ihnen ein zufriedeneres Leben beginnen.

Gleichzeitig werden verächtliche Übertragungsphänomene weder gemieden noch geleugnet, noch zum Zweck der Manipulation und Beschämung mißbraucht. Im Szenarium der Psychomotor-Therapie bekommen sie – ebenso wie die libidinösen Energien – eine Identität: Sie werden als Aspekte wichtiger Pflegepersonen – meistens der Eltern – greifbar, die auf das Kind eine negative Wirkung ausgeübt und es in seiner psychischen Gesundheit behindert haben. Auch diese »negativen Eltern«-Aspekte werden – gleichsam als Verlebendigung der negativen Übertragung – von Gruppenmitgliedern zu dem Zweck dargestellt, daß der Klient einen neuen, realen Umgang mit ihnen erlernen und einüben kann. Damit wird ihm die eigene Negativität als Teil seines Schutzpanzers in einer Weise erfahrbar gemacht, daß er sich ihrer nicht schämen muß, sondern daß er sie als Teil seiner alten Überlebensstrategie erkennen und – wenn er das will – auf sie verzichten kann.[20]

Ein weiterer zentraler Aspekt der Therapie ist es, daß der Klient ein klares Gefühl hat für seine hier und jetzt gelebte Realität und sich willentlich und bewußt dafür entscheidet, in der therapeutischen Arbeit auf seine kindliche Gefühlsebene zurückzukehren. Kann er erwachsene und regressive Seinsebene nicht voneinander trennen, tendiert er also – wie das vor allem bei psychotischen und Borderline-Patienten der Fall sein kann – zu magischen Lösungen, die ihn die schmerzlichen Erfahrungen seiner Kindheit überspringen lassen, dann wird ein PS/P-Therapeut die für diese Therapierichtung typische »Struktur«-Arbeit unterlassen.

Das klingt einfach und selbstverständlich, beinhaltet aber ein Prinzip, das sich wie ein roter Faden durch die Psycho-

20 Ich möchte von einer ausführlichen Beschreibung der Psychomotor-Therapie absehen und auf Albert Pessos Buch *Dramaturgie des Unbewußten* mit der exzellenten Einführung von Tilmann Moser verweisen. Albert Pesso, *Dramaturgie des Unbewußten. Eine Einführung in die psychomotorische Therapie, übersetzt und eingeleitet von Tilmann Moser*, Stuttgart 1986.

motorische Therapie zieht: Der Therapeut hat die Verantwortung dafür, daß der Klient sich über die Symbolhaftigkeit seiner Arbeit im klaren ist und daß die Schritte, die er machen will, seinem Prozeß entsprechen. Die Entscheidungen aber, wie und woran er arbeiten und welche Schritte er machen will, trifft grundsätzlich der Patient. *Er* ist der Chronist und Regisseur seines eigenen Dramas, er plaziert die Figuren und bestimmt, welchen Text sie zu sprechen haben. Der Therapeut hat in diesem Prozeß neben seiner zentralen Aufgabe, über die Wahrhaftigkeit des therapeutischen Tuns zu wachen, die Funktion eines »Hilfsregisseurs«, der dem Klienten dabei zur Seite steht, sein Drama so zu inszenieren, daß er tief eindringen kann in jene Szenen seiner Kindheit, die ihn verwirrt, verletzt und auf die falsche Bahn gebracht haben.

Die PS/P-Therapie ist als Gruppentherapie angelegt. Jedem der Mitglieder steht es im Rahmen einer »Struktur«, einer 50-minütigen Arbeitseinheit, zu, die ihn belastende Thematik zu bearbeiten. Das arbeitende Mitglied wird sein Thema darstellen – etwa einen Partnerkonflikt, der ihm wieder und wieder geschieht – und wird dann, verhangen im Wiederholungszwang, nicht weiterwissen. Im Laufe der Arbeit werden sich im Kopf des Klienten Stimmen – negativ und tadelnd – einstellen: Er weiß nicht weiter, er fühlt sich beschämt, empfindet als lächerlich, daß er mit seinem Problem nicht besser umgehen kann, er möchte die Struktur am liebsten abbrechen. Hier nun verstärkt der Therapeut nicht die Schamgefühle, sondern er wird tendenziell zweierlei tun: Zum einen mag er den Klienten fragen, ob er nicht jemanden aus der Gruppe wählen möchte, der ihn im Kampf gegen seine Negativität unterstützt und der bezeugt, daß sein Gefühl, unglücklich und verwirrt zu sein, ein echtes Gefühl ist, dem er trauen darf. Fühlt sich der Klient solcherart ernst genommen, dann kann ihm der Therapeut das Angebot machen, ein Gruppenmitglied zu wählen, das die beschämenden, herabwürdigenden Stimmen für ihn »spielt«, und das heißt: sie laut ausspricht. Geht der Klient darauf ein, dann hört er vielleicht zum ersten Mal in seinem bewußten Leben diese Stimmen nicht als gottgegebene Wahrheit, die seit Jahrzehnten in seinem Kopf dröhnt und ihm das Leben zur Hölle macht, sondern von außen. Und im Hören dieser Stimme aus einem anderen Mund mag er sich daran erinnern, daß seine Mutter, sein Vater, der Lehrer oder der Pfarrer, die Großmutter oder wer auch immer eben diese Methode angewandt haben, um ihn klein und gefügig zu halten.

Jetzt aber merkt er, daß die Stimme nicht »von oben«, vom Sitz der objektiven Wahrheit kommt, sondern daß er sie *erlernt* hat. Er hat dadurch, daß mächtige Menschen seiner kindlichen Welt diese verächtliche Haltung ihm gegenüber einnahmen, gelernt, Haltung und Stimme so mit seinem Selbst zu verschmelzen, daß er seit langem meint, beides käme aus ihm, beides sei »er«. Jetzt kann er erfahren, daß sich damals eine Macht von außen gegen ihn und seine Lebendigkeit gerichtet hat und daß er notgedrungenermaßen und um des häuslichen Friedens willen begann, an diese Botschaft zu glauben und sie als Selbstverachtung in sein Negativ-Repertoire zu übernehmen. Ist das einmal klar, wird der Therapeut dem Klienten anbieten, diese Person »aufzustellen«,[21] ihr also einen Platz auf der sich in der therapeutischen Außenwelt belebenden Bühne seines Innern zu geben. Das negative Introjekt wird durch dieses »Aufstellen« konkreter, Einfälle stellen sich ein, verletzende Worte und Handlungen werden erinnert und dem Rollenspieler in den Mund gelegt. Der Klient, zu Beginn der Arbeit noch reserviert, ratlos, leer, kühl, taucht ein in seine Gefühlswelt. Jetzt kriegt er die Wut, und er weiß auch, warum: er hat

---

21 Auch das übernimmt jeweils ein vom arbeitenden Klienten ausgewähltes Gruppenmitglied.

ihren Auslöser – den negativen Aspekt einer damaligen Bezugsperson – in Wort und Bild vor sich und darf ihn nun symbolisch bekämpfen und sich mit Hilfe des Therapeuten und der Gruppe neue, wohlwollende Introjekte erschaffen, die auf diejenigen Bedürfnisse reagieren, die, wie er in der Regression fühlt, das kleine Kind damals gehabt hat.

Auch Pesso hat eine Vision. Er glaubt an das, was Niklaus Roth als die »Kompetenz des Klienten« bezeichnet hat.[22] Er glaubt daran, daß in jedem Menschen, der an sich arbeiten und sich ändern möchte, ein tiefes, wenn auch vergrabenes Wissen von dem steckt, was ihm fehlt und was er braucht. Aufgabe des Therapeuten ist es, ihm zu helfen, dieses Wissen aus dem tiefsten Keller seines Selbst ans Tageslicht zu befördern. Das ist die Umkehr der Guru-Version. Während jener es besser weiß als diejenigen, die mit ihrem Unglück zu ihm kommen, vertraut der Psychotherapeut, der diesen Namen verdient, dem Patienten. Er weiß, daß der Klient letztlich besser in seinem Innern Bescheid weiß als er, der ja bei aller Nähe und Einfühlungsfähigkeit doch ein Außenstehender ist. Also folgt er ihm in dem Tempo und in den Dimensionen, die dieser zu erkennen gibt. Mit einem Wort: Der Therapeut hat Achtung und Ehrfurcht vor der Seele seiner Klientinnen und Klienten. Im Mittelpunkt steht nicht die Person oder das »Klassenziel« des Therapeuten bzw. seiner Schule, sondern die Patientinnen und Patienten in ihrer Einmaligkeit.

Die Arbeit läßt sich natürlich auch in der Pesso-Therapie nicht immer so leicht an, wie ich sie hier skizziert habe – und damit komme ich auf meine Frage zurück, wie der Skylla emotionaler Grobschlächtigkeit und der Charybdis emotionaler Ereignislosigkeit zu entfliehen sei. Das Kernproblem – die Frage, ob ich als Therapeutin wirklich das wahre Selbst meiner Klientin erreiche, oder ob ich sie nicht doch dazu

22 Tilmann Moser, *Das erste Jahr*, Frankfurt a. M. 1986, 160.

verführe, in den Schichten ihrer Abwehrstruktur hängen-
zubleiben und ihr etwas als geglückte Therapie zu verkaufen, was ihr wahres Selbst gar nicht erreicht hat –, diese Frage stellt sich natürlich auch in der PS/P-Therapie.
Die wunderschönste, emotional durchdrungenste Struktur
führt zu keinem Wachstum, wenn die Therapeutin die Kompetenz ihrer Klientin nicht ausreichend wahrnimmt, weil ihr
die eigenen Konzepte und Ideen den Blick für das verstellen,
was ihr Gegenüber ihr sagen oder durch seinen Körperausdruck spürbar machen will.

Wie also kann man im echten Sinne »therapeutisch« mit
einem Klienten umgehen, der beziehungsvergiftet ist, der
von daher Angst vor Kontakt hat und innerlich vereinsamt
ist, der aus dieser Isolation herauswachsen möchte, dessen
Abgrenzungsfähigkeit aber noch nicht dazu ausreicht, echte
menschliche Nähe auszuhalten? Solche Menschen sind
nicht ohne Liebe. Sie haben aber lernen müssen, ihre Liebesfähigkeit auf Inhalte zu richten, die sie nicht verletzen, die
sie zumindest nicht mit jenen Waffen treffen, die wir im alltäglichen Nahkampf gegeneinander in Stellung zu bringen
gewohnt sind. Statt Kontakt zu anderen zu suchen, lieben
diese Menschen die Natur, die Musik, die Mathematik, die
Kunst, sie setzen sich für ökologische Ziele oder für das Unrecht in der Dritten Welt ein. Dabei geben sie viel, sie
bereichern das gesellschaftliche Leben und werden häufig
genug gebraucht und hoch geschätzt, aber sie selbst sind unglücklich und warten insgeheim sehnlich, aber vergebens
auf Lohn. Wie ist es in einer Therapie möglich, diesen Menschen ihre kostbare Liebesfähigkeit nicht als Widerstand
gegen die therapeutische Beziehung zu deuten und diese Lie-
besgefühle durch eine solche herabwürdigende Interpretation möglicherweise zu zerstören, und doch die Empfindungsfähigkeit ihres Herzens so zu berühren, daß diese
Klienten es eines Tages vielleicht wagen werden, sich anderen Menschen zu öffnen? Ich will hierzu ein Beispiel zitieren,

das Pesso in seiner *Dramaturgie des Unbewußten* gibt. Hier berichtet er von einem Patienten, der als Baby zu wenig Fürsorge und Wärme bekommen hatte, der Einzelgänger geworden war und gelernt hatte, seine menschlichen Hungergefühle mit einer tiefen Liebe zur Natur in Balance zu halten. Der Patient sagte an einem bestimmten Punkt während seiner Struktur,

... er sei in eine Art Träumerei über die Natur und besonders über Bäume und Wälder versunken gewesen. Er erinnerte sich, wie gerne er als Kind mit seinem Vater durch die Wälder ging, und auch als er älter wurde, waren Natur und Wald für ihn ein wichtiger Bereich der Erholung und Entspannung; er verbrachte viel Zeit mit Zelten und Herumstreifen. Tatsächlich trug er auch in diesem Moment in seiner Jacke ein Buch über die Natur mit sich herum, das er in seiner knapp bemessenen Freizeit las. Ich schloß daraus, daß er sich Versorgung motorisch im Kontakt mit Natur und Bäumen verschaffte, symbolisch durch Lesen oder Nachdenken über Bäume. Auf übliche Weise von der Mutter durch den Mund versorgt zu werden, bedeutete ihm wenig; jeder drängende Versuch, es ihm als sinnvoll erscheinen zu lassen, ohne die Energie aus den Natur-Symbolen mitzuverwenden, hätte nur negative Folgen gehabt. Ich schlug ihm also vor, sich wirklich in die Wälder zu phantasieren oder anzunehmen, Mutter Natur sei seine ideale Mutter, und die Gefühle zu spüren, die er unter Bäumen erlebt. Er mag dann unter Bäumen wandern oder auf dem Boden liegen mit dem Gefühl, im Wald zu sein. In jedem Fall muß man ihn die Bewegungsanteile seiner befriedigenden Erfahrung wiedererleben lassen und dies dann mit dem Erleben der Liebe in den Armen der idealen Mutter zu verbinden suchen. Man kann ihn daran erinnern, daß es auch Mütter fertigbringen können, daß man sich so entspannt, sicher und zu Hause fühlt wie im Wald. Damit soll ihm nicht die

Freude an der Natur verdorben werden, sondern es soll den Patienten mit dem Gedanken vertraut machen, sich in einer Versorgungssituation mit einem Gefühl der Wärme an Frauen zu wenden, zunächst in einer Struktur und später, von gleich zu gleich, in reiferer Form in der Wirklichkeit.[23]

Ich meine, dies sei ein gutes Beispiel für eine respektvolle Haltung eines Psychotherapeuten gegenüber der Seele eines anderen Menschen. Ein charakterstrukturell orientierter Bioenergetiker könnte der Versuchung anheimfallen, die Liebe zur Natur als typisches Merkmal des Schizoiden zu deuten, und anfügen, daß es in der Therapie darum ginge, die Energien ins Becken und die Beine fließen zu lassen, um dem genitalen Charakter zum Durchbruch zu verhelfen. Ein Psychoanalytiker würde dieser Liebe wohl den Charakter eines »Übergangsobjektes« zubilligen, aus dem es gelegentlich heraus- und in den bindungsfähigen »ödipalen« Charakter hineinzuwachsen gälte. Ein Guru schließlich würde sich um diese individuelle Ausdruckskraft seines Klienten erst gar nicht kümmern, weil sie weder in sein System noch in seinen Zeitplan paßte. Das gegebene Beispiel aber zeigt, wie ein Mensch an dem Ort respektiert wird, an dem er ist. Hier wird er erkannt und unterstützt. Seine Liebe zu den Bäumen erhält kein Etikett; sie wird vielmehr geachtet und im Sinne des Zieles genutzt, das der Klient erstrebt: mehr Nähe zu seinem eigenen Selbst und damit potentiell zu anderen Menschen zu gewinnen.

Der Therapeut erreicht mit seinem Vorgehen dreierlei: Zum einen wird dem Klienten seine Naturliebe als etwas Kostbares und Wertvolles zurückgespiegelt, und seine Tendenz zum Rückzug wird nicht beschämt, sondern sie wird ihm als Reaktion auf frühe Übergriffe deutlich. Zum Zweiten erhält die Liebe zu den Bäumen nicht den leicht entwer-

23 Albert Pesso, op. cit., 114f.

tenden Deutungs-Charakter eines Übergangsobjektes oder einer zu überwindenden Charakterstufe, sondern sie ist ein Wert an sich – wichtig für den Betroffenen, wichtig auch für andere Menschen. Der Klient darf diese Liebe ernstnehmen und stolz auf sie sein. Aus diesem Ernstnehmen seiner Liebe ergibt sich zum Dritten, daß er mit seinem »Wandeln unter den Bäumen« einen guten, sicheren Ort für den Fall hat, daß er abermals in Beziehungsverstrickungen und -vergiftungen gerät. Das Wissen, daß es diese Oase gibt, in die er sich zurückziehen kann, wird ihm mehr Freiheit für das Risiko ermöglichen, auf andere Menschen zuzugehen. Tut er dies und fühlt er sich dabei wieder verstrickt, kann er zurückkehren unter seine (inneren oder äußeren) Bäume, kann sich dort erholen und mit frischer Energie einen neuen Versuch wagen.

In einer Zeit, in der die Sehnsucht nach einem glücklichen, erfüllten Leben und die Erfahrung von Schuld und Scheitern kaum noch an Gott oder der Welt und schon gar nicht an der eigenen Person, sondern in aller Regel am Partner oder an der Partnerin festgemacht wird, scheint mir Freuds »Sublimierung der Libido« – die Hingabebereitschaft an eigene Fähigkeiten und Begabungen und der Respekt vor derjenigen des Gegenübers – keineswegs nur ein Schutz gegen Nähe zu sein, sondern eine Voraussetzung dafür, es überhaupt mit anderen Menschen auszuhalten. Die Freiheit, sagt Rosa Luxemburg, sei immer die Freiheit des Andersdenkenden. Dieses schöne und wichtige Wort läßt sich auch auf die Wahrheit anwenden. Eine Psychotherapie, die ihren Namen verdient, lebt und lehrt, bevor sie ändert, zunächst einmal den Respekt vor der Wahrheit des oder der anderen.

Rechtzeitig zum 100. Geburtstag kann der Suhrkamp Verlag auch den Abschluß der Großen kommentierten Berliner und Frankfurter Ausgabe der Werke Bertolt Brechts in 30 Bänden bekanntgeben:
»Eine Ausgabe, die zu den großen editorischen Unternehmungen unseres Jahrhunderts gerechnet werden darf.« Neue Zürcher Zeitung

Werke

Große kommentierte Berliner und Frankfurter Ausgabe 1-30 (in 33 Bänden) Herausgegeben von Werner Hecht, Jan Knopf, Werner Mittenzwei, Klaus-Detlef Müller.
Gesamtpreis bis 31. März 1998: Ln., ca. DM 2.018,-/ öS 14.731,-/ sFr. 1797.-
ab 1. April 1998:
ca. DM 2.499,-/ öS 18.242,-/ sFr. 2.224.-

Den Preis der Lederausgabe teilen wir Ihnen gern auf Anfrage mit.
Die Bände sind auch einzeln erhältlich.

Werner Hecht
Brecht Chronik
1898-1956

Mit zahlreichen Abbildungen.
1315 Seiten. Leinen im Schuber.
DM 98,-/ öS 715,-/ sFr. 89.-
ab 1. April 1998:
DM 148,-/ öS 1.080,-/ sFr. 132.-

Vom 10. Februar 1898, 4.30 Uhr, bis zum 14. August 1956, 23.45 Uhr, wird das Leben Brechts nachgezeichnet.

Bertolt Brecht
100 Gedichte

Ausgewählt von Siegfried Unseld.
st 2800. 188 Seiten
DM 12,80/ öS 93,-/ sFr. 12.50

Siegfried Unselds Auswahl der hundert wichtigsten Gedichte ist subjektiv, ist die des Verlegers und Kenners des Brechtschen Werks seit vielen Jahrzehnten.

Dies ist nur eine kleine Auswahl der lieferbaren Bücher und Neuerscheinungen von Bertolt Brecht. Unsere Brecht-Zeitung informiert Sie über das vollständige Programm: Suhrkamp Verlag, Pstf. 101945, 60019 Frankfurt am Main. (90205)

Wachsen oder schrumpfen?

Älterwerden und Sterben üben – eine Schlußbetrachtung

Wachsen oder Schrumpfen; sinnvoll leben oder am »Eigentlichen« vorbeileben; die eigene Wahrheit und die anderer Menschen ernst nehmen oder mißachten – das ist die Frage, die sich von der Jugend bis zum Alter immer wieder neu stellt und die immer wieder neu beantwortet sein will. Junge Leute erleben mit ihrer Kindheit, mit dem Heranwachsen, mit Bindungen, Berufskarriere und Familiengründung ein Crescendo der Herausforderungen. Begegnen sie diesen Herausforderungen mit Offenheit und Respekt, dann werden sie wahrscheinlich auch das Decrescendo des Alterns als reiche Zeit gestalten und ihrem Tod mit Gelassenheit entgegenleben. Haben sie aber den anderen, den verächtlich-selbstverächtlichen Weg gewählt, dann können sie die natürliche, menschliche Angst vor dem Sterben nicht klar und bewußt fühlen und sie folglich auch nicht als hilfreichen Wegweiser zu einer reifen Haltung der eigenen Endlichkeit gegenüber nutzen. Die als Hilflosigkeit erlebte Sterblichkeit wird dann wohl schwer auf ihrem Unbewußten lasten.

Es gibt nichts Ernsthafteres als den Tod. Selbst in unserer Internet- und Cyberspace-Zeit, die sich durch fast kein Tabu mehr beunruhigen läßt, konnte der Tod noch nicht abgeschafft werden. Obgleich wir alles tun, um ihm den Stellenwert eines medizinischen Kunstfehlers zuzuweisen, behauptet er seine Macht, und das sollte ihn eigentlich zum überzeugendsten aller denkbaren Psychotherapeuten machen. Seine potentielle therapeutische Wirkungskraft zeigt sich eindrücklich etwa an Menschen, die ihr Leben so gelebt haben, als ginge sie ihr Tod nichts an, die aber plötzlich hart mit ihrem Sterben konfrontiert werden, vielleicht, weil sie an einer tödlichen Krankheit leiden und nicht mehr lange zu leben haben. Unter diesem existentiellen Druck verändert sich ihre Persönlichkeit. Wo früher Gleichgültigkeit und Oberflächlichkeit war, da ist jetzt Energie und Klarheit. Diese Menschen beginnen, ihre Kräfte zu bündeln; sie verzetteln sich nicht länger, tun die Dinge, die sie noch zu tun haben, begleichen offenstehende zwischenmenschliche Rechnungen, machen vielleicht noch ihre »Traumreise« und leben mit offenem Herzen auf ihren Tod zu.

Wo der Tod jedoch nicht, oder noch nicht, in dieser fordernden Weise in der Tür steht, wird er eher verdrängt als ins eigene Leben einbezogen, was bei unserem auf Schmerz- und Angst-Betäubung ausgerichteten Lebensstil nur folgerichtig ist. Das hat die bekannten Konsequenzen. Wenn dem Tod der gebührende Respekt verweigert wird, kann er seine humane, aufs Wesentliche zielende Wirkung nicht entfalten und wird zu einem stummen, im Verborgenen lauernden Feind.

Der Größe des Themas entsprechend wurde und wird der Tod und das Erlebnis des Sterbens in der Menschheitsgeschichte, in Künsten und Religionen, immer wieder neu gestaltet. Allerdings ist es in unserem aufgeklärten Jahrhundert nicht einfacher, sondern schwieriger geworden, über das Lebensende zu sprechen. Die westlichen Kulturen lassen die Menschen allein mit sich und ihrer Vergänglichkeit fertig werden. Der Tod ist verdrängt an die Randzonen der Gesellschaft, in die Krankenhäuser, in die Altersheime, in die Kriegsberichterstattung, in die Dritte Welt. Warum das so ist? Neben manchem anderen liegt ein Grund sicher darin, daß dieses 20. Jahrhundert mehr Tote, mehr Krieg und mehr Verderben gesehen und zugelassen hat als alle Zeiten zuvor. Nach Hitler, nach Auschwitz, nach Hiroshima, mit Jugoslawien und mit der Allgegenwart von Krieg und Tod am abendlichen Bildschirm hat sich eine Vernichtungsgewißheit ausgebreitet, die wohl zu groß ist, als daß der einzelne sie noch in ihrer ganzen Tiefe und Bedrohlichkeit aufnehmen könnte oder wollte. Im Kopf ist der Gedanke klar: »Auch ich bin eines Tages dran«, aber auf der Landkarte innerer Gefühlsregionen ist das Territorium des Dem-Tod-Entgegenlebens eher ein weißer – oder, besser gesagt, ein dunkler – Fleck. Bei aller Aufgeklärtheit und Wissenschafts-Kompetenz sind wir angesichts des tiefsten Lebens-Mysteriums recht ratlos, und so ist die Frage berechtigt, wo sich angesichts des vorhandenen spirituellen Vakuums glaubwürdig Auskunft holen läßt über die Sphäre von Altern und Sterben. Entsprechend möchte ich Zeugen suchen und befragen, die heutigen skeptischen Hirnen einige Hinweise auf diesen dunklen Seelenbereich geben können.

Fragen von Zeitlichkeit und Endlichkeit der menschlichen Existenz sind natürlich die angestammte Domäne von Religionen und Konfessionen. In früheren Zeiten war Alter und Tod sichtbarer Bestandteil des Lebens als heute, und den Geistlichen mußte es angesichts der vielen und frühen Tode, die die Menschen starben, darum gehen, die ihnen Anempfohlenen für den Tod zu rüsten und auf das nachher zu erwartende Heil oder Unheil einzustimmen. Der Tod war im Leben allgegenwärtig und Tod und Todesangst der naturgegebene Mittelpunkt geistlicher Arbeit. Für diese Arbeit standen den Priestern und Pfarrern Hilfsmittel zur Verfügung, Glaubensvorstellungen und Rituale, die Hunderte von Jahren erfolgreich praktiziert worden waren und die sich bewährt hatten. In diesem Sinne waren die Seelsorger Begleiter, die für den letzten Teil der Lebensreise gut ausgebildet und mit wirksamen sprachlichen und psychologischen Werkzeugen ausgerüstet waren – mit Gebeten, mit Beichte und Absolution, mit Krankensalbung und mit der Glaubensgewißheit auf ein ewiges Leben.

Läßt sich von diesen Zeugen heute noch etwas lernen über den Weg vom Leben zum Tod? Es scheint, als hätten die geistlichen Werkzeuge viel von ihrer Wirkungskraft eingebüßt. Den meisten Menschen leuchtet die Vorstellung von einem väterlichen Gott nicht mehr ein, der die Guten in das Paradies einläßt und die Bösen in die Hölle schickt. Die Fragen sind aber geblieben und die Angst auch. Sie, die Angst, ist in unserem lebens- und todesverächtlichen Lebensstil allerdings kaum noch zu spüren, sie wird durch die Simulation einer schönen, neuen, kontrollierbaren Welt überspielt und weitgehend an die Katastrophen-Berichterstattung delegiert. Manchmal wird diese Angst gleichwohl spürbar, etwa dann, wenn ein geliebter Mensch stirbt oder zu Tode erkrankt. In solchen Momenten ist es üblich, sich an die Kirchen zu wenden, und die bemühen sich in alter Tradition um Richtungsweisungen und um Trost. Aber auch sie können unbegreifliches Unheil nicht begreiflich machen, können Sinn nicht predigen, wo Sinn nicht mehr gefühlt wird, und so finden sie hierzulande ein eher bescheidenes Echo. Enttäuscht und resigniert haben sich viele Menschen innerlich abgewandt von den kirchlichen Lehren, obgleich sie im Grunde hungrig nach spiritueller Nahrung wären, die ihnen ihre unterdrückte Angst vor dem Tod erlebbar machte und damit auch leichter werden ließe.

»Man« ist heute scheinbar selbstsicher und schmerzfrei, und so spricht man nicht über den Tod. Damit bringen wir uns allerdings um die segensreichen psychotherapeutischen Wirkungen, die er zu bieten hätte. Um es paradox auszudrücken: Wir töten den Tod und lähmen damit *den* Teil unserer Persönlichkeit, der um seine Endlichkeit weiß und der mit diesem Wissen das eigene Leben bereichern könnte. Mit dieser Haltung nehmen wir uns den Boden, auf dem neben Selbstbegrenzung und Respekt auch Eigenverantwortung für spirituelles Empfinden gedeihen könnte. Wir hätten nämlich, nähmen wir den Tod ernst, die Möglichkeit, uns auf unsere eigene geistige Reise zu machen und damit unseren Hunger nach Erkenntnis zu stillen.

Die Religionen zeigen auf der eschatologischen Landkarte zwar eine Richtung an, aber sie weisen nicht den
einzigen, nicht den allein gültigen Weg. Es kann sich als auf-
regend und bereichernd erweisen, auch anderen Wegweisern zu folgen. Denn: So viel man an unserer Zeit auszusetzen haben mag – wie grausam, wie vereinzelnd und
vereinsamend, wie von Gott verlassen sie ist – all diese Ne-
gativa haben ihre positive Kehrseite: Wer hätte, wie wir es in
einigen europäischen und transkontinentalen Kulturen dürfen, vor ein paar Jahrhunderten oder auch nur ein paar
Jahrzehnten so straflos Augen, Ohren und Mund öffnen
können, wer hätte fast alles denken, sehen und sagen dürfen, was sie oder er will, ohne dafür gefoltert, gehenkt,
erschossen oder vergast zu werden? In unseren privilegier-
ten Wohnlagen besitzen wir ein köstliches Maß an Freiheit.
Wen die traditionellen Lösungsvorschläge unbefriedigt lassen, der kann seine Gedankenfreiheit dazu nutzen, sich
seine Metaphysik aus verschiedenen Bestandteilen selbst, in
eigener Regie zusammenzusuchen. Keiner schreibt heute
vor, nach welcher Fasson jemand selig zu werden hat. Im
Gegenteil, es gibt zur Zeit keine überlegene Figur, die die
Rolle des Propheten mit Überzeugung zu spielen verstünde,
und so hat jeder Mensch die Freiheit, sich seine Lebens- und
Sterbegestaltung selbst zu erobern.

Der Umgang mit diesem Maß an Freiheit ist allerdings
schwierig, er fordert Selbständigkeit und Selbstverantwortung. Denn diese Freiheit ist nicht gratis zu haben, und
sie sollte nicht mit Größenwahn verwechselt werden. Ihr
Preis liegt im Verzicht auf die Nutzung einer etablierten,
herrschenden Lehr- oder Glaubensmeinung – er liegt also
darin, die Geborgenheit der Übereinstimmung mit einer
Kollektivmeinung gegen die Einsamkeit des Selber-Suchens
einzutauschen. Diese Einsamkeit ist ein reifes, erwachsenes Ins-eigene-Innere-Hören, und es schließt kollektiven
Idealisierungs- und Verschmelzungs-Wahn, wie ihn manche

Sekten und Gurus anbieten, aus. Und doch: Die in dieser Weise Einsamen, die sich auf das Angebot des Selber-Suchens einlassen, sind so allein auch wieder nicht. Denn sie können sich auf ihrer spirituellen Wanderung nach denjenigen Wegweisern richten, die ihnen am vielversprechendsten erscheinen. Sie können beispielsweise den alten religiösen Eschatologien nachgehen, wenn die ihnen die Qualität archetypischer, d. h. letztlich nicht veralternder menschlicher Erfahrungen widerspiegeln, und sie können sich die Mühe machen, die ehrwürdigen Worte in heutiges Fühlen zu übersetzen. Sie können aber auch den Künstlern folgen, wie dies schon Dante in der *Göttlichen Komödie* tat, der sich den Dichter Vergil zum Führer durch das Totenreich auserkor. Oder sie können bei den modernen »Seelsorgern« nachfragen, bei den Psychotherapeuten und Sterbeforschern. Kurzum, sie können überall dort fragen und suchen, wo ihre lebendige, auf der Suche befindliche Seele ins Schwingen gerät.

In diesem Sinne möchte ich hier zweien der genannten Wegweiser ein Stück weit folgen – den Künstlern und den Psychotherapeuten.

2

Besonders die Künstler empfinde ich als vielversprechende Wegweiser. Denn sie sind – wenn sie ihren Namen verdienen – ein Berufsstand, der sich der Übersetzung und Gestaltung schwer zugänglicher Wahrheiten verschrieben hat. Ein Künstler spürt in sich Grenzgefühle – Entsetzen, Trauer, Zorn oder auch Leidenschaft, Zartheit und Liebe in Momenten, in denen weniger irritierbare Menschen ein zweites Bier bestellen würden. Er fordert von sich, seine sensiblen Wahrnehmungen in eine künstlerische, dem Klischee sich entziehende Form zu übertragen und mit dieser Übersetzung an jene anderen zu gelangen, die – jeder auf seinem

Fließband – an ihm und an ihrem eigenen Leben vorüberziehen. Vielleicht, so hofft er, kann er diese anderen mit seinem künstlerischen Tun bei einer heimlichen Sehnsucht packen, kann bewirken, daß sie mal eine Pause machen, sich mal berühren lassen, sich nach ihrem Leben, ihren Ängsten und Hoffnungen fragen. Auf eigene Faust und jenseits der etablierten Lehrmeinungen macht der Künstler sich auf seine Erkundigungsreisen und sucht Zugang zum dunklen Fleck auf der Landkarte. Mit feinen Ohren hört er – oder sie, die Künstlerin – das Gras wachsen und welken, und beide sind bereit, den weniger Hellhörigen von ihren Erfahrungen zu berichten. Wenn sie den »richtigen Ton« treffen, dann können sie mit ihrem feinstofflichen Ausdruck durch die eher grob gezimmerten Lattenzäune alltagssprachlicher Verständigung ins wortlose Innere ihres Publikums dringen – und vielleicht gelingt es ihnen, hier eine Resonanz zu erzeugen.

Zum schwierigen Thema menschlicher Endlichkeit empfinde ich diese Resonanz in der Musik. Viele Komponisten fühlten und fühlen in sich die Ambivalenz des Todes, und sie haben ihr Erleben in große Musiksprache übersetzt: Bach zum Beispiel im *Actus tragicus,* Mozart neben vielem anderen in seinem *Requiem,* Schubert etwa in der *Winterreise,* und Schumann eigentlich in seinem ganzen Werk; Brahms in den *Vier ernsten Gesängen,* Mahler in den *Wunderhorn-Liedern,* Zimmermann im *Requiem für einen jungen Dichter,* Holliger im *Scardanelli-Zyklus.*

Der Beispiele gibt es viele und jedenfalls mehr, als ich aufzählen könnte. Hier aber möchte ich nicht der Übersetzung des schwer zugänglichen Todes-Themas durch einen Musiker folgen, sondern derjenigen eines Dichters: Dieser Dichter ist Leo Tolstoi, und seine Übersetzung ist die Novelle *Der Tod des Iwan Iljitsch.* Tolstoi schrieb sein Werk im Alter von 57 Jahren. Er lebte anschließend noch 26 Jahre, und das wirft die Frage auf: »Wie kann ein Mensch, der dem Tod noch nicht selbst von Angesicht zu Angesicht begegnet ist, den Prozeß des Übergangs vom Leben zum Tod in dieser Intensität und Klarheit gestalten?« Ich will diese Frage nicht zu erklären versuchen, sondern mir die Stimme des großen Sigmund Freud leihen, der dem Dichter Romain Rolland den Unterschied zwischen seiner eigenen analytischen und Rollands künstlerischer Arbeit so beschrieb: »So habe ich den Eindruck gewonnen, daß Sie durch Intuition – eigentlich aber infolge feiner Selbstwahrnehmung – alles das wissen, was ich in mühseliger Arbeit an anderen Menschen aufgedeckt habe. Ja ich glaube, im Grunde Ihres Wesens sind Sie ein psychologischer Tiefenforscher, so ehrlich unparteiisch und unerschrocken wie nur je einer war...«[1]

»Feine Selbstwahrnehmung« war es auch, die den Dichter Tolstoi leitete, als er seine Geschichte schrieb und hier von allem Anfang an klarmachte, daß das Sterben des Iwan Iljitsch die Summe seines Lebens war. Dieses Leben wirkte von außen honorig und erfolgreich, war aber bei näherem Zusehen in seiner geradlinigen Vermeidung alles Wesentlichen ein wahres Verhängnis:[2]

Die Lebensgeschichte des Iwan Iljitsch war sehr einfach und alltäglich und doch grauenhaft. Iwan Iljitsch starb im Alter von 45 Jahren als Beisitzer des Gerichtshofes. Er war der Sohn eines Beamten, der in Petersburg in verschiedenen Ministerien und Departements jene Karriere machte, die die Menschen so weit bringt, daß ihre Unfähigkeit zur Ausübung eines wesentlichen Amtes zwar deutlich zutage tritt, ihre lange Dienstzeit und ihr Rang es aber unmöglich machen, sie an die Luft zu setzen. Deswegen erhalten sie fiktive Ämter und keineswegs fiktive Gehälter von sechs- bis zehntausend Rubeln, von denen sie bis in ihr hohes Alter leben.

[1] Sigmund Freud, *Briefe 1873-1939*, Zürich o. J., 357.
[2] Ich folge der Ausgabe Leo Tolstoi, *Die Kreuzersonate und andere Erzählungen. Deutsch von Arthur Luther, Erich Müller und August Scholz*, Zürich 1985 (Diogenes Taschenbuch 21360).

Als zweiter Sohn eines solchen Vaters wächst Iwan Iljitsch auf. Er hat eine mehr oder weniger behütete Kindheit, dann folgt das Studium mitsamt den obligatorischen Junggesellenerfahrungen, schließlich eine der Begabung angemessene Laufbahn; Ehe, Kinder, ein guter Posten am Gerichtshof. Da plötzlich packt ihn – im besten Alter und wie ein Blitz aus heiterem Himmel – die unheilbare Krankheit. Diese Krankheit stellt brutal klar, daß vom Standpunkt der inneren Wahrheit das Leben des Iwan Iljitsch bei aller äußerer Wohlanständigkeit ein katastrophaler Irrtum war. Beharrlich läßt der Dichter im Innern des Iwan Iljitsch eine Stimme verlauten, die versucht, dem Todkranken diese üble Botschaft zu überbringen. Der weist sie allerdings ebenso beharrlich zurück.

In seiner einsamen Verleugnungskampagne erinnert sich Iwan Iljitsch, der den letzten, schwersten Teil seiner Lebensreise allein, ohne kundigen Reiseführer, zurücklegen muß, plötzlich seiner Kindheit:

In der letzten Zeit jener Einsamkeit, in der er sich befand, wenn er, das Gesicht zur Rücklehne des Diwans gekehrt, dalag, jener Einsamkeit inmitten einer dichtbevölkerten Stadt und all seiner zahlreichen Bekannten und seiner Familie, einer Einsamkeit, wie es sie vollkommener nirgends geben konnte, weder auf dem Meeresgrunde noch unter der Erde – in den letzten Tagen dieser furchtbaren Einsamkeit lebte Iwan Iljitsch nur noch in Erinnerungen an die Vergangenheit. Eines nach dem andern stiegen die Bilder seiner Vergangenheit vor ihm auf. Er fing immer mit dem zeitlich Nächstliegenden an und ging dann weiter zu dem Entferntesten, der Kindheit, und blieb hier stehen. Wenn Iwan Iljitsch an die gekochten Dörrpflaumen dachte, die man ihm heute zum Essen angeboten hatte, fielen ihm die rohen gerunzelten Dörrpflaumen ein, die er in der Kindheit gegessen hatte, er dachte an ihren eigentümlichen Geschmack und die starke Speichelabsonderung, wenn man beim Kern angelangt war, und mit dieser Geschmacksvorstellung tauchte eine ganze Reihe Erinnerungen aus jener Zeit auf: die Kinderfrau, der Bruder, die Spielsachen. »Nicht doch ... das tut so weh«, sagte Iwan Iljitsch zu sich selbst und versetzte sich wieder in die Gegenwart. Da – der Knopf an der Diwanlehne und die Falten im Saffian. »Saffianleder ist teuer und nicht sehr dauerhaft; es hat Streit deswegen gegeben. Aber ich weiß noch von einem andern Saffian und einem andern Streit, als wir Vaters Aktenmappe zerrissen hatten und bestraft wurden und Mutter Kuchen brachte.« Und wieder war Iwan Iljitsch bei der Krankheit angelangt und wieder tat es ihm weh – und er suchte die Bilder zu verscheuchen und an andere Dinge zu denken.

Auf der letzten Strecke seiner Reise läßt Leo Tolstoi seinen Helden Iwan Iljitsch dem Kind begegnen, das der Sterbende einmal war. Die Gegenwart ist nicht auszuhalten in ihrer Kälte und Todesangst, und Iwan Iljitsch treibt es in die Vergangenheit, in ein schöneres, helleres Leben, in dem es zwar Streit gab, aber auch Geborgenheit, Licht, Wärme, Geschmack, Geruch – mit einem Wort: Lebendigkeit; eine Lebendigkeit, die ihm vor langer Zeit abhanden gekommen ist. Jetzt, in seiner tödlichen Einsamkeit spürt Iwan Iljitsch diesen Verlust zum ersten Mal seit seiner Kindheit, und das bohrt ein böses schwarzes Loch in sein bislang rosig beleuchtetes Selbstbild. Statt zu leben – das versucht er in seiner schlimmen Lage zu begreifen –, hat er gelernt, das Leben so zu nehmen, wie es nun mal ist. Dieser trostlose Befund trifft auf alle seine Lebensbereiche, vor allem aber auf sein Ehe- und Familienleben zu. Seit langem führt Iwan Iljitsch eine Ehe nach dem Muster von Narziß und Athena im Spätstadium, in der der Kontakt zu seiner Frau wegen der versteckten Feindseligkeit beider Partner auf das Allernötigste beschränkt ist.

Jedes Gesprächsthema der Ehegatten, besonders das der

Kindererziehung, berührte sich mit Fragen, die mit der Erinnerung an Streitigkeiten verknüpft waren, und diese Streitigkeiten drohten jeden Augenblick neu aufzuflammen. Es blieben nur jene seltenen Anfälle von Verliebtheit, von denen die Gatten mitunter erfaßt wurden, die aber nicht lange dauerten. Das waren kleine Inseln, bei denen sie für kurze Zeit landeten, um dann wieder in das Meer der verborgenen Feindseligkeit hinauszufahren, die in einer wachsenden Entfremdung zum Ausdruck kam.

Iwan Iljitsch ist enttäuscht von seiner Frau und seinen Kindern, er hat die Familie seit langem innerlich aufgegeben. Nie aber hat er für seine Liebe gekämpft oder seine Enttäuschung gezeigt. Statt dessen hat er sorgsam darauf geachtet, die gesellschaftliche Fassade aufrechtzuerhalten. Er hat sich angepaßt, hat es jedermann recht gemacht und zum Ausgleich für alle Enttäuschungen hat er sich ein sicheres Refugium in seiner Arbeit verschafft:

Sehr bald ... hatte Iwan Iljitsch erkannt, daß die Ehe, wenn sie auch gewisse Bequemlichkeiten bietet, in Wirklichkeit doch etwas sehr Kompliziertes und Schwieriges ist, und daß man, um seine Pflicht zu erfüllen, das heißt, ein anständiges, von der Gesellschaft gebilligtes Leben zu führen, zu ihr ein ganz bestimmtes Verhältnis gewinnen muß, wie zum Amt. Und ein solches Verhältnis zum ehelichen Leben schuf sich Iwan Iljitsch. Er verlangte vom Familienleben nur jene Bequemlichkeiten, die es ihm geben konnte, wie Mittagessen, Hausfrau, Bett, vor allem aber jene Korrektheit der äußeren Formen, die von der öffentlichen Meinung festgesetzt waren. Im übrigen suchte er nur heiteres Behagen und Wohlanständigkeit, und wenn er diese fand, war er dankbar; stieß er aber auf Widerstand und Unfreundlichkeit, so zog er sich sofort in seine gesonderte amtliche Welt zurück und fand sein Behagen in ihr.

Wenn Iwan Iljitsch sich spät in seinem Leben – angesichts

des Todes – an seine Kindheit erinnert, so mag das zu einem Teil eine Flucht vor der schrecklichen, gegenwärtigen Todesangst sein. Zu einem anderen Teil folgt er damit aber einem menschlichen Grundbedürfnis – dem Wunsch, Ausdruck für sich selbst, für das unverwechselbar Einmalige seiner Persönlichkeit, für die eigene Identität zu finden – und der Schlüssel hierzu steckt in der Kindheit. Den Kinderschuhen entwachsen, das sieht er jetzt und kann es trotzdem nicht begreifen, hat er sich hoffnungslos verlaufen. Er hat auf die gängigen Werte gesetzt, und dabei hat er sich selber verloren. Er hat das übliche Familienleben geführt, sich vor den Attacken seiner Frau – eines ehemals anschmiegsamen Wesens – in die Würde seines Amtes geflüchtet, und irgendwann hat er gemeint, dies sei »das Leben« – er habe »das Ziel« erreicht:

Dies Ziel bestand darin, sich mehr und mehr von diesen Unannehmlichkeiten zu befreien, sie unschädlich und anständig scheinen zu lassen; er erreichte es dadurch, daß er sich immer seltener im Kreise seiner Familie aufhielt; wenn er aber dazu gezwungen war, so suchte er sich durch die Anwesenheit dritter Personen zu sichern. Vor allem aber hatte Ivan Iljitsch sein Amt. Sein ganzes Lebensinteresse konzentrierte sich hier. Dieses Interesse verschlang ihn vollkommen. Das Bewußtsein seiner Macht, die Möglichkeit, jeden Menschen zu vernichten, den er vernichten wollte, die Würde, die er äußerlich zur Schau trug, ... füllte mit den Unterhaltungen im Kreise der Kollegen, dem Mittagessen und dem Whistspiel sein Leben aus.

Aber dann wird Iwan Iljitsch krank, und kein Amt, keine Macht kann ihn kurieren. Jetzt läßt der Dichter den Tod als Psychotherapeuten auftreten, und dieser Auftritt bewirkt beim Patienten zunächst Angst, Ratlosigkeit und Verwirrung. Iwan Iljitsch sieht, wie er sich verändert, wie er mager und schwach wird, und er kann diese Veränderungen nicht fassen. Er sucht Zeugen, Verbündete, die ihm helfen würden, dieses Geschehen als die zwar schreckliche, gleichwohl aber einzige und unverrückbare Wahrheit zu erkennen und anzuerkennen. Aber er hat sich die falsche Familie und die falschen Freunde ausgesucht. Niemand will ihm diesen Liebesdienst tun. Seine Frau, seine Kinder, sein Schwager, der Doktor, alle verleugnen seine Krankheit, speisen den Kranken mit Bagatellisierungen ab und besprechen den Fall heimlich hinter verschlossenen Türen. Das macht die ohnehin schon schlimme Einsamkeit noch schrecklicher. Was soll Iwan Iljitsch tun? Weil ihm niemand hilft, greift er auf die alten Muster zurück. Er versucht, den Tod zu verdrängen und sich einzureden, er würde wieder gesund. Aber diese bewährte Verleugnungs-Strategie nützt nichts mehr. Er spürt, daß er sterben muß, und immer mehr verfällt er dem Grübelzwang. Warum gerade er? Hat er sich schuldig gemacht? Und wenn, wodurch? Wieso muß er so leiden? Irgendwann packt ihn dann eine Erkenntnis:

»Vielleicht habe ich nicht so gelebt, wie ich sollte?« fiel ihm plötzlich ein. »Wie denn nicht, wenn ich alles getan habe, was der Mensch tun muß?« sagte er zu sich selbst und wies sofort die einzige Lösung des ganzen Rätsels von Leben und Tod als völlig unmöglich zurück. ... Wieviel er aber auch sann, er fand keine Antwort. Und wenn ihm, wie das häufig geschah, der Gedanke kam, das alles sei die Folge davon, daß er nicht richtig gelebt hatte, so rief er sich sofort die ganze Korrektheit seines Lebens ins Gedächtnis und wies diesen sonderbaren Gedanken weit von sich.

Iwan Iljitsch hat die Lösung des Rätsels in der Hand, und doch kann er sie nicht begreifen. Niemand ist da, der ihm helfen würde, die schlimme Wahrheit zu fassen und festzuhalten, und so entgleitet sie ihm stets von neuem. Er sieht, daß seine Umgebung ihm weder Gesundheit noch Trost schenken kann, und er gibt die Versuche auf, in seinem

Elend Kontakt zu finden zu seiner Familie und zu den Freunden. Nach außen hin wird er zu einem verbitterten Schweiger, aber innerlich ist er in heftiger, angstvoller Bewegung. Er kann seinem Grübel-Zyklus nicht mehr entrinnen, und dieser Zyklus rotiert so: Iwan Iljitsch schaut zurück; er sucht nach Erklärungen; seine unbestechliche Seele gibt ihm stets dieselbe Antwort – daß er falsch gelebt habe; und stereotyp antwortet seine hinter der Stimme eines rechtskundigen inneren Advokaten versteckte Angst entschuldigend mit dem Hinweis auf die Korrektheit seines Daseins:

»Es ist kein Widerstand möglich«, sagte er zu sich selbst, »aber wenn man wenigstens verstehen könnte, wozu das? Nicht einmal das ist möglich. Es ließe sich erklären, wenn man sagte, ich hätte nicht so gelebt, wie ich leben sollte. Aber eben das kann ich nicht zugeben«, sagte er zu sich selbst und gedachte der ganzen Korrektheit, Wohlanständigkeit und Mustergültigkeit seines Lebens. »Das kann ich ganz und gar nicht zugeben«, wiederholte er, und seine Lippen lächelten, als ob jemand dieses Lächeln sehen und sich dadurch täuschen lassen könnte. »Keine Erklärung! Qualen, Tod ... Wozu?«

Tolstoi läßt Iwan Iljitsch auf seinem Diwan liegend, im Kreise seiner Familie sterben – äußerlich ein Bild der Geborgenheit. Innerlich aber erleidet der Mann Höllenqualen. Immer unentrinnbarer und quälender bohrt in ihm die Frage, was er falsch gemacht, wie er sich an seinem Leben vergangen habe. Und damit kann der Tod mit der nächsten Phase seiner »Psychotherapie« beginnen. Denn galt es bislang, dem Iwan Iljitsch sein Problem faßbar zu machen, so steht nun der Gang durch die persönliche Hölle an. Iwan Iljitsch muß die tiefste, die bodenlose Verzweiflung spüren; er muß als Tatsache annehmen, daß er an seinem Leben vorbeigelebt hat, daß er nicht echt und wahr, sondern einen verlogenen Abklatsch der eigenen Möglichkeiten gelebt hat:

»Wie, wenn in der Tat mein ganzes Leben, mein bewußtes Leben nicht das Richtige war?« Es war ihm in den Sinn gekommen, das, was er früher für ganz unmöglich gehalten hätte, nämlich daß er sein Leben nicht so gelebt hätte, wie er es hätte leben sollen – das könnte doch wahr sein. Es war ihm in den Sinn gekommen, jene kaum merkliche Neigung, gegen das zu kämpfen, was die höhergestellten Leute für gut hielten – eine kaum merkliche Neigung, die er stets sofort unterdrückt hatte – die könnte vielleicht das Richtige gewesen sein, während alles andere falsch war. Sein ganzer Dienst, seine Lebenshaltung, seine Familie, alle diese gesellschaftlichen und amtlichen Interessen – alles das war vielleicht nicht das Wahre. Plötzlich empfand er die Schwäche dessen, was er verteidigte. Er hatte nichts zu verteidigen. »Wenn das aber so ist«, sagte er sich, »und ich aus dem Leben gehe mit dem Bewußtsein, alles zugrunde gerichtet zu haben, was mir gegeben war, und es nicht wieder gutmachen zu können – was dann?« Er legte sich auf den Rücken und ließ sein ganzes Leben noch einmal an sich vorüberziehen. Als er am Morgen den Diener, dann seine Frau, dann die Tochter, dann den Arzt sah, bestätigte ihm jede ihrer Bewegungen, jedes ihrer Worte die furchtbare Wahrheit, die sich ihm in der Nacht offenbart hatte. In ihnen sah er sich selbst, sah er alles, wovon er gelebt hatte, und sah deutlich, daß alles das nicht das Richtige gewesen war, daß alles eine furchtbare, ungeheure Lüge war, die Leben und Tod verschleiert hatte. Dieses Bewußtsein vermehrte, verzehnfachte seine körperlichen Leiden. – Er stöhnte und warf sich hin und her und zerrte an seiner Kleidung. Sie schien ihn zu würgen und zu drücken. Und dafür haßte er die Menschen um sich.

Iwan Iljitsch kämpft gegen seine innere Hölle an, und er haßt seine Umgebung, von der er meint, sie hätte ihm sein Unglück angetan. Aber auch der Haß hilft ihm nicht. In dem

Maße, in dem er gegen die Einsicht anrennt, daß sein Leben ein fundamentaler Irrtum war, in dem Maße verdichtet und verdunkelt sich seine Höllenfolter. Der Tod führt ihn mit unbeirrbarer Konsequenz an den Ort seines entsetzlichsten, seit der Kindheit betäubten Schmerzes, und dieser Schmerz zeigt ihm den Ort seiner Wahrheit, den Ort seines Selbstbetruges. Dort angekommen spürt er, daß er *bei sich* angekommen ist, und nun ist die Umkehr möglich.

Jetzt begann jenes drei Tage lang dauernde Schreien, das so entsetzlich war, daß man es hinter zwei Türen nicht ohne Grauen hören konnte. Er begriff, daß er verloren war, daß keine Rückkehr möglich war, daß das Ende gekommen war, das letzte Ende, und daß der Zweifel nicht gelöst war, sondern Zweifel blieb. ... Er zappelte in einem schwarzen Sack, in den eine unsichtbare, unüberwindliche Gewalt ihn stopfte. Er schlug um sich, wie ein zum Tode Verurteilter in den Armen des Henkers um sich schlägt, obwohl er weiß, daß er nicht gerettet werden kann. Und mit jeder Minute fühlte er, daß er trotz aller Bemühungen, Widerstand zu leisten, näher und näher zu dem kam, was ihn entsetzte. Er fühlte, daß seine Qual darin bestand, daß er in dieses schwarze Loch gestopft wurde, und noch mehr darin, daß er nicht hinein konnte. Hineinzukommen aber hinderte ihn die Überzeugung, daß sein Leben ein gutes gewesen war. Eben diese Rechtfertigung des eigenen Lebens hielt ihn fest, ließ ihn nicht vordringen und quälte ihn am allermeisten.

Plötzlich stieß irgendeine Gewalt ihn vor die Brust, in die Seite, preßte ihm noch stärker den Atem zusammen, er stürzte ins Loch hinab, und dort unten, am Ende des finsteren Raumes, leuchtete etwas auf. Ihn überkam ein Gefühl, wie er es im Eisenbahnwagen gehabt hatte, wenn man glaubt vorwärts zu fahren, in Wahrheit aber rückwärts fährt und plötzlich die wahre Richtung erkennt. »Ja, das war nicht das Richtige«, sagte er zu sich selbst,

»aber das tut nichts. Man kann, man kann das Richtige machen. Was aber ist das Richtige?« fragte er sich und wurde mit einem Male still. Das war am Ende des dritten Tages, zwei Stunden vor seinem Tode.

Iwan Iljitsch wird ruhig. Er hat den Kampf gegen die eigene Wahrheit aufgenommen, und er hat dafür mit Höllenqualen bezahlt. Jetzt sieht er die Sinnlosigkeit dieses Kampfes ein. Er gibt auf, er läßt seine Lebenswahrheit zu, und nun wird es in ihm hell und leicht. Er sieht, *warum* seine Familie ihn allein gelassen hat in seinem Sterben: Genau wie er sind Frau und Kinder vordergründig »auf dem richtigen Weg« gewesen, innerlich aber waren sie gelähmt in Todesangst. Die Familie ist es immer noch, und plötzlich hat er Mitleid mit diesen Menschen. Er versteht: Sie verhalten sich nicht aus Bosheit so gleichgültig ihm gegenüber, sondern sie wissen es nicht besser, die Armen. Im Hinblick auf sich selbst aber wird er lebendig. Er fühlt, daß er weitergehen muß – und jetzt will er es auch. Der Tod ist nicht länger der ungerechte, brutale Feind, sondern er wird – in den letzten zwei Lebensstunden des Sterbenden – zum freudig begrüßten, hell leuchtenden Seelen-Begleiter.

Plötzlich wurde ihm klar, daß das, was ihn gequält hatte und nicht ans Licht kommen wollte, jetzt mit einem Male kam – von zwei Seiten, von zehn Seiten, von allen Seiten. Sie dauerten ihn, sie sollten keine Schmerzen leiden. Er mußte sie und sich selbst von diesen Qualen erlösen. »Wie schön und wie einfach«, dachte er. »Und der Schmerz?« fragte er sich. »Wo soll ich mit dem hin? Nun, wo bist du denn, Schmerz?« Er lauschte. »Ja, da ist er. Nun, mag es schmerzen. Und der Tod? Wo ist der?« Er suchte seine bisherige gewohnte Todesfurcht und fand sie nicht. Wo war er? Was war der Tod? Er empfand nicht die geringste Furcht, denn es gab gar keinen Tod.

Statt des Todes war Licht da. »Das also ist es!«, sagte er plötzlich laut. »Welch eine Freude!« Für ihn vollzog sich das alles in einem Augenblick, und die Bedeutung des Augenblicks änderte sich nicht mehr. Für die Anwesenden aber dauerte sein Todeskampf noch zwei Stunden. In seiner Brust gurgelte und röchelte es, sein abgezehrter Körper zuckte. Dann wurde das Gurgeln und Röcheln immer seltener.

»Es ist zu Ende«, sagte jemand über ihm. Er hörte diese Worte und wiederholte sie in seiner Seele. »Mit dem Tod ist es zu Ende«, sagte er zu sich, »er ist nicht mehr.« Er zog die Luft ein, stockte mitten im Atemzug, reckte sich und starb.

Am Ende nimmt Iwan Iljitsch den Irrtum seines Lebens an, und jetzt, in diesem Moment gelingt ihm der Übergang von der Dunkelheit ins Licht. Traditionell-christlich ausgedrückt kann man den Künstler – wenn man das möchte – in die Religion übersetzen: Tolstois Anti-Held erkennt und bereut seine »Sünde«, und so wird er aus der Höllenqual in die Welt Gottes entlassen.

Der Dichter und die Religion formulieren den Konflikt des sündigen Menschen inhaltlich unterschiedlich: Der Christ versündigt sich vor Gott, Iwan Iljitsch hingegen versündigt sich, indem er weder für sich noch für die Welt Verantwortung übernommen hat. Letztlich aber gelangen beide Anschauungsweisen zu vergleichbaren Ergebnissen. Neues, hoffentlich besseres Leben kann nur dort entstehen und gedeihen, wo alte Zwänge als Irrwege erkannt und rückhaltlos als ererbte Illusionen enttarnt werden.

3

Um vertrauteren Umgang mit dem eigenen Sterben zu gewinnen, kann die Selbst-Sucherin, der Selbst-Sucher auch andere Zeugen befragen – zum Beispiel die Sterbenden und die Sterbeforscher. Naturgemäß läßt sich viel von Sterbenden über die Angst vor und die Sehnsucht nach dem Tod lernen. Sterbeforscher – Stanislav Grof, Raymond A. Moody, Elisabeth Kübler-Ross – haben beschrieben, wie Menschen, die sich auf ihre große spirituelle Reise gemacht haben, mit äußerlich kaum noch oder gar nicht mehr spürbaren, innerlich offenkundig aber hellwachen Energien neue, für die noch mitten im Leben Stehenden unbekannte oder allenfalls geahnte Erfahrungen machen. Solche Erfahrungen vermittelt Tolstoi durch seinen Helden Iwan Iljitsch, und manches davon deckt sich mit Erkenntnissen der Sterbeforscher. Raymond Moody hat mit vielen Menschen gesprochen, die klinisch tot waren, die »zurückgekommen« sind und die in sehr ähnlicher Weise von ihren Erfahrungen berichten.[3] Nach Moody, der diese Ähnlichkeiten aufgezeigt und dargestellt hat, wird fast immer von Erlebnissen erzählt, die einerseits durch Enge und Dunkel, andererseits durch Licht und Wärme bestimmt sind. Das Dunkel auf diesen Reisen war ein Tunnel, eine Leere, ein hohler Raum, Gefühle von Beklemmung und Angst, die durchgestanden werden mußten, und das Licht wurde als Leuchten, als Schimmern, als Glänzen oder als Wärme und Liebe erlebt.

Zurückgekehrte Menschen berichten, sie hätten keine Angst mehr vor dem Sterben, im Gegenteil, sie freuten sich darauf. Sie hätten den Tod wie eine Rückkehr in ihre eigentliche Heimat erlebt und sich dabei keineswegs als »tot«, sondern als pulsierend, schwingend, klingend erlebt. Sie hätten unbeschreibliche Gefühle von Freude und Liebe empfunden. Sie seien nicht gern zurückgekommen. Jetzt aber, da es nun einmal so habe sein sollen, wollten sie die gewonnenen Erkenntnisse umsetzen in gelebtes Leben. Sie fühlten vermehrt Verantwortung diesem Leben gegenüber, ihrem eigenen sowohl wie dem ihrer Mitmenschen. Es ginge darum, Liebe und Wärme als das eigentliche menschliche

---

3 Raymond A. Moody, *Leben nach dem Tod*, Reinbek 1977, 36 ff.

Wachstumspotential zu erkennen und zu erhalten. Die praktische Anwendung dieser Einsicht bestünde darin, einander zu achten, zu unterstützen und zu helfen.[4]

Natürlich muß man nicht erst klinisch tot gewesen sein, um sich von dieser einfachen und doch so schwierig zu lebenden Orientierung leiten zu lassen. Wie der Tod, so ist auch das Leben, die eigene Existenz – nimmt man sie ernst – eine exzellente Psychotherapeutin. Nutzt man das eigene Leben in diesem Sinne, dann wird es zur steten Suche nach einer Antwort auf die Frage: »Wer bin ich? Was will, was kann, was muß ich tun?« Denn das Erkennen der eigenen Identität – und damit auch der eigenen Zielsetzung – ist kein Geschenk des Himmels und auch keine Rechenaufgabe, die man lösen und dann zu den ewigen Wahrheiten legen kann. Sie ist vielmehr ein mit den frühesten prägenden Kindheitserlebnissen beginnender, lebenslang andauernder und vielfachen Veränderungen unterworfener Prozeß, der von der betroffenen Person immer wieder erforscht und neu durchdacht sein will. Dieses Erforschen geschieht im Kontakt mit dem eigenen Selbst und in der Berührung mit anderen Menschen, die das Sein und Handeln ihres Mitmenschen vielfältig zurückspiegeln. Durch diese Möglichkeit innerer und äußerer Spiegelung – durch Selbstreflexion und durch die Reaktionen anderer – gelingt es, die eigene Persönlichkeit zu kennen und immer wieder neu zu *erkennen*.

Hierbei ist die sprichwörtliche Aufforderung zum »Erkenne dich selbst« zwar eine Konstante, den notwendigen individuellen Erkenntnisdrang einmal vorausgesetzt. Die Mittel aber, dieses Anliegen in die Realität umzusetzen, werden sich im Laufe des Lebens ebenso verändern müssen, wie

4 Ich hörte solche Stimmen in einer Fernsehsendung von Kurt Gloor, *Mit einem Fuß im Jenseits – Erfahrungen zwischen Leben und Tod*, die am 21. 3. 1996 im Schweizer Fernsehen DRS ausgestrahlt wurde.

sich das Leben an sich verändert. Im Kontaktangebot eines jüngeren Menschen werden Komponenten tragend sein oder zumindest im Vordergrund stehen, die einem älteren Menschen in der Regel in diesem Maße nicht mehr zu Gebote stehen: Körperliche Attraktivität, aktive Sexualität, Bindungslust, Hingabefähigkeit an Menschen oder auch an Ideen, ein alters- bzw. jugendspezifischer und von daher gesunder Zug zur Omnipotenz. Wenn das Leben im Frühling und im Frühsommer seines Wachstumsprozesses getragen ist von diesen Energien, dann wird es im glücklichen Fall die entsprechenden Antworten der Umwelt hervorrufen, und die jugendliche Persönlichkeit wird sich – wie man so schön sagt – in der »Blüte ihrer Jahre« erleben: im großen ganzen erfolgreich, liebens- und begehrenswert, geachtet.

Aber das Leben ist Bewegung, Entwicklung letztlich zum Alter und zum Tod hin. Langsam aber sicher verändert sich der Körper, Falten und Runzeln graben sich ins Gesicht ein, die physische und psychische Kraft läßt allmählich nach. Unglück, Fehlschläge, Mißerfolge lehren, daß der eigenen Macht und Pracht Grenzen gesetzt sind. Diese Lektionen sind – jeder und jede Betroffene weiß es – nicht einfach hinzunehmen. Die Griechen empfanden sie als so schwierig und schmerzlich, daß sie den Vers Menanders zum geflügelte Wort machten: »Wen die Götter lieben, den nehmen sie früh zu sich.«

Aber auch diejenigen, die den irdischen Weg gehen, die von den Göttern nicht geliebt werden und die also zusehen müssen, wie das Alter Besitz von ihnen ergreift, auch diese Menschen können auf Unterstützung rechnen. Denn sie haben ihre Neugier, ihren Selbsterkenntnis-Wunsch, ihr Kontaktbedürfnis, ihre Wahrhaftigkeit als Basis ihres Forschungsdranges, und sie haben die mit dem Älterwerden sich ihnen gegenüber verändernden Reaktionen der Außenwelt. Damit ist ihnen die kostbare Möglichkeit gegeben, dies alles zum Nachdenken über sich selbst und zur Integration dessen zu nutzen, was in und um sie neu und anders wird. Sie selbst, die naturgemäß die feinsten Sensoren für die eigenen, manchmal erfreulichen, häufig aber auch beängstigenden oder gar bedrohlichen Veränderungen haben, sind zunächst einmal herausgefordert, diese Veränderungen wahrzunehmen und zu reflektieren. Das erste graue Haar – ausreißen oder drinlassen? Stirnfalten – dazu stehen oder malerisch ein paar Locken darüber drapieren? Wechseljahre und Potenzstörungen – mit Pillen behandeln, ignorieren? Oder geschehen lassen und verstehen wollen?

An dieser Schwelle gibt es Wechselbäder von Wahrnehmen, Abschmettern, Ironisieren, Erkennen, Ernstnehmen und schließlich Annehmen, die viel Kraft brauchen, Kraft, die früher im Dienste einer für das Selbstgefühl einfacher zu verarbeitenden Lebendigkeit stand. Wut, Protest, Ärger, Verleugnung werden je nachdem die Vehikel sein, diese Zwiespältigkeit gegenüber dem Geschehen in der eigenen Seele und im eigenen Körper eine Weile lang aufrechtzuerhalten. Dem wird aber – weil sowieso nichts anderes übrig bleibt – früher oder später die Einsicht in die Unabwendbarkeit des Geschehens folgen, häufig verbunden mit Gefühlen der Trauer über den Verlust des schönen, gesellschaftlich hoch bewerteten Jungseins. Es ist dies ein vielleicht schmerzlicher Abschied von einer Lebensphase, die nun andere leben, und es sind diese anderen, die den Älteren mit ihrem Jung-Sein ein deutliches Gefühl des Anders-, vielleicht sogar des Ausgeschlossen-Seins vermitteln.

Das schmerzt, und der betroffene Mensch kann steckenbleiben in diesem Gram über sein Älterwerden. Oder er kann einen neuen Blickpunkt gewinnen. Er kann zulassen, daß manche seiner früheren Einstellungen nichts mehr taugen, und er kann spüren, daß er einen neuen Anfang wagen muß. Dabei kann er merken, daß er manche ehemals als angsthemmend und nutzreich erlebte Lebensregel über Bord werfen muß, weil sie sich heute als Ballast oder gar als

Schrott erweist. Er kann erleben, wie eingeengt er sich jetzt im Grunde durch diese Regeln fühlt, und aus dieser Irritation heraus kann er eine neue Entdeckung machen: Damit Raum für neues Leben entsteht, müssen immer wieder kleine Tode gestorben werden.

Diese kleinen Tode führen eines Tages zu der Einsicht, daß die schwungvolle Welt von Jugend und Schönheit definitiv dahin ist. Aber das bedeutet keine Gefangenschaft, keinen Stillstand. Denn neue Türen tun sich auf. Zwar ist der ältere Mensch – wenn es denn so ist – stiller, schwächer, bescheidener geworden im Hinblick auf seine Fähigkeiten und seine Erwartungen an die Welt, aber: Aus diesem zunächst als Schwäche und Verlust erlebten Geschehen erwächst ein neues Licht. Denn er wird sich – und das ist ein Glück an sich – im Einklang mit den Energien seines wahren Selbst, seiner inneren Wahrhaftigkeit erleben. Und die signalisieren ihm, daß es gut so ist, wie es ist. Anders als jüngere Menschen, die sich noch nicht sehr gut kennen, braucht er sich nicht mehr zu viel vorzumachen. Das Faktum, daß sie oder er jetzt älter, weniger schön, weniger kräftig ist, eröffnet neue, bislang allenfalls geahnte Freiheiten: man und frau *muß* gar nicht mehr so stark, so potent, so attraktiv, so erfolgreich sein. Sie und er *darf* sich ein wenig zurücklehnen und dem rivalisierenden Getümmel der Welt mit einigem Abstand zuschauen.

Das gibt Raum, das wirklich Wichtige vom Alltagsgerangel zu trennen. Die Energie, die dadurch eingespart wird, daß man nicht mehr alles mitmachen, sich nicht mehr überall beweisen muß, kann nun anders genutzt werden. Denkbare Ausdrucksmöglichkeiten sind ein Zuwachs an Klarheit, an Abgrenzungsfähigkeit – hoffentlich auch ein Zuwachs an Humor – als Ergebnis der Sublimierung aggressiver Energien und ein Zunehmen an Güte und Liebesfähigkeit als Verfeinerung libidinöser Strebungen.

Niemand muß so alt wie Methusalem werden, um diese

Veränderungen zu erleben. Da reichen schon die Wechseljahre, die Midlife-Krise, eine Krankheit oder eine Trennung, jene kleinen Tode also, die gestorben werden müssen,
bevor es Zeit ist für den wirklichen, den letzten Tod; jene
kleinen Tode, die uns die Möglichkeit geben, das Sterben zu
üben und in Würde auf unseren großen Tod hinzuleben. Damit komme ich nochmals von der Lebens- zur Psychotherapie. Ich möchte dieses Wachsen im Schrumpfen, diese
kleinen Tode, die zu einem größeren inneren Leben führen,
an einer Episode aus meiner Praxis darstellen und damit
gleichzeitig zu zeigen versuchen, wie im Prozeß des Älter-
werdens Energien, die zunächst als Angst und Schwäche
erlebt und deswegen verachtet und abgewehrt werden, im
Rahmen einer psychotherapeutischen – in meinem Fall einer
körperorientierten – Intervention bereichernd in die Persönlichkeit aufgenommen werden können. Bei dem folgenden Bericht handelt es sich um eine einmalige Sitzung, in der
keine verbale, lebensgeschichtlich orientierte Aufarbeitung
der Symptome erfolgte. Hingegen durfte ich hier Zeugin eines Geschehens sein, bei dem sich Energien, die sich zunächst körperlich in muskulären Blockierungen und psychisch in alten Mustern vom Zwang zu Erfolg und Stärke
zeigten, umsetzten in die körperliche Qualität von Entspannung und Schwäche und das psychische Erleben von
Freude, Liebe und Berührtheit.

An einem durch Feiertage verlängerten Wochenende erhielt
ich den Anruf eines mir bekannten Musikers, den ich hier
Johannes nennen möchte. Er sagte mir, daß er unter akuten
Angstzuständen litte, die plötzlich über ihn hereingebro-
chen seien und die ihn immer mehr in die Isolation zwän-
gen. Statt, wie er es vorgehabt habe, wichtige Arbeiten zu
erledigen, habe er sich die letzten Tage im Bett verkrochen.
Er könne nicht in dem Maße, wie es sich wünsche, für
seine Frau und seine Kinder da sein. Außerdem habe er

Angst vor beruflichen Verpflichtungen, die bevorstünden und die ihm Energie, Entschlossenheit und Präsenz abverlangten. Er wisse nicht, wo er die Kraft dazu hernehmen solle.

Ich schlug ihm vor, gleich vorbeizukommen. Vielleicht könnten wir mit ein paar bioenergetischen Übungen eine vorübergehende Besserung erreichen, bis nach den Feiertagen etwas Seriöseres organisiert werden könne. Johannes, durch eine vor etlichen Jahren abgeschlossene Psychoanalyse mit dem psychotherapeutischen Zugang vertraut, willigte ein und kam.

Wie gesagt, ich hatte vorgehabt, einige »Grounding«-Übungen mit ihm zu machen, Übungen, die helfen, im Körper die Schwerkraft zu spüren, gewissermaßen wieder den Boden unter die Füße zu bekommen. Als ich Johannes dann aber sah, körperlich verspannt und mit einem verzweifelten Gesichtsausdruck, packte mich das Gefühl einer enormen Erschöpfung – geballte Energie im Kopf bei gänzlich zusammengezogenem Körper. Ich deutete dies – da ich selbst mich an diesem Tag bisher ausgeruht und gut gefühlt hatte – als körperbezogene Gegenübertragung und fragte ihn, ob er sich hinlegen wolle. Johannes folgte diesem Vorschlag und legte sich auf die Praxis-Couch. Wir sprachen dann nicht über den Inhalt der Ängste, sondern er führte mich, indem er mir über seine je wechselnden Körperwahrnehmungen berichtete. Nach einer kurzen, durch das Liegen verursachten Entspannung stellten sich Schmerzen im Hals- und Nakkenbereich ein. Ich bat Johannes, diesen Schmerz in Tönen auszudrücken, und es kamen Laute, die die Stimmung von Überdruß, Überforderung und Gequältsein ausdrückten. Durch das Herauslassen, Verstehen und Würdigen dieser Tonsprache, verbunden mit einer behutsamen Hals-Massage ließ sich die Verspannung lösen. Johannes nahm diese Entspannung als Wärmeströmung wahr, entdeckte aber gleichzeitig, daß Beine und Becken sich wie tot anfühlten.

Es gelang dann durch leichte Druck-Gegendruck-Bewegungen, daß auch die Beine wieder zu pulsieren begannen und spürbar wurden – aber dieses Spüren machte Angst. Denn nun, wo die Beine nicht mehr verspannt waren, fühlten sie sich schwach, weich und zittrig an, und sofort zog der Körper sich wieder zusammen – als Schutz gegen die Angst vor den aufkommenden Schwächegefühlen. In Kopf und Nacken stellten sich erneut Schmerzen ein, die Beine wurden wieder taub, und im eben noch entspannten Kopf formierte sich ein bedrohlicher Gedanke: »Heute um drei habe ich einen wichtigen Termin.« Real gesehen war bis dahin noch viel Zeit, und so interpretierten wir diesen Einfall auf psychischer Ebene als intellektuelle Abwehr gegen die frühkindlich begründete Furcht, mit dem Loslassen in gänzliche Ohnmacht und Hilflosigkeit zu stürzen. Diese Abwehr sollte vor einer Furcht schützen, die so groß war, daß sie die Erwachsenenebene und damit das Wissen um die eigene, gewachsene und erwachsene Kompetenz überschwemmen konnte. Auf der Körperebene betrachtet, war die Energie wiederum in den Kopf geschossen, und der Rest des Körpers hatte sich kompensatorisch »entlebendigt«, fühlte sich leer und verspannt an. Also machten wir uns erneut an die Arbeit, den Panzer behutsam zu lockern, wobei wir denselben Weg mit Kopf-Massage und Tönen gingen. Nun aber bekamen die Töne, anders als beim ersten Mal, etwas unverhohlen Aggressives. Johannes bewegte den Kopf frei und freier, streckte die Zunge heraus und wurde zu einem stolzen, trotzigen Vierjährigen, der seine Umgebung mit der Botschaft abfertigt: »Ihr könnt mir mal.« Ich unterstützte diese Haltung, und der Körper wurde lebendiger, die vorher blockierte Lebensenergie breitete sich wieder aus. Es gelang, auch die Beine erneut in den energetisierenden Prozeß einzubeziehen, und dann nahm Johannes die Dinge selbst in die Hand. Intuitiv fingen Becken und Beine an, leichte, weiche Bewegungen zu machen, und ich ermunterte ihn, damit fortzufahren. Die Bewegungen erfaßten den ganzen Körper, es kam ein kleines Lachen, und Johannes berichtete, daß er jetzt im Beckenbereich Wärme und im ganzen Körper ein Kribbeln spüre – ein untrügliches Zeichen für energetisches Fließen, für Neugier und Wachheit.

Nachdem sich die Wärme und das Kribbeln im Körper ausgebreitet hatten, spürte Johannes dem nach, was jetzt in ihm vorging. Er sagte nichts, aber es geschah – wie er mir später erzählte – in diesem Moment etwas fundamental Wesentliches. Er gewann wieder Kontakt zu seinem wahren Selbst, und dies brachte ihn in Verbindung mit Kräften, die er psychisch als Licht, als Weichheit und Liebe, körperlich als Wärme, Entspannung und eine Mischung von Stärke und Schwäche erlebte. Er begann, mit kräftigen Bewegungen seinen Körper zu massieren, erst die Arme und den Brustbereich, dann Becken und Beine und sagte dazu: »Ich muß es meinem Körper sagen: Es ist in Ordnung, schwach zu sein. Ich bin trotzdem stark genug. Ich schaffe es trotzdem.«

Er nahm sich viel Zeit für diese Integrationsarbeit und kam dann langsam in eine sitzende Stellung. Sein Gesicht hatte einen völlig neuen Ausdruck bekommmen. Hatte es beim Kommen verzweifelt und verspannt gewirkt, so war es jetzt weich und offen. Die Angst war verschwunden, und statt dessen fühlte er sich traurig und glücklich zugleich, daß er so sein durfte wie er war, ein wenig schwach, aber liebevoll, liebenswert, echt und im übrigen stark genug, um die kommenden Herausforderungen in einer Mischung aus Liebe, Stärke, Müdigkeit und Loslassen – also im Vertrauen auf seine wahrhaftige Befindlichkeit – zu meistern.

Diese einmalige Sitzung zeigt mit größerer Klarheit, als ich es in der Regel in laufenden Therapien erlebe, worum es geht: Die mit dem Älterwerden abnehmende Abwehrkraft gegen die Verletzungen durch die »Welt« bewirkt einen Verlust nach außen wirkender Energien. Diese Energien verschwinden aber nicht spurlos, sondern sie setzen sich um in einen inneren Substanz-Zuwachs: Äußerliches Schrumpfen wird zu innerem Wachstum. Das gilt freilich nur unter der Voraussetzung, daß – um es in der Sprache Carl Gustav Jungs auszudrücken – der »Schatten« integriert wird, daß also die aggressiven, häufig unterdrückten gefühle von Überforderung, Mißmut, Depression, Ärger nicht im Innern gelähmt und versteckt werden müssen; daß sie vielmehr konstruktiv für die so lebensnotwendige Qualität der Abgrenzung genutzt werden und damit helfen dürfen, den verletzlichen, liebevollen, gebenden Kräften den Weg nach außen, in die Lebenswirklichkeit zu ermöglichen.

Ein Mensch, der dieses Wechselspiel aus abgrenzenden und gebenden Kräften lebt, wird sich im großen ganzen jenes Grundbedürfnis erfüllen können, von dem bereits die Rede war und das für ein sinnvoll erlebtes und gelebtes Leben unverzichtbar ist: Er wird aus dem eigenen, flexiblen, erfahrungsreichen, wahrheitsuchenden Selbst heraus die Umwelt immer wieder neu erfahren und damit die beste Voraussetzung dafür schaffen, auch von den anderen gesehen und verstanden zu werden. Ein solches Leben ist kein verbitterter Rückzug, weil ich die Welt nicht mehr verstehe, oder umgekehrt, weil sie mich nicht mehr verstehen will, sondern ein Anteilnehmen nach Maßgabe der eigenen Möglichkeiten.

Mit einem Wort: »Das Leben« und »Der Tod« – wer bei diesen beiden Großmeistern mit Ernst und Respekt in die Schule geht, hat die Chance, nach jedem seiner kleinen Tode jenes Glücksgefühl der Erkenntnis zu erleben, das Iwan Iljitsch erst im Moment seines großen Todes zuteil wurde: »Das also ist es! Welch eine Freude!«

Literatur

Bank, Stephen P./Kahn, Michael D. *Geschwisterbindung*, München: dtv 1994.

Bechstein, Ludwig, *Sämtliche Märchen*, München: Winkler 1965.

Boadella, David, *Wilhelm Reich. Leben und Werk des Mannes, der in der Sexualität das Problem der modernen Gesellschaft erkannte und der Psychologie neue Wege wies*, München: Scherz 1980.

Damm, Sigrid (Hg.), *Geschwister- und Einzelkindererfahrungen*, Pfaffenweiler: Centaurus 1994.

Ebermayer, Erich/Roos, Hans (Pseudonym für Hans Otto Meissner, siehe dort), *Gefährtin des Teufels. Leben und Tod der Magda Goebbels*, Hamburg: Hoffmann und Campe 1952.

François-Poncet, André, *Botschafter in Berlin, 1931-1938*, Berlin und Mainz: Florian Kupferberg 1962.

Freud, Ernst und Lucie (Hg.), *Sigmund Freud, Briefe 1873-1939*, Zürich: Ex Libris o. J.

Freud, Sigmund., *Fragen der Gesellschaft. Ursprünge der Religion*, Frankfurt/M. 1974. Darin: »Jenseits des Lustprinzips« (Studienausgabe, Bd. 9).

Ders., *Psychologie des Unbewußten*, Frankfurt/M.: Fischer 1975 Darin: »Triebe und Triebschicksale«; »Zur Einführung des Narzißmus« (Studienausgabe, Bd. 3).

Friday, Nancy, *Eifersucht. Die dunkle Seite der Liebe*, München, dtv 1989.

Fromm, Bella, *Als Hitler mir die Hand küßte*, Reinbek: Rowohlt 1993.

Goch, Marianne, »Carla Mann (1881-1919). Eine biographische Skizze«, in: Luise F. Pusch (Hg.), *Schwestern berühmter Männer. Zwölf Portraits*, Frankfurt/M.: Suhrkamp 1985.

Goebbels, Joseph, *Vom Kaiserhof zur Reichskanzlei*, München: Zentralverlag der NSDAP 1934.

Hoffman, Bob, *Entfaltung der Liebe. Der Quadrinity-Prozeß zur Aussöhnung mit dem inneren Kind*, Basel: Sphinx 1994.

Hoffmann-Axthelm, Dagmar, *Robert Schumann »Glücklichsein und tiefe Einsamkeit*, Stuttgart: Reclam 1994.

Dies. (Hg.), *Verführung in Kindheit und Psychotherapie*, Basel
²1996 (Körper & Seele, Bd. 3).

Jones, Maxwell, *Prinzipien der therapeutischen Gemeinschaft.
Soziales Lernen und Sozialpsychiatrie*, Bern etc.: Huber
1976.

Jung, Carl Gustav, *Archetypen*, München: dtv 1990.

Kasten, Hartmut, *Geschwister: Vorbilder, Rivalen, Vertraute*, Berlin etc.: Springer 1994.

Katzenelson, Jichzak, Biermann, Wolf, *Dos lied vunem ojsgehargetn jidischn volk. Großer Gesang vom ausgerotteten jüdischen
Volk*, Köln: Kiepenheuer & Witsch 1994.

Klagsbrun, Francine, *Der Geschwisterkomplex*, Frankfurt/M.:
Eichborn 1993.

Krüll, Marianne, *Im Netz des Zauberers. Eine andere Geschichte
der Familie Mann*, Frankfurt/M.: Fischer 1994.

Ley, Katharina (Hg.), *Geschwisterliches. Jenseits der Rivalität*,
Tübingen: Edition Diskord 1995.

Litzmann, Berthold, *Clara Schumann. Ein Künstlerleben*, 3 Bde.,
Leipzig: Breitkopf & Härtel 1905 ff.

Lowen, Alexander, *Angst vor dem Leben. Über den Ursprung seelischen Leidens und den Weg zu einem reicheren Dasein*, München: Kösel 1980.

Ders., *Bioenergetik für jeden. Das vollständige Übungsbuch*,
Gauting: Kirchheim 1979.

Ders., *Depression. Unsere Zeitkrankheit. Ursachen und Wege der
Heilung*, München: Kösel 1978.

Ders., *Körperausdruck und Persönlichkeit. Grundlagen und Praxis der Bioenergetik*, München: Kösel 1981.

Ders., *Narzißmus. Die Verleugnung des wahren Selbst*, München:
Kösel 1984.

Ders., *Der Verrat am Körper*, München: Kösel 1980.

Mann, Golo, *Erinnerungen und Gedanken. Eine Jugend in
Deutschland*, Frankfurt/M.: Fischer 1991.

Mann, Heinrich, *Ein Zeitalter wird besichtigt. Erinnerungen*,
Frankfurt/M.: Fischer 1988 (Heinrich Mann, Studienausgabe).

Mann, Katia, *Meine ungeschriebenen Memoiren*, Frankfurt/M.:
Fischer 1976.

Mann, Thomas, *Joseph und seine Brüder. Der erste Roman: Die Geschichte Jaakobs*, Frankfurt/M.: Fischer 1994.

Mann, Viktor, *Wir waren fünf. Bildnis der Familie Mann*, Frankfurt/M.: Fischer 1994.

Meissner, Hans-Otto, *Magda Goebbels. Ein Lebensbild*, München: Blanvalet 1978 (2. Aufl. v. Ebermayer/Roos; siehe dort)

Miller, Alice, *Das Drama des begabten Kindes*, Frankfurt/M.: Suhrkamp 1979.

Moody, Raymond A., *Leben nach dem Tod*, Reinbek: Rowohlt 1977.

Moser, Tilmann, *Gottesvergiftung*, Frankfurt/M., Suhrkamp 1976.

Ders., *Das erste Jahr*, Frankfurt: Suhrkamp 1986.

Muller, Edward, »Über therapeutischen Mißbrauch«, in: *Verführung in Kindheit und Psychotherapie*, hg. von Dagmar Hoffmann-Axthelm, Oldenburg 1992, 36-44 (Körper & Seele 3).

Noll, Ingrid, *Die Häupter meiner Lieben*, Zürich: Diogenes 1994.

Oelmann, Konrad, *Anatomie für Bioenergetische Analytiker*, Selbstverlag, o. J.

Olivier, Christiane, *Jokastes Kinder. Die Psyche der Frau im Schatten der Mutter*, München: dtv 1989.

Pesso, Albert, *Dramaturgie des Unbewußten*, übersetzt und eingeleitet von Tilmann Moser, Stuttgart: Klett Cotta 1986.

Ders., »Körper, Seele, Ego und ›Pilot‹ in der psychomotorischen Therapie«, in: *Der Körper in der Psychotherapie*, hg. von Dagmar Hoffmann-Axthelm, Oldenburg: Transform 1991, 90-101 (Körper& Seele 2).

Petri, Horst, *Geschwister – Liebe und Rivalität*, Zürich: Kreuz 1994.

Pierrakos, Eva/Thesenga, Donavan, *Fear no evil. The pathwork method of transforming the lower self,* Madison/Virginia: Pathwork Press 1992.

Pierrrakos, John, *Core Energetik. Zentrum deiner Lebenskraft*, Essen: Synthesis 1987.

Pilgrim, Volker Elis, »*Du kannst mich ruhig ›Frau Hitler‹ nennen«. Frauen als Schmuck und Tarnung der NS-Herrschaft*, Reinbek: Rowohlt 1994.

Prater, Donald, *Thomas Mann, deutscher Weltbürger*, München etc. Hanser 1995.

Produktionsgemeinschaft Schrift, Ton und Bild (Hg. und Verlag), *Wilhelm Reich über Sigmund Freud,* Schloß Dätzingen o. J.

Rank, Otto, *Das Inzest-Motiv in Dichtung und Sage*, Leipzig etc. Deuticke 1926.

Reich, Wilhelm, *Charakteranalyse*, Nachdruck der 3. Auflage, Frankfurt/M.: Fischer 1981.

Ders., *Die Funktion des Orgasmus, Sexualökonomische Grundprobleme der biologischen Energie*, Köln und Berlin: Kiepenheuer & Witsch 1969.

Reich-Ranicki, Marcel, *Thomas Mann und die Seinen*, Frankfurt/ M.: Fischer 1994.

Reuth, Ralf Georg, *Goebbels. Eine Biographie*, München und Zürich: Piper 1995.

Ders. (Hg.), *Joseph Goebbels Tagebücher*, Bd. 1-5, München und Zürich: Piper 1992

Rosa, Peter de, *Gottes erste Diener. Die dunkle Seite des Papsttums*, München: Droemer Knaur 1988.

Rose, Herbert Jennings, *Griechische Mythologie. Ein Handbuch*, München: Beck 1961.

Schindler, Peter, »Woher wir kommen – wohin wir gehen. Zur Geschichte und Entwicklung der Bioenergetischen Analyse,« in: *Zwischen Himmel und Erde*, hg. von Thomas Ehrensperger, Basel: Schwabe 1996 (Körper & Seele 5).

Stolzenwald, Susanne, *Artemisia Gentileschi. Bindung und Befreiung im Leben und Werk einer Malerin*, Stuttgart etc.: Belser 1991.

Tolstoi, Leo, *Die Kreuzersonate und andere Erzählungen.* Deutsch von A. Luther, E. Müller und A. Scholz, Zürich: Diogenes 1985.

Weissweiler, Eva (Hg.), *Clara und Robert Schumann, Briefwechsel. Kritische Gesamtausgabe*, Bd. 2, Frankfurt/M.: Stroemfeld 1987.

Wyssling, Hans (Hg.), *Thomas Mann, Heinrich Mann: Briefwechsel 1900-1949*, Frankfurt/M.: Fischer 1984.